"浙学研究丛书"主编 许 军

浙学研究专题系列

明代茅元仪研究

林琼华 著

浙江工商大学出版社
ZHEJIANG GONGSHANG UNIVERSITY PRESS
·杭州·

图书在版编目（CIP）数据

明代茅元仪研究 / 林琼华著. -- 杭州：浙江工商
大学出版社，2024. 8. -- ISBN 978-7-5178-6182-9

Ⅰ. K825.6

中国国家版本馆 CIP 数据核字第 2024YY6591 号

明代茅元仪研究
MINGDAI MAO YUANYI YANJIU

林琼华　著

策划编辑	屈　皓
责任编辑	金芳萍
责任校对	沈黎鹏
封面设计	胡　晨
责任印制	祝希茜
出版发行	浙江工商大学出版社
	（杭州市教工路 198 号　邮政编码 310012）
	（E-mail：zjgsupress@163.com）
	（网址：http://www.zjgsupress.com）
	电话：0571-88904980，88831806（传真）
排　　版	杭州朝曦图文设计有限公司
印　　刷	浙江全能工艺美术印刷有限公司
开　　本	700mm×1000mm　1/16
印　　张	14.75
字　　数	217 千
版 印 次	2024 年 8 月第 1 版　2024 年 8 月第 1 次印刷
书　　号	ISBN 978-7-5178-6182-9
定　　价	68.00 元

前言

茅元仪(1594—1640),字止生,浙江归安(在今浙江湖州)人,是明代中晚期著名的文化世家归安茅氏的重要成员,也是中国古代兵书集大成之作《武备志》的编纂者,在浙江乃至中国的军事史、文化史上占有重要地位。他一生著述宏富,经、史、子、集均有涉猎,以知兵闻名于世;所著诗文、野史杂记近千卷,具有重要的文献价值和史学价值;其思想及坎坷的生命历程能折射明朝末年复杂的政治斗争和世态民风。本书从家世及生平、交游、诗歌、散文、著述等方面展开研究,对茅元仪进行全方位的考察,努力为晚明的文学研究、军事研究、江南望族研究、文人群体研究、政治社会研究等提供精彩生动的个案。

一、选题意义

对于茅元仪这样一位在浙江乃至中国的军事史、文化史上占有重要地位的历史人物,目前学界及地方上的重视和研究均不足。在全面贯彻落实习近平文化思想、推进“两个结合”的指引下,加强地方重要历史人物及其成就研究,对于赓续地方文脉,擦亮浙江文化标识,传承发展中华优秀传统文化具有重要现实意义。

茅元仪一生的际遇既丰富也坎坷。年轻时,他白璧追欢,秦淮捉月,一副豪门公子哥做派;中年,他应征辽东,抗击后金,却屡遭诬陷,郁郁不得志;

晚年,他三次戍闽,眼看明廷纷乱积弱却无能为力,纵酒呼愤而卒。钱谦益作《茅止生挽词十首》,其九称"丰颐巨颡称三公,鸭步鹅行亦富翁。田宅凋残皮骨尽,廿年来只为辽东"①,很贴切地概括了茅元仪的一生。茅元仪虽仕途坎坷,却从未停止著述,其宏富的诗文详尽地记录了他一生的行藏,为研究者提供了翔实的第一手资料。另外,他交游广泛,通过考察其交游,可以进一步丰富明末文人的交游网络。

关于茅元仪的诗文创作,朱彝尊称:"特下笔未能醇雅,盖竟陵之派方盛,又与友夏衿契,宜其染素为缁矣。"②视他为竟陵中人。事实上,茅元仪歆服谭元春,却并非严冷之人,其诗风或雄浑,或真挚,或清丽,非竟陵诗风所能囊括。研究茅元仪的诗文,既能总结其诗文特征,又能一窥晚明诗风文风。

本选题的意义可归纳为以下四个方面。

(一)本选题是归安茅氏家族研究的重要组成部分。归安茅氏,以唐宋派代表人物茅坤为首,一门四代有数十人入仕、著书立说、藏书刻书,是文化世家、江南望族;茅氏又善治生,家资巨饶,是望族中的豪族。因此,对归安茅氏家族进行系统研究具有多重价值,目前学界正在积极推进。茅元仪是茅坤的孙子,对茅元仪的个案研究,将成为归安茅氏家族研究的重要组成部分。

(二)本选题能推动对茅元仪价值的重新评估。尽管《明史》只为茅坤立传,没为茅元仪立传,但茅元仪在军事领域的贡献向来为学术界所公认。他评价《孙子兵法》,称"前孙子者,《孙子》不遗;后孙子者,不能遗《孙子》",成为后世评价《孙子兵法》的不刊之论。随着学界对茅元仪研究的深入,茅元仪在我国军事史、军事学术史上的成就,在藏书刻书等文化传播方面的贡

---

① [清]钱谦益:《移居诗集》,《牧斋初学集》卷十七,《四库禁毁书丛刊》,北京出版社 2000 年影印本,集部,第 114 册,第 726 页。

② [清]朱彝尊:《静志居诗话》卷十九,《续修四库全书》,上海古籍出版社 2003 年影印本,第 1698 册,第 1459 页。

献,以及在明末西学东渐中积极传播西方思想技术的表现,都值得进一步挖掘并重新评估。

(三)本选题为晚明文学文化研究注入新鲜血液。茅元仪文学创作丰富,且对戏曲批评、竟陵派、闽中学派均有研究,有助于充实晚明文学研究;他与族人编刊书籍百余种且存世数十种,为晚明出版业研究提供了生动的案例。

(四)本选题对于研究晚明政治社会和文人群体具有积极价值。茅元仪交游广泛,与江浙文人、竟陵派文人、河北文人及闽中文人群体均有深入交往,且留下了丰富的诗文史料,为进一步织密晚明文人交游网络、考察晚明文人群体提供有效窗口。茅元仪两次入兵部尚书孙承宗幕府,与袁崇焕、满桂等在辽东抗击后金,却屡遭谗言,宦海浮沉,研究其参政从军经历对于观照晚明政治社会具有积极价值。

二、研究现状

茅元仪著述广博宏富,经、史、子、集均有涉猎,然其作品在清代屡遭禁毁,渐为后世所不知,直至20世纪70年代末,始有学者研究。回顾下来,主要有以下成果。

(一)对《武备志》的研究。1.对《武备志》版本流变、编纂体例、记载内容、文献和军事价值等方面的研究。如:许保林《〈武备志〉初探》①,姜娜《茅元仪与〈武备志〉》②,赵娜《茅元仪〈武备志〉与戚继光著述关系考》③及其博士论文《茅元仪〈武备志〉研究》④,乔娜《〈武备志〉版本流传考》⑤,赵凤翔、关增建《17—18世纪中日陆海观念研究——以中日两部兵书〈武备志〉和〈海国兵

---

①　许保林:《〈武备志〉初探》,《军事历史研究》1988年第1期,第166—171页。

②　姜娜:《茅元仪与〈武备志〉》,硕士学位论文,内蒙古师范大学,2008年。

③　赵娜:《茅元仪〈武备志〉与戚继光著述关系考》,《河南师范大学学报(哲学社会科学版)》2012年第3期,第141—144页。

④　赵娜:《茅元仪〈武备志〉研究》,博士学位论文,华中师范大学,2013年。

⑤　乔娜:《〈武备志〉版本流传考》,《清史论丛》2016年第1期,第298—317页。

谈〉为例》①，等等。2.对《武备志》所辑内容的研究。一方面是对所辑珍贵文献《郑和航海图》的研究，如：潘铭燊《〈郑和航海图〉和三部 15 世纪下西洋游记的对读》②，周运中《论〈武备志〉和〈南枢志〉中的〈郑和航海图〉》③，李万权、邱克《新绘〈郑和航海图〉的地名补释和航线分析》④，张箭《〈郑和航海图〉的复原》⑤等。另一方面是对所辑武术内容的研究，如：龚鹏程《剑法要略》⑥，刘容《〈武备志〉中武术内容的整理及其价值的研究》⑦。

（二）对生平和著述的研究。任道斌的《方以智、茅元仪著述知见录》⑧、《茅元仪生平、著述初探》⑨，对茅元仪的生平、著述做了开创性、粗线条的勾勒；臧嵘的《〈平巢事迹考〉为茅元仪所著考——兼及茅元仪著作》⑩，考证《平巢事迹考》为茅元仪所著。

（三）文献整理情况。目前，《武备志》在国内有多个影印版本，较知名的是《中国兵书集成》《故宫珍本丛刊》《续修四库全书》和《四库禁毁书丛刊》影印本，但至今未出点校本。另外，茅元仪 200 多卷的诗文杂记，或散见于"四库系列"大型丛书，或深藏于国内外图书馆，尚无单独影印本，更无点校本。值得一提的是，国家社科基金重点项目"明代茅坤家族文学文献整理与研究"将整理点校并出版茅元仪的文学文献。

---

① 赵凤翔、关增建：《17—18 世纪中日陆海观念研究——以中日两部兵书〈武备志〉和〈海国兵谈〉为例》，《上海交通大学学报（哲学社会科学版）》2016 年第 3 期，第 72—83 页。

② 潘铭燊：《〈郑和航海图〉和三部 15 世纪下西洋游记的对读》，《天禄论丛》2013 年第 3 卷，第 87—101 页。

③ 周运中：《论〈武备志〉和〈南枢志〉中的〈郑和航海图〉》，《中国历史地理论丛》2007 年第 2 期，第 145—152 页。

④ 李万权、邱克：《新绘〈郑和航海图〉的地名补释和航线分析》，《大连海运学院学报》1985 年第 3 期，第 123—131 页。

⑤ 张箭：《〈郑和航海图〉的复原》，《四川文物》2005 年第 2 期，第 80—83,101 页。

⑥ 龚鹏程：《剑法要略》，《少林与太极》2014 年第 9 期，第 8—10 页。

⑦ 刘容：《〈武备志〉中武术内容的整理及其价值的研究》，硕士学位论文，首都体育学院，2013 年。

⑧ 任道斌编：《方以智、茅元仪著述知见录》，书目文献出版社 1985 年版。

⑨ 任道斌：《茅元仪生平、著述初探》，中国社会科学院历史研究所明史研究室编：《明史研究论丛》第三辑，江苏古籍出版社 1985 年版，第 239—264 页。

⑩ 臧嵘：《〈平巢事迹考〉为茅元仪所著考——兼及茅元仪著作》，《文献》1982 年第 1 期，第 145—154 页。

　　综上，学界对《武备志》做了比较充分的研究，对茅元仪本人的研究则相对薄弱。对于这样一位在我国军事史上做出突出贡献的地方文化名人，对其进行系统深入的画像，既有必要也有价值。因此，本书以茅元仪的生平著述为研究重点，对其参政从军、社会交往、诗文创作，以及尚武重实学的思想取向等展开多维度研究。

2024 年 7 月

目 录

第一章　茅元仪家世及生平

茅元仪出身书香官宦门第，茅氏家族"一门三进士"，其祖父茅坤、父亲茅国缙、从兄茅瑞徵先后考中进士，跻身仕宦之列。祖父茅坤还是明代唐宋派的代表之一，以选编《唐宋八大家文钞》享誉后世。良好的出身为茅元仪的成长提供了优厚的物质条件和家学熏陶。茅元仪一生际遇既丰富也坎坷，人生底色先明后暗，其个人命运与明王朝的没落同频共振，是研究晚明士人群像的一个鲜活样本。

第一节　茅元仪家世及文学传统

一

据明茅国缙《先府君行实》记载，归安华溪茅氏始祖名茅虉（古"骥"字），字千里，排行三，归安埭溪凤皇山人。元末召为池州路总管，弃官亡归，隐迹于治筏。一日东市海上，道经华溪，饭而沉其碗，曰："天其饭我于此乎？"遂家华溪。一传为荣甫，再传为仕宁，三传为孟麟。孟麟生刚，刚生珪，珪生迁。茅家世代以诗书农桑相督课，至迁好义乐施，家业始大。迁生三子：长茅乾,官南宁别驾;仲茅坤;季茅艮,举大宁都司参军。①

茅元仪祖父茅坤(1512—1601),字顺甫,号鹿门。嘉靖十七年戊戌(1538)进士及第,当时已是文名远扬。一年后,他以甲科选令青阳(今安徽青阳县)。青阳俗黠而好讼,茅坤初赴任,讼牒堆积如山,他"请于监司,核其诬者悉报罢,而一切归于简易。邑中豪最巨者,法之,民大悦"②。茅坤就任两个月,即以父丧归。青阳父老依依不舍,遮道相送。

三年居丧满,茅坤选令丹徒(今属江苏镇江),于嘉靖二十三年甲辰(1544)二月赴任。恰逢江南大旱,谷价腾贵,百姓饥馁。茅坤上书朝廷请求赈灾,并督请当地富户从外地购买粮食以平稳谷价。他还亲自赈荒,"单车遍历封内,察宜赈者,给以符,而赋之粟"③,"盖跋履拮据累旬月,所全活万八千户云"④。"当是时,府君(茅坤)文章吏业,名满天下。"⑤两任县令展露茅坤的吏治本领,广西"雕剿"乱民则体现他高超的军事将才。嘉靖三十一年壬子(1552),茅坤徙为广西兵备佥事。广西瘴痢之地,当地一些乱民盘山据地,时常与明朝统治阶级发生冲突,其中以府江(今广西桂江)一带最为险恶。正德年间,明廷曾大举征伐,全师尽没。后来"鬼子寨"杀阳朔(今属广西桂林)县令,朝廷再议大征。当时两广总督应槚素闻茅坤之才,特檄坤署府江道,以大征事宜相嘱。茅坤认为大征不可,可用雕剿。所谓"雕剿",是指"我兵故匿其形,倏出而剪其魁桀,如雕之搏兔然"⑥。经过多方部署,茅坤仅以五千戍兵,一夜连破"鬼子"等十七寨,俘斩五百有奇。朝廷晋升其官阶

---

① 据[明]朱赓《明河南按察司副使奉敕备兵大名道鹿门茅公墓志铭》(以下简称《鹿门茅公墓志铭》)、[明]屠隆《明河南按察司副使奉敕备兵大名道鹿门茅公行状》(以下简称《鹿门茅公行状》)、[明]茅国缙《先府君行实》整理。三文均见[明]茅坤:《茅坤集》,张大芝、张梦新点校,浙江古籍出版社1993年版,附录一。又见[明]茅元仪:《先考工部都水司郎中二岑府君行实》,《石民四十集》卷三十六,《四库禁毁书丛刊》,北京出版社2000年影印本,集部,第109册。
② [明]屠隆:《鹿门茅公行状》,[明]茅坤:《茅坤集》,张大芝、张梦新点校,第1351页。
③ [明]许孚远:《茅鹿门先生传》,[明]茅坤:《茅坤集》,张大芝、张梦新点校,第1363页。
④ [明]屠隆:《鹿门茅公行状》,[明]茅坤:《茅坤集》,张大芝、张梦新点校,第1351页。
⑤ [明]茅国缙:《先府君行实》,[明]茅坤:《茅坤集》,张大芝、张梦新点校,第1374页。
⑥ [明]茅国缙:《先府君行实》,[明]茅坤:《茅坤集》,张大芝、张梦新点校,第1375页。

二级。嘉靖年间,东南沿海倭寇为害甚烈。当时兵部左侍郎胡宗宪延请茅坤入幕筹划兵事,后荡平海夷,茅坤居功甚伟。礼部尚书兼东阁大学士朱赓赞道:"嗟乎!治为吏最,战为兵雄,公独文士乎哉!"①后茅坤迁大名副使,遭劾,乡居四五十年,年九十而亡。

茅坤怀经世之才,不仅吏治、军事才能突出,文章亦享有盛名。他与唐顺之、王慎中、归有光,并称为"唐宋派"。他推崇韩柳欧苏等唐宋古文大家,反对前后七子盲目崇古拟古的习气,并选编了《唐宋八大家文钞》,以树立自己的旗帜。他学古却不泥古,主张领悟古文神理,"得其神理而随吾所之",反对字比句拟,强调为文"必求万物之情而务得其至",道心中所欲言,便能写出好文章。他得神理、求至情的观点,不仅打击了前后七子的拟古思潮和当时的形式主义文风,对其散文创作也有极大的指导作用。茅国缙《先府君行实》写道:

> 夫府君之于文,风神遒逸,不争奇于句字,而其气云蒸泉涌,跌宕激射,读者往往魄动气竭而不可羁泊。虽不获一日安于朝乎,而所与诸公折束往复,辄数千百言,皆一方所以安危,非苟焉而已者。序、记、志、状,则摹画点次,感慨淋漓。睹其文,如睹其人其事,说者谓得龙门之解。②

茅坤散文如《青霞先生文集序》,高度赞扬挚友沈炼其人其文,对他含冤惨死满怀愤懑与痛惜,写得跌宕激射,寄慨深沉,成为古文名篇。此外如《贺宫保胡公序》《再赠宫保胡公序》也是佳作。茅坤现存作品有《白华楼吟稿》《茅鹿门先生文集》《玉芝山房稿》《耄年录》等。茅坤的军事才能、文论对茅元仪都有深远的影响。

---

① [明]朱赓:《鹿门茅公墓志铭》,[明]茅坤:《茅坤集》,张大芝、张梦新点校,第1347页。
② [明]茅国缙:《先府君行实》,[明]茅坤:《茅坤集》,张大芝、张梦新点校,第1381页。

此外，茅坤还是个藏书家。清人郑元庆《湖录经籍考》记载，茅坤的藏书在当时富甲海内。他在练市构藏书楼凡数十间，但仍然充栋不能容。后茅元仪根据实际收藏编写《白华楼书目》，将茅坤藏书分为九学十部。九学为：一经学、二史学、三文学、四说学、五小学、六兵学、七类学、八数学、九外学。九学而外，再加世学，号曰"十部"。从其所列类目来看，除传统的门类外，茅坤还特别注重兵、数、外、世等类，其藏书十分入世，与一般士大夫的藏书有较大不同。白华楼的藏书由茅坤的后人迁至金陵，后不幸毁于明清交替之际的社会动乱。①

茅坤有四子：长子茅翁积，有才却豪荡不拘，竟因豪得祸而卒；次子茅国缙，即茅元仪父；三子茅国绥；四子茅维，有才名，与臧懋循、吴稼澄、吴梦旸并称为"苕溪四子"②。

二

茅元仪父亲茅国缙（1555—1607），字荐卿，号二岑，茅坤次子。生而颖异，孩童时即好出奇语，常引茅坤座客倾耳。十七岁补武康（今属浙江德清）博士弟子员。万历元年癸酉（1573），茅国缙十九岁，考虑到父亲茅坤年事渐高，遂从华溪移居苕上以就近侍奉。同时，与名士刘宪宠、黄汝亨、范应宾辈结"秋水社"，名声大噪。二十入国学，万历十年壬午（1582）举于乡，登万历十一年癸未（1583）进士榜。

茅国缙进士及第后，谒选章丘（今属山东济南）县令，在任首尾七年。他简化政务，推行一条鞭法，三理荒政，活民无数。离任时，章丘民众为其立生祠以感恩。万历十七年己丑（1589），除广东道御史。他首疏荐举齐鲁吴越名贤十余人，有陈有年、许孚远等，赢得知人之名。二疏请豫教皇长子。当

---

① ［清］郑元庆：《白华楼书目》，《湖录经籍考》卷六，《丛书集成续编》，台湾新文丰出版公司1988年影印本，第6册。

② ［明］屠隆：《鹿门茅公行状》，［明］茅坤：《茅坤集》，张大芝、张梦新点校，第1357页。

时朝中请立皇长子的呼声很高,明神宗因此事与大臣们赌气,开始不理朝政。国缙慨然上疏,然语切不报。三疏救辨中丞李材冒功诏狱之事,遂为言官倚重。可见国缙为人正直忠厚。然仅岁余,即去职归家侍父。

万历二十年壬辰(1592)大计,茅国缙中谗言,仕途不顺。国缙曰:"彼夺吾惠文,能夺我孺慕乎?"①无意再出仕,乃筑园舍旁,榜曰"菽园",志菽水终焉之思。茅坤壮年解官,颇以为憾,希望取偿于儿子,不同意他乡居,数次催促他上任。国缙不得已,于是年十月补淅川(今属河南南阳)令。茅国缙在淅川仅两年,民众为其立生祠,感念他一如章丘之民。

万历二十三年乙未(1595)八月,擢南屯部郎。因深虑父亲年事已高,请急归家。朝夕侍其起居,三年如一日。茅坤催促如初,不得已,补南都水部,于万历二十七年己亥(1599)抵金陵。上任后,亲历南都财政危机,冗费繁杂,供造侈靡,银库亏空,且矿税严重扰民,乃上疏极论裕财长策,对明神宗有讽有谏。心若荼苦,而陈辞剀切。此疏令明神宗稍为不悦,国缙遂久不得迁。茅元仪多有议论财政军费篇什,受其父影响甚深。

万历二十九年辛丑(1601),茅坤登九十高寿而卒。国缙痛哭几不起,庐墓三年。万历三十二年甲辰(1604)始出,除故官,例改北。万历三十四年丙午(1606),诏主夏镇(今属山东微山)河闸,次年迁郎中。夏镇历来苦水患,适泇河决开,国缙锐意治理,日夕往来道中,废寝食三月,役竣竟卒。享年五十三。由于茅国缙善于吏治,光绪《归安县志》将其归入《良吏》②。

茅国缙生有四子:元儞、元璘、元仪、元玠。元儞、元璘先茅国缙亡,剩元仪和元玠(二人均续弦丁氏所出),元玠即茅暎。

茅国缙一生喜读书,尝曰:"吾以子女玉帛、宫室歌舞之乐,金紫鱼袋之侈,方诸六艺,未足愉快。"③万历十八年庚寅(1590),去台省归家,筑"菽园",

---

①　[明]茅元仪:《先考工部都水司郎中二岑府君行实上》,《石民四十集》卷三十六。

②　光绪《归安县志》卷三十八《良吏》,《中国方志丛书·华中地方》第83号《归安县志》(二),台湾成文出版社1983年影印本。

③　[明]茅元仪:《先考工部都水司郎中二岑府君行实下》,《石民四十集》卷三十七。

同黄汝亨讲《易》斋中,肆志古文词。并与布衣吴梦旸、李仲芳、吴鹤、温博、金郎辈唱和歌咏,著有《菽园诗草》行世。万历二十七年己亥(1599),官留都时,与张鹤鸣、曹学佺辈结社"删史",期共著千秋业。万历三十年壬寅(1602)丁忧期间,"始出故所删者卒业。东汉、两晋已行世,南北史方付梓人,五代、三国、唐书存箧中,迁、固史以大父(茅坤)有钞本,故不复及。独宋、元未竟,赍志而卒也"①。国缙好治史,元仪亦酷爱历史,深受其父影响。茅国缙作品除《菽园集》六卷外,尚有《茅荐卿集》十二卷、《楚游诗》、《东汉史删》三十三卷、《晋史删》四十卷、《南史删》三十一卷。《东汉史删》《晋史删》《南史删》存于国内图书馆,《菽园集》存于日本内阁文库。其他不知散落何处。

笔者搜得茅国缙的两首小诗,聊以揣摩其诗歌风貌。其一《过白门酬拙之赠别》:"孤帆渺渺指江汀,飞尽杨花柳尚青。此去不堪频北望,愁边风雨满新亭。"此诗见录于朱彝尊《明诗综》卷五十九。诗歌清丽,诗情真挚,且朗朗上口。其二《还舟自蠡山》:"城南佳丽地,选胜复来登。叶密经衣碍,山昏列炬升。月斜云灪净,风急岭云层。归渡中流驶,停桡唱采菱。"此诗见于董斯张《吴兴艺文补》卷六十,同样清丽上口,颇有吴下之风。

三

茅元仪季父茅维(1575—1645)②,字孝若,与臧懋循、吴稼竳、吴梦旸抗行,号"苕溪四子"。登万历四十三年乙卯(1615)北闱乡榜。工诗文,擅杂剧。著有杂剧《金门戟》《秦廷筑》《苏园翁》《闹门神》《双合欢》《醉新丰》六种,《中国戏曲曲艺词典》(上海辞书出版社1981年版)有介绍。另有《嘉靖大政论》《幽愤录》《霍忱录》《南隅书画录》《迂谈》《十赍堂甲乙丙集》《佩觽草》

---

① [明]茅元仪:《先考工部都水司郎中二岑府君行实下》,《石民四十集》卷三十七。

② 赵红娟:《茅维生平与文学活动及其意义》,《湖州师范学院学报》2024年第5期,第19—27页。

《菰园初集》《闽游录》《北闱蒉言》《论衡》《表衡》《策衡》等。屠隆称他"才足追古作者，横绝一世。而折节贤豪，急穷交，重然诺，居然国士风调"①。《列朝诗集小传》丁集下有传《茅太学维》②。茅维与茅元仪叔侄感情很好，常互相唱和，如茅元仪有《季父孝若先生远惠诗什，次韵奉答，时将隐华阳》五首、《和季父孝若先生洁溪山居二十首次韵》、《辛未除夕自闽抵江干，时季父羁栖湖上，有寄，奉和次韵》（二首）③等。

茅元仪从兄茅瑞徵，字伯符，号苕上愚公，又号澹泊居士。万历二十九年辛丑（1601）进士，知泗水，调黄冈，历官福建参政、湖广右布政使，晋南京光禄寺卿，有廉吏之名。性耿直，厌恶官场，辞官归里，整日以读书著述为事。著有《虞书笺》《象胥录》《万历三大征考》《东夷考略》等十二种。传见光绪《归安县志》卷三十六《文苑》④、潘荣胜编《明清进士录》⑤。

茅元仪弟茅暎，原名元玠，改为暎，字远士，茅国缙少子，一生布衣。辑评《词的》四卷，收入《四库未收书辑刊》第 8 辑第 30 册。因不满臧懋循对汤显祖《牡丹亭》的删改，重新批点刊印《牡丹亭》，并作《题牡丹亭记》以为序。茅元仪亦为作《批点玉茗堂牡丹亭记序》。茅氏二人兄弟情深，人生道路上互相扶持，诗文创作上亦时有切磋，共同进步。

由上可知茅氏家族习文重墨，既是仕宦之家，又是书香门第。良好的家庭环境和文化氛围对茅元仪的成长有着积极的作用。

①　[明]屠隆：《鹿门茅公行状》，[明]茅坤：《茅坤集》，张大芝、张梦新点校，第 1357 页。

②　[清]钱谦益：《列朝诗集小传》下，中华书局 1959 年版，第 635 页。

③　前一题见[明]茅元仪：《石民渝水集》卷六，《四库禁毁书丛刊》，北京出版社 2000 年影印本，集部，第 110 册。后二题见[明]茅元仪：《石民横塘集》卷四，《四库禁毁书丛刊》，北京出版社 2000 年影印本，集部，第 110 册。

④　光绪《归安县志》卷三十六《文苑》，《中国方志丛书·华中地方》第 83 号《归安县志》（二）。

⑤　潘荣胜：《明清进士录》，中华书局 2006 年版，第 608 页。

第二节　茅元仪生平

　　茅元仪宏富的诗歌和文集,清晰勾勒出他的人生轨迹。年轻时,他追求功名,先后参加四次科考,均铩羽而归;人到中年,以知兵闻名,应征辽东抗击后金,却屡遭诬陷,郁郁不得志;晚年,先后三次戍闽,眼看明朝廷危如累卵,虽用世心切但苦无门路,最后纵酒呼愤而卒。他虽然仕途不顺,但才气蜂涌,编纂了军事百科全书《武备志》,创作了近千卷诗文杂记,为后世留下了珍贵的文献史料。

一、少年时期(1594—1610)——崭露头角

　　万历二十二年甲午(1594)秋,茅国缙在淅川县令任上,其妻丁氏产下茅元仪,此年茅国缙已经四十岁。茅元仪出生时便有病,"病下五色痰者垂百日,国医告技穷"①,后得名医相救,活了下来。茅国缙正是强仕之年,他四处为官,其妻丁氏一直紧随着他,年幼的元仪也跟随父母奔波。万历二十八年庚子(1600),茅国缙任南京水部郎中时,茅元仪与庶兄茅元璘俱生病,后元璘夭折,元仪再次活了下来,也自此落下病根。他曾寄书友人言:"弟自七八岁,即岁一病,病必三四月始起。"②

　　茅元仪从小就接受良好的儒家传统教育。他七岁开始学诗,有"斗酒犹不醉,兴来嘘天风"③的诗句,父亲茅国缙很喜欢。也许是这幼年的诗句使茅元仪怀有最初的自信,激励着他进行诗歌创作。茅元仪八岁时,祖父茅坤年

---

　　① [明]茅元仪:《先妣累敕封丁安人行实》,《石民四十集》卷三十八。
　　② [明]茅元仪:《与潘木公书》,《石民四十集》卷七十七。
　　③ [明]茅元仪:《石民赏心集序》,《石民赏心集》卷首,《四库禁毁书丛刊》,北京出版社 2000 年影印本,集部,第 110 册。

九十,仍亲自为他讲授《尚书》。他日后为人父,教导儿子阿登,写下《示登儿》一诗:"九十传经及汝躬,墨耘四世岂无功。天王曾许余家学,里塾皆披君子风。奇节卓峰轰雪霁,孤忠落日亘天虹。要知无愧君亲事,只在松窗夜读中。"①诗中既有茅元仪对世代书香传递的骄傲,也有传承家声的责任感。因此他勉励阿登要潜心苦读,不负君亲。当年童稚的元仪也是被这样教育的,因此他也如此要求他的儿辈。

茅元仪自小酷爱历史,尝言:"余性好读史。七八岁时,先大夫年垂五十,每夕与宾客小饮,必清酒三升始罢。罢犹竟史一帙,方就枕。余从童子师竟课,入必呷唔竟两帙,始就大夫脚后。大夫怜之,每呵禁,然不能止也。昼则阴计古兵戎、屯田、漕运、职官、刑法、礼乐,私自增损,欲成一家。虽料事不中,然鳃鳃不能休。"②茅国缙醉心历史,茅元仪从小受他影响,一生不辍,三十八岁作《史眊序》时,自言"于二十一史朱黄点窜已七竟矣"③。茅元仪史评类著作颇多,据光绪《归安县志·艺文》所载,有《史争》二百二十卷、《史眊》二百卷等。

历史之外,茅元仪对军事的热情更是非同一般。钱谦益《茅待诏元仪》称:"止生好谭兵,通知古今用兵方略,及九边厄塞要害。口陈手画,历历如指掌。"④茅元仪称军事是茅氏家学,说"家学传来道似尊"⑤、"天王曾许余家学"⑥,均指《武备志》受思宗褒奖之事。茅家在军事上确实有颇深的积累。祖父茅坤有军事谋略,曾创造性地采用"雕剿"战术镇压广西乱民起义,又有助兵部左侍郎胡宗宪荡平东南沿海倭寇的业绩。另外茅坤好藏书,藏有丰富的兵书秘本。父亲茅国缙、叔父茅维也喜谈用兵之事。茅元仪受家学熏陶,从小浸淫兵书,学习用兵韬略。时人评价他,常说他"有祖父遗风",意指

---

① [明]茅元仪:《示登儿》,《石民横塘集》卷八。
② [明]茅元仪:《史眊序》,《石民四十集》卷十三。
③ [明]茅元仪:《史眊序》,《石民四十集》卷十三。
④ [清]钱谦益:《列朝诗集小传》下,第591页。
⑤ [明]茅元仪:《三黜》,《石民江村集》卷二,《四库禁毁书丛刊》,北京出版社2000年影印本,集部,第70册。
⑥ [明]茅元仪:《示登儿》,《石民横塘集》卷八。

他好谈兵的性格与不凡的军事才能。万历后期,后金屡犯辽东。茅元仪潜心三年,于天启元年辛酉(1621)编著完成二百四十卷《武备志》,迅速以知兵闻名。此年他二十八岁。茅元仪曾提及编著《武备志》的起因和家学传承,称:"臣以东事忽起,士大夫不乏忠愤之心,每苦兵家为绝学。臣窃以不然也。故因辑臣祖先臣副使坤、臣父先臣郎中国缙遗书,并平生所学,削成此书。"①在明末战乱时期,茅元仪的军事才能使他摆脱了困顿场屋的窘境,踏上另外一条进身之路。

不过,少年时期,茅元仪仍按照科举仕进的道路在努力着。"十一岁学为制举文,十三四学为古文词。"②十三岁在杭州参加童子试,成为诸生。茅元仪记载,参加童子试时,杭州暑熇炙天,"诸昆弟皆散发湖上,先水部独闭余一楼,曰是儿耽情山水,不肯作马上看花人也"③。此段文字为我们描绘了茅国缙教子的场景。茅国缙为人严正,教育儿子也以端正为旨。不过日后茅元仪潇洒浪荡,并没有按照父亲的意愿成长。也许这与茅国缙过早离世有关。

万历三十五年丁未(1607),茅国缙主夏镇,治理泇河,因过度辛劳,卒于任上。噩耗犹如晴天霹雳,对年幼的元仪打击很大。他在文章中写道,"府君昨年弃孤,孤才十四耳"④,流露出一个十四岁少年的伤痛与无助。他撰写了近万字的《先考工部都水司郎中二岑府君行实》⑤,并请所知名公状志。其中叶向高撰写了《明工部都水司郎中二岑茅公墓志铭》⑥,朱长春撰写了《工部都水司郎中茅荐卿墓表》⑦,李维桢则有《工部郎中茅公国缙传》⑧。几位长

---

① [明]茅元仪:《遵旨进书并辞都督疏》,《石民四十集》卷一。
② [明]茅元仪:《石民四十集序》,《石民四十集》卷首。
③ [明]茅元仪:《西湖看花记》,《石民四十集》卷二十三。
④ [明]茅元仪:《先考工部都水司郎中二岑府君行实下》,《石民四十集》卷三十七。
⑤ [明]茅元仪:《石民四十集》卷三十六、三十七。
⑥ [明]叶向高:《苍霞草》卷十六,《四库禁毁书丛刊》,北京出版社 2000 年影印本,集部,第 124 册。
⑦ [明]朱长春:《朱太复乙集》文卷二十五,《四库禁毁书丛刊》,北京出版社 2000 年影印本,集部,第 83 册。
⑧ [明]焦竑:《国朝献征录》卷五十一,《四库全书存目丛书》,齐鲁书社 1997 年影印本,史部,第 102 册。

辈对茅元仪颇为称赞,朱长春言:"诸生元仪十四能述其行,请于所知名公状志,大节彬彬著矣。"①居丧期间,茅元仪开始搜集整理父亲遗稿,历二十年而成《茅荐卿集》十二卷。惜现下落不明。

　万历三十六年戊申(1608),茅元仪扶枢归乡。恰逢吴兴大祲,茅元仪想起父亲遗言"苟饥馑,无使吾三党邻里殍一夫于壑",于是请示其母丁氏,"欲尽发其家储万石以为江南倡"。② 丁氏欣然同意。此次赈荒使茅元仪义声远播。钱谦益《茅待诏元仪》载:"年十岁,吴兴大祲,太守集议赈荒,群公嗫嚅莫敢应。止生垂髫奋袖,请尽倾困廪以赈国人。太守叹异曰:'鲁子敬不是过也。'"③鲁子敬,即三国时期的鲁肃。他家富于财,性好施舍。周瑜曾求其资粮,肃家有两困米,各三千斛,肃指一困给周瑜。知州言下之意,茅元仪比鲁肃更有义胆仁心。此段描写点出了茅元仪的慷慨侠义,不过言语间稍有夸大。元仪当年十五岁,并非十岁黄发垂髫。李维桢在《武备志叙》中亦提及:"茅止生童子时,散家粟万石赈荒,义声闻天下。"④然茅元仪也因赈荒之事得罪了宗老巨室,"巨室竞闭籴匿粟""宗老忿忿,宾客避匿臧获寒栗"⑤。自此,茅元仪与本宗族人关系颇恶。不得已,其母丁氏勉励他远游求学。万历三十八年庚戌(1610),茅元仪十七岁,因受宗人攻讦,避难至金陵⑥。

　茅元仪十六岁读书于孤山快雪堂(在今杭州孤山)⑦。此堂是万历五年(1577)进士冯梦祯所筑书斋。茅元仪十七岁读书于金车山,开始存录诗稿⑧。金车山在武康县(今属浙江德清),山下有报恩寺。这一年,茅元仪结识陶楚生,初尝爱情滋味。陶楚生是茅元仪的爱妾,早亡。茅元仪有《亡姬

---

①　[明]朱长春:《工部都水司郎中茅荐卿墓表》,《朱太复乙集》文卷二十五。
②　[明]茅元仪:《先妣累敕封丁安人行实》,《石民四十集》卷三十八。
③　[清]钱谦益:《列朝诗集小传》下,第591页。
④　[明]李维桢:《武备志叙》,[明]茅元仪:《武备志》卷首,《四库禁毁书丛刊》,北京出版社2000年影印本,子部,第23册。
⑤　[明]茅元仪:《宋髯公传》,《石民四十集》卷二十九。
⑥　[明]茅元仪:《亡姬陶楚生传上》,《石民四十集》卷三十。
⑦　[明]茅元仪:《西湖看花记》,《石民四十集》卷二十三。
⑧　[明]茅元仪:《石民赏心集序》,《石民赏心集》卷首。

陶楚生传》①,钱谦益《列朝诗集小传》闰集有《陶楚生》传②。

二、青年时期(1611—1622)——四次科考

万历三十九年辛亥(1611)正月,茅元仪在杭州迎娶陶楚生,由母亲丁氏主婚。婚后回归安读书,准备秋闱。"今当归,闭户著书,塞耳不纳烦聒。稍需数月,即可策塞长安道矣,何用遨游两都?"③自万历壬子科开始,至天启辛酉科,元仪参加了这期间的四次举人考试。这四次科考是贯穿他青年时期的一条明线。

万历三十九年辛亥(1611)七月,茅元仪已在家备考半年。母亲丁氏催促他置装北上,准备人生中的第一次科考。元仪也因为妻子沈氏不容陶楚生,邻里流言蜚语不时扰耳,深为困扰,遂携陶楚生辞母离家,早早北上了。他们白下(今江苏南京)度中秋,经睢阳(今河南商丘),过泗上(今属江苏徐州)拜祭亡父茅国缙祠,改走水路,抵京城。

"辛亥、壬子间,仆年十八九至京师。时天下方无事,日与五侯七贵及四方能言之士,竞为文章声诗,以为怡悦"④,可见茅元仪在京备考生活颇为热闹。他日夕与二三子研习诗歌,结识了费朗⑤、宋献⑥。费朗,字元朗,嘉兴人,年四十余困诸生而卒。宋献,字献孺,号如园,平陵(今属江苏溧阳)人,与茅元仪为忘年交。交往者还有夏长卿、宋彦叔等。⑦ 生活上,茅元仪与陶

---

① 《亡姬陶楚生传》分上、中、下三部分,分别见[明]茅元仪:《石民四十集》卷三十、三十一、三十二。

② [清]钱谦益:《列朝诗集小传》下,第795页。

③ [明]茅元仪:《亡姬陶楚生传中》,《石民四十集》卷三十一。

④ [明]茅元仪:《谢长秋桂岭吟序》,《石民四十集》卷十六。

⑤ "仆辛亥始交元朗,时蹀屧都下……仆又与二三子日称诗,元朗独绝口风雅。"见[明]茅元仪:《玉碎集序》,《石民四十集》卷十五。

⑥ "岁在辛亥,余缔交平陵宋献孺。"见[明]茅元仪:《春曲次宋郎其武韵》(六首,有序),《石民江村集》卷三。

⑦ 见[明]茅元仪:《宋彦叔将别有感》、《送夏长卿南归》(二首),《石民赏心集》卷一。

楚生新婚燕尔,自是无比恩爱。陶楚生尽心侍读,嘘寒问暖,也为备考生活增添不少乐趣。然而首次应考铩羽秋闱,加上陶楚生两娠两堕,茅元仪颇为黯淡失落。好在他尚年轻,做几首拙稚的五言古体诗就排遣过去了。① 下第后,他至香山散心,读书于北京西郊极乐寺。不久后取道南下,定居于金陵(今江苏南京)。

　　客游一年,加上舟车劳顿,遇匪惊吓,至金陵后,茅元仪与陶楚生双双病倒。居家养病至年末方有所活动。此间,陶楚生以不能生育为由,数次欲为茅元仪纳妾。在友人介绍和陶楚生的极力主张下,茅元仪认识了杨宛。也是在陶楚生的安排下,茅元仪带着杨宛回归安探望母亲丁氏。杨宛,字宛叔,扬州名妓,能诗有丽句,擅草书。归茅元仪后,以才殊深得宠爱。茅元仪在归安侍奉母亲期间,陶楚生突然于万历四十一年癸丑(1613)四月廿七日病亡,年仅二十一岁。因为附会了陶楚生为"西玄洞主"的传说,"四方之士大夫异其事,相以纪述歌咏之,至倾天下"②。茅元仪搜集士大夫悼亡诗文,集为《西玄洞志》。

　　陶楚生病亡后,茅元仪漫游吴越以散心。他于西湖泛舟、苏堤观雨,有《六桥坐雨》《夜泛湖上》③二题。"六桥",即西湖六桥,苏堤上由南而北的六座石拱桥,名为映波、锁澜、望山、压堤、东浦、跨虹。下一站至嘉兴,他夜游鸳湖,有《柬招费元朗》《寄赵文度》《夜泊鸳湖》④等题。赵文度,名左,华亭(今上海松江)人,活跃于明末画坛,为"苏松画派"的代表画家之一。茅元仪寄诗费朗,言"暂卧梦相苦,披衣泪复挥"⑤,心情苦闷。游绍兴枫江时,送别闽人郑琰,有《送郑翰卿游鲁》(三首),"只因别正枫江上,前路吴歈不耐

---

① 见[明]茅元仪:《杂兴》(四首)、《感怀》(四首),《石民赏心集》卷一。
② [明]茅元仪:《亡姬陶楚生传下》,《石民四十集》卷三十二。
③ 以上二题均见[明]茅元仪:《石民赏心集》卷一。
④ 以上三题均见[明]茅元仪:《石民赏心集》卷一。
⑤ [明]茅元仪:《柬招费元朗》,《石民赏心集》卷一。

闻"①。之后他游历无锡,拜见邹迪光,作《赠邹彦吉学使》(四首)②,诗歌表现出游子欲用世而不得的失意,是干谒之作。邹迪光,字彦吉,江苏无锡人,万历二年甲戌(1574)进士,历官湖广学政,壮年即罢官闲居于家。对于此次见面,邹迪光有记载:"酒半,察其眉宇小有不豫。问之,具为予言亡妾陶姬事,泣数行下,且愿得一言以传不朽。"③邹迪光为其作《吊陶行并序》、《陶姬传》。据此推测,茅元仪漫游吴越,不只是为了散心,更是为悼亡陶楚生。可惜《西玄洞志》亡佚,无从探寻。茅元仪在无锡还遇到宋献,作《梁溪逢宋献孺》④,并与他一道回金陵。

回金陵后,茅元仪生活中主要就两件事:一是研习诗文,为下一次的秋闱做准备;二是同友人游山玩水,燕享雅集。与友人聚会,其活动内容往往是登高赋诗、临水唱和,也是增益其诗文水平的重要途径。

茅元仪称"癸丑(万历四十一年,1613)秋,仆始削故稿,妄口语,标同调,抑时喙",欲在诗文创作上自立眉目。费朗是他研习诗文的好伙伴,"两人日称诗,其诗之相知更深于向所上下异同者也"。⑤ 万历四十一、四十二年间,他与费朗共编《尚书文苑》,存有《尚书文苑序》。序曰:"癸丑甲寅间,茅子与费子大抵游长干,云长干虽多名山水,然畅者不聚,幽者不远,游展所至,辄一览而意尽,故所患在精神无所寄,遂共商《尚书文苑》之役。役竣,茅子喟然曰:'文章经术亦有运焉,况于人乎。'"⑥阐明编此书目的在于以文学革新推动文章与经术的协同振兴。

金陵多名山水,且文人汇集,茅元仪日夕与友朋游山玩水,赋诗唱和,并

---

① [明]茅元仪:《送郑翰卿游鲁》(其三),《石民赏心集》卷一。
② [明]茅元仪:《石民赏心集》卷一。
③ [明]邹迪光:《陶姬传》,《石语斋集》卷二十,《四库全书存目丛书》,齐鲁书社 1997 年影印本,集部,第 159 册。
④ [明]茅元仪:《石民赏心集》卷一。
⑤ [明]茅元仪:《玉碎集序》,《石民四十集》卷十五。
⑥ [明]茅元仪:《尚书文苑序》,《石民四十集》卷十八。

形诸笔墨。他们秋登木末亭，夜游秦淮河，社集清凉山，造访栖霞寺，读书友人亭榭，日子过得快活惬意。同游者有费朗、宋献、傅汝舟、唐时、李维桢、吴鼎芳、杜士良、王永启等。如重阳节社集清凉山的活动，茅元仪有《九日同李本宁太史、喻叔虞、傅远度、费元朗诸子社集清凉山》①，社名不得而知。与者李本宁太史，即李维桢，湖北京山人，当时正供职金陵；傅远度，即傅汝舟，江宁（今江苏南京）人；费元朗，即费朗，浙江嘉兴人，正游历金陵。他们拽杖登高，赋诗骋藻，风雅至极。

茅元仪用世心切，又苦于功名不济，故常写干谒诗。他三十岁前的诗集《石民赏心集》中，有不少干谒之作。如：卷一有《赠马仲良民部》（二首）、《赠邹彦吉学使》（四首）、《赠李本宁太史》；卷二有《寄赠邓远游侍御》（二首）、《寄赠汤若士丈人》（二首）、《赠米君梦》；卷三有《贻郡守邵使君》（六首）；卷六有《赠杨文弱民部》（四首）。所干谒之人或居于官位，或有较高社会地位及较大影响力。这些诗歌写得四方平稳，措辞平庸，可读性不强。

万历四十二年甲寅（1614）春，茅元仪开始动身准备乙卯秋试。他途经濑上（今江苏溧阳），造访宋献，作诗《清瑶吟》《濑上谣》《截雨》。下第归，重过濑上，有《忆截雨》一诗，曰：“去年犊车寻酒侣，细揉春云漏春雨。今年囊刖涉旧浦，秋鬼叫空夜枭怒。”②去年经过濑上是犊车寻酒侣，心情悠闲轻快。今年再过濑上，则是“秋鬼叫空夜枭怒”，用阴森恐怖的意象来表达落第的激愤。再看其《偶成》：“放言酒伴朝寻醉，揾泪妻儿夜共支。欲识伤心无奈处，月明赢马独行时。”③《下第归》：“山光触胸胸含耻，湖水浇心心不死。”④这些诗歌表达了诗人落第后愤懑、无奈、羞愧的复杂心情。

此次落第后，茅元仪放情恣意，不再日夕以诗文为事，显露出豪门公子

①　［明］茅元仪：《石民赏心集》卷一。
②　［明］茅元仪：《忆截雨》，《石民赏心集》卷二。诗序曰：“乙卯下第后，取道东归，重过濑上作。往有截雨，故曰忆。”
③　［明］茅元仪：《石民赏心集》卷二。
④　［明］茅元仪：《石民赏心集》卷三。

哥的性情。这可从他此间好作绮艳诗看出。当然,也可认为这是茅元仪排遣愁绪的方式。试看《同费元朗携妓南屏看枫叶》①,诗中所诉落第的心情是"痴深犹着梦,愤极转成柔"。由此对歌妓产生了"同是天涯沦落人"的感情,"白夹聊盘马,红颜黯倚楼。娥眉浑掩月,蝉鬓自生秋","贴枕频催酒,关情怕听讴"。这首诗形象地描述了茅元仪当时的心境,因落第而愁绪难遣,故在柔情脂粉中寻求解脱。又如《美人醉》:"湘几闲寒影,传觞偶渐痴。料酲频引镜,防误转缄辞。"《窥浴》:"趁月卸残妆,佯娇欲避郎……钗落连声腻,衣熏乱粉香。"《赠答》(四首)第二首《代答》:"相见相抛离别轻,翻憎在昔独多时。濒行吞泪低低道,赢得人间浪姓名。"此外还有《忆垂柳寄人》、《代秦淮诸女郎送顾九畴》、《催竞渡词,为三姬各赋一绝》(三首)、《四时三妇女艳》(四首)、《沈季原初度在闰中秋,满二帙,恰逢再闰,索赠》、《燕雪新归,携之白下,示宛叔修微》等。以上所列诗歌均集中收录在《石民赏心集》卷三,正好佐证笔者关于茅元仪此阶段沉溺绮艳的推断。

万历四十六年戊午(1618)秋试,茅元仪再次参加。《石民赏心集》中未见有此阶段诗作留存。茅元仪仅在笔记《三戍丛谈》中讨论士子应试改名时,提及曾参加此次科考,"余于丁巳(万历四十五年,1617)已更名为恪。戊午、辛酉两应试矣"②。另《闻宋献孺下第》一诗言"幸余名想绝,迟尔北山阴"③,恰恰透露出茅元仪因为前两次的落第打击,不敢再对登第怀有太大的希望。这一次落第,茅元仪基本不在诗文中提及,更别说情感宣泄,但仍可看出他的黯然神伤。《经岁不至湖上,渔父叹其顿老》是茅元仪此年落第后,游历杭州西湖所作。诗歌先说自己年轻的容颜"湖水秋且皎,照予朱颜开",曾得渔父赞赏,然而"忽忽经岁间,梦与事常倒。拂衣归旧巢,渔父煮新稻。

---

① [明]茅元仪:《石民赏心集》卷三。
② [明]茅元仪:《三戍丛谈》卷七,《续修四库全书》,上海古籍出版社 2003 年影印本,第 1133 册。
③ [明]茅元仪:《闻宋献孺下第》,《石民赏心集》卷四。

相值若相谔,默焉无所道。稻熟呼共飧,徐徐叹余老"①。诗中充满难以尽言的感伤。当时茅元仪年仅二十五岁,一岁之间突然老去,只能说明他遭遇太多的不顺,承受太多的压力,用世心切却屡次不第显然是主要原因。

万历四十六年戊午(1618)季冬,茅元仪游历杭州,至次年暮春,方取道回金陵。这段行程,他详尽记载于《西湖看花记》②中。这是一次十分享受的旅游。季冬观千山缟素,元旦看西子新妆,人日散步孤山,元宵西溪赏梅。他寻山访寺,踏雪寻梅,坐舟听雨,享尽西湖美景。恰逢王留也正游历西湖,两人遂相约同游。元仪有诗《与王亦房步湖上》《重过法华山晤王亦房,因寻落梅》③。王留,字亦房,王稚登少子,以诗闻名。元仪回金陵不久后,王留去世,茅元仪有《哭王亦房十六韵》④,痛悼诗友。

万历四十七年己未(1619),茅元仪的众多诗友汇聚金陵。他们举行多次社集,这一年的金陵文坛显得异彩纷呈。一是端午节秦淮大社。据茅元仪《秦淮大社集序》载,此次社集是由钟惺、潘之恒、吴鼎芳、谭元春提议,茅元仪承办,借助端午节这个民俗节日发起的秦淮大集会。"吾友钟伯敬将自客而为宦,吾友潘景升老而复来客,吾友吴凝甫、谭友夏或自吴、或自楚而来,会以语茅子曰:'物日以盛,而人日以衰。盛而不揄,衰之启也;衰而不培,亡之渐也。是不可以无社,子其倡之。'"这次社集将南都能文之士囊括殆尽,"于是客于金陵而称诗者靡不赴。其人则自卿公大夫,以至有道都讲、隐流游士、禅伯女彦,其地则自吴、越、闽、楚,以至土著之俊,其年则自八十、九十,以至八岁之神童,靡不操牍而至"。社集规模非常之宏大。"其命题则以五日秦淮社集,而兼赋投诗赠汨罗,其限体则以五字,而曰古、曰律、曰长律,兼举、分举者听。"⑤事后,茅元仪整理社集中所作诗歌,集为《秦淮大社

---

① [明]茅元仪:《经岁不至湖上,渔父叹其顿老》,《石民赏心集》卷四。
② [明]茅元仪:《石民四十集》卷二十三。
③ 以上二题均见[明]茅元仪:《石民赏心集》卷四。
④ [明]茅元仪:《石民赏心集》卷五。
⑤ [明]茅元仪:《秦淮大社集序》,《石民四十集》卷四十三。

集》,并作序。清人周亮工《因树屋书影》卷二、计发《鱼计轩诗话》卷一对此盛况也有记载。二是乌龙潭的五次社集。茅元仪构新居于乌龙潭,秋水潭影,木筏相待,遂招集友朋共赏江山之胜。七、八两月,茅元仪在乌龙潭新居举行了五次大小不等的聚会。这几次朋友间的聚会,有集社的性质。他们有相对固定的成员:茅元仪、谭元春、钟惺、潘之恒、宋献、吴鼎芳、傅汝舟等。因为参与者如谭元春、钟惺、潘之恒不仅有文名,还在文坛颇具影响力,加上茅元仪、谭元春各创作了《初游乌龙潭记》《再游乌龙潭记》《三游乌龙潭记》三篇绝佳的游记,因此,这几次集会颇有名气。

天启元年辛酉(1621)夏,茅元仪再次赴京参加秋试,这是他第四次参加科考,也是最后一次。临去前,他与爱妾杨宛依依惜别。一首《别内曲》[①]写出他的雄心壮志与铁汉柔情,一边是"自言一意报明主,斩蛟捕豹啖貔豼",一边是"情根种在雄心里,红染荷花终不分"。中国古代男人对功名、美人的追求,在此诗中充分显露出来。很不幸,他再一次折戟考场。这一次打击比前三次都大。茅元仪写了《下第》组诗十首,宣泄内心的挫败感。其中以第三首写情最显:"欲还闭户更难支,匹马街头信所之。歌舞丛中偷落泪,觚觥杂至不知辞。友朋慰语闻曾熟,童仆欢颜强亦疑。最恨千钟终不醉,眼看灯火闹归时。"[②]诗人想到一个人回家闭户感伤会更难受,所以信马由缰地游荡街头。想到也许欢乐热闹的场景可冲淡自己的伤痛,所以与朋友一起到歌舞场买醉。怎知看着别人欢乐笑闹,并无法驱散自己的愁苦,拼命买醉却千杯不醉,他只能醉眼含泪看着寻乐的人们逐渐散去。此诗诗意很浅,诗情却很真,闹中写静,乐中写悲,浑然一体。秋闱落第后,他到塞北游历了一番,有诗《出都门》《家兄彦先为留司光禄,闻予出塞,以诗见勉。归途得之,赋答十五韵》[③]。

---

① [明]茅元仪:《石民赏心集》卷七。
② [明]茅元仪:《下第》(其三),《石民赏心集》卷七。
③ 以上二题均见[明]茅元仪:《石民赏心集》卷七。

此年夏天,茅元仪潜心三年编纂的军事巨著《武备志》完成。李维桢、顾起元、张师绎、郎文焕、宋献、傅汝舟为之作序。茅元仪迅速以知兵闻名,京师大臣交相举荐。茅元仪在《辞召用疏》中称:

> 今制臣王象乾辟臣,欲以臣为赞画,为大将。臣以处非其据,力辞,得允。东西事急,又误蒙中外大僚、南北台省李宗延、吴之皞、杨维新、王允成等累疏交荐,屡奉明旨,科抄聘取,其它私辟汇荐者不一。臣本书生,不谙帷幄之谋,俱力辞不赴。山东妖贼事急。今刑部尚书孙玮为南冢宰,摄兵部事,新招兵五千四百人,以参副职衔,行文原籍,聘臣总统。今南京吏部尚书何熊祥,后摄兵事。臣到京日,札授臣副将,命一面练兵,一面候题。臣本书生,不谙将帅之略,亦力辞,未允。忽报妖贼四十万,从丰沛渡河南。南中震惊,会议出师,人有畏色。臣愤激于衷,请当前锋,遂免受部札。师期未定,贼报散败。臣适逢臣母讳,奔跣而归,此臣生平本末也。[①]

由此可知,在京城,荐举茅元仪的大臣有王象乾、李宗延、吴之皞、杨维新、王允成等。茅元仪以书生不谙帷幄之谋为由,均辞荐不就。自京南归途中,他作《辞荐初归寄弟》[②]一诗。次年春,归金陵后,他与好友傅汝舟隐居北山,作《归隐北山示内》[③],诗曰"鹿门本是先人志,静夜闲分书半床",表明其隐居著述之愿望。北山,南京钟山之别名。后又与傅汝舟、王象春[④]谋划隐居玄武湖上,有诗《同季木、远度卜隐居于玄武湖上》[⑤],这一计划未付诸行动。后又谋划隐居苏州包山,终因地方被人夺去而不果。此间,南京刑部尚

---

① ［明］茅元仪:《辞召用疏》,《石民四十集》卷一。
② ［明］茅元仪:《石民赏心集》卷七。
③ ［明］茅元仪:《石民赏心集》卷八。
④ 王象春(1578—1632),字季木,新城(今山东桓台县)人,明万历三十八年庚戌(1610)进士。
⑤ ［明］茅元仪:《石民赏心集》卷八。

书孙玮、吏部尚书何熊祥先后举荐茅元仪。茅元仪推辞不过,接受刑部尚书孙玮的任命,在留都料理新营事务①。天启二年壬戌(1622)十一月,母亲丁氏去世,茅元仪即辞新营职务,奔跣而归。

追求科第、交友漫游是茅元仪青年时期的两大主题。

三、中年时期(1623—1631)——两次征辽

茅元仪因编著《武备志》而名动两都,迅速以知兵闻名,荐举之文累至。他称"两年以来,奉明旨十二,特允用者数四"②。然他以"书生虽渺小,出处关乎大义"③为由,不轻易接受荐举。直到孙承宗督边,他才积极自荐,希望追随孙承宗征辽。他说:"元仪以不肖之躯,受群公之知,固非一人。然知之深,信之笃,誉之所试而不虞其过,未有如相公者也。"④孙承宗也很赏识茅元仪,作"待尔翻飞日,时清会有期"⑤相赠,并曾对人说:"非我不能用茅生,茅生非我亦不为用。"⑥可见,他们彼此间有英雄相惜之情。天启三年癸亥(1623)五月,茅元仪接到孙承宗的征书,正在为亡母守孝的他"不敢言私,墨缞赴军"⑦,朝闻命而夕就道。他自金陵出发,过淮北,经邹鲁,渡汶水,走昌黎,直奔山海关,于九月抵达孙承宗幕府,开始他的幕僚生活。山海关,古称"榆关",也作"渝关"。

孙承宗督边,主张筑宁远城(今辽宁兴城),守觉华岛(俗称菊花岛),打造关宁防线。"若失辽左,必不能守渝关;失觉华、宁远,必不能守辽左"⑧,足

---

① [明]茅元仪《上叶福清相公书七》曰:"冬春之间,所为料理新营之事,已可有次第,足备缓急,亦足以仰报冢宰(孙玮)之知遇。"见《石民四十集》卷五十九。
② [明]茅元仪:《上韩蒲州相公书》,《石民四十集》卷六十。
③ [明]茅元仪:《上孙高阳相公书六》,《石民四十集》卷六十二。
④ [明]茅元仪:《上孙高阳相公书四》,《石民四十集》卷六十一。
⑤ [明]茅元仪:《上孙高阳相公书四》,《石民四十集》卷六十一。
⑥ [明]茅元仪:《上孙高阳相公书七》,《石民四十集》卷六十二。
⑦ [明]茅元仪:《上孙承宗相公书七》,《石民四十集》卷六十二。
⑧ 樊树志:《晚明史:1573—1644年》下卷,复旦大学出版社2003年版,第772页。

见宁远、觉华岛两地的战略地位。他的战略方针是："总之以修筑，因辽山以策应，因辽海以守土，因辽人以养人，因辽土以斟酌远近，分布控扼。"①因此，他大力整顿山海关内外防御体系，修建前屯、宁远城、觉华岛、中后所、中右所等九座战城，练兵建营，为打持久战做积极防御。当时武将有马世龙、赵率教、满桂、袁崇焕，文臣有鹿善继、茅元仪、宋献等，将帅同心，正积极地为抗击后金做准备。

茅元仪在孙承宗幕府主要有两部分工作：一是军事技术上的支持，如设计制造战车、大炮等；二是起草撰写各类文书和用兵方略。孙承宗与部下感情很好，时常与文武将领们研究战略战况，并经常带领部下巡视关外各个营所，视察营所建设情况。茅元仪记载："九月八日，从之东巡。一出关，而兵马气色迥异于关。盖死地之兵将，皆百自奋，古人不欺我也。七十里而抵前屯，新城岿然，高坚可倚。田禾被野，约可三万计，居然重镇矣。又三十里，至中后所，屯与城俱前屯之亚也。又五十里，至中右所，则其城之大、屋之全、民人之众，又逾于前屯。一苇渡觉华，海面十八里，顷刻而到。又自宁远东巡五十里至罩笠山，则广宁、锦义几在望矣。"②此段文字描述了山海关外，前屯、中后所、中右所、觉华岛、宁远、罩笠山、广宁、锦义等各营所的地理位置，还描绘出关外各个营所喜人的建设情况。

孙承宗每到一营所，即作诗以志，茅元仪亦次韵唱和。故元仪此类唱和诗数量很大，如《和孙相国九日登前屯新筑宴集，以六月菊代菊次韵》《和孙相国过中后所，次叠前韵》《和孙相国过中右所，次再叠前韵》《和孙相国过宁远，次三叠前韵》《和孙相国自连安诸山至罩笠山、葫芦套，次四叠前韵》《和孙相国过觉华岛次韵》等。从这些诗题也可看出他们的行踪。除了前文提到的前屯、中右所、中后所、宁远、觉华岛，巡视营所还有汤泉、仙灵寺、大红螺、团山营、延安堡、平川营、望海台、白塔等。③茅元仪跟着孙承宗经营关

---

①　樊树志：《晚明史：1573—1644 年》下卷，第 772 页。

②　[明]茅元仪：《上叶福清相公书九》，《石民四十集》卷五十九。

③　见[明]茅元仪：《石民渝水集》卷一、卷二。

外,过年亦不得闲。天启四年甲子(1624)正月初三日,又开始东巡。初七,抵达宁远。孙承宗见宁远在大将满桂的治理下井然有序,俨然重镇,遂移镇宁远城。

初入军营时,茅元仪感觉很新鲜。他作诗记录军营趣事,如《塞外道中孙鲁原折花为盖,戏作和之》《和孙相国阅仙灵寺诸边障,遥见诸将为猎次韵》①等。同时,他雄心万丈,对辽东局势持乐观态度,"一自元摅出塞,顿生上将雄心"②、"两年腥秽芟除尽,一代中兴指顾间"③。不过,严苦的塞外生活马上消解了他的理想色彩。"胡天八月即飞雪",塞外很早就冰天雪地。茅元仪来自南方,对寒冷的体验更敏感些。他描写寒冷的诗句很多,如:"严窗寒沁骨""荒荒极塞冷""寒色侵帏可奈何"④。在寒冷而寂寞的关外,茅元仪时常感觉到孤独。胡笳声、马嘶声勾起他的思乡愁绪,"悲笳暮动嘶征马,不许乡心入梦间"⑤;好友宋献自关内回到塞上,他很开心,作《喜宋献孺省觐还塞幕》;除夕夜,幕府沉寂,他在酒兴阑珊时,作《渝关酒残忆旧京》,回忆金陵友朋社集的盛事;在夜幕沉沉、梦境聊萧中,他时常梦见昔日好友,有《甲子正月初三夜宿中前所,梦王季木》《宁远梦谭友夏》《宁远梦夏长卿得"词微涕泪交"句,寤而成之》⑥;大年初七随孙承宗移镇宁远,他作"长安歌舞度良辰,人日危边有几人"⑦,冷热对照,感慨边疆将士的辛苦。其中《边夜》一诗把这种孤独的愁绪表达得最为传神,"日落对空尊,携愁遂入昏。留灯如得伴,怕梦为销魂。孤被开风窦,虚窗吐月痕。钟声催曙色,结束报君恩"⑧。

天启四年甲子(1624)开春,孙承宗派遣茅元仪下江南募战船。茅元仪

---

① 以上二题均见[明]茅元仪:《石民渝水集》卷一。
② [明]茅元仪:《和孙相国后出塞次韵》(其七),《石民渝水集》卷二。
③ [明]茅元仪:《和孙相国过宁远,次三叠前韵》,《石民渝水集》卷一。
④ 这三句诗分别出自茅元仪《和孙相国阅宁远塞,过汤泉,次刘侍御韵》(其十)、《宿大红螺山下》、《和孙相国中右所不寐次韵》,见《石民渝水集》卷一。
⑤ [明]茅元仪:《和孙相国望团山营次韵》,《石民渝水集》卷一。
⑥ 以上五题均见[明]茅元仪:《石民渝水集》卷二。
⑦ [明]茅元仪:《新辟宁远,人日随高阳公移镇》,《石民渝水集》卷二。
⑧ [明]茅元仪:《石民渝水集》卷二。

自关外来,感受到关内外物候差异。关外只下雪不下雨,春天不开花,故有《关外来始见杏花》《关外来始雨》①。他一路向南,过潞河(今北京通州)、河间(今属河北)、东阿(今属山东)、池河(今安徽境内),直到白下(今江苏南京)。在金陵,他稍稍逗留,与好友傅汝舟、朱枝昌等会过面,就马上赶往海陵(今属江苏泰州)募集沙船。海陵南靠长江,东临黄海,是苏北地区的水陆要津、咽喉要地。此地盐船商贾汇集,有数量极多的沙船。在海陵,茅元仪寓居陈氏醒园,有《奉使至海陵,寓醒园,贻周伯二刺史。刺史蜀人,时已擢冬曹郎》(二首)、《题海陵陈氏醒园》②。陈氏为何人不得而知,醒园也不是清朝进士李化楠《醒园录》里的醒园。募船的任务很快完成,茅元仪遂从海上回金陵,于七夕抵家。在金陵,他见过沈农长,有《酬沈农长都护,兼喜其谢事》(二首)。其一云:"一派西风卷阵云,江南词客半从军。如君得脱兜鍪去,处处山家花正殷。"③诗中流露出他对友人悠游度日的羡慕。趁着时间的空当,茅元仪回湖州,与弟茅暎拜祭亡母。回想去年守孝未完即应征赴军,茅元仪心中充满悲痛,诉说着忠孝不能两全的矛盾:"薜衣未脱又兜牟,夜半端揆每借筹。未得酬君先负母,何心报国复封侯。"④

八月逢举人发榜,茅元仪作《甲子发榜日,忆辛酉是日》《甲子发榜日,寄榜下诸君》⑤,再次流露出其科考失败内心深处的伤痛,同时也抒发了对科考弊端的一点思考。"廿年文战气如云,此日兜鍪独将军。可使诸君长坐啸,莫言司命果知文。"⑥茅元仪文战不得意,于是转战沙场,从诗意上看,倒也有"失之东隅,收之桑榆"的安慰。不过,从其一生来看,科考失利不仅阻碍他的仕进,还令他在文人、武人身份间产生困惑,因此他发出"错上蒲车变老

---

① 以上二题均见[明]茅元仪:《石民渝水集》卷三。
② 以上二题均见[明]茅元仪:《石民渝水集》卷三。
③ [明]茅元仪:《石民渝水集》卷三。
④ [明]茅元仪:《募楼船暂省先墓,与弟远士一握手耳,诗以别之》(二首其一),《石民渝水集》卷三。
⑤ 以上二题均见[明]茅元仪:《石民渝水集》卷三。
⑥ [明]茅元仪:《甲子发榜日,寄榜下诸君》,《石民渝水集》卷三。

兵,砚田虽芜闲春水"①、"十载戎旃悔识丁"②的感慨。

茅元仪有军务在身,办完事马上启程赴山海关。在清源路上,他遇到好友宋献,作《清源逢宋献孺,时同为督师幕僚。余以督楼船戎车墨缞赴军,献孺新闻讣归,盖甲子九月也》(二首)③,可知宋献因为君亲去世而南归。转眼又到岁末,茅元仪逗留天津过年,有《乙丑元日试笔》,曰:"国耻如焚气若云,剑装万里久殷勤。终年空说参卿事,何日方能答我君。"④可见他对当时的内忧外患焦心不已,徒有报君心,却难以践行,煞是苦闷。

茅元仪募战船回山海关,顺利完成使命,遂以副将督理觉华岛水军。然而形势发展却不容乐观。天启朝,魏忠贤乱政,结党营私,勾结群小,排挤贤良,把朝廷上下搞得乌烟瘴气。魏忠贤眼看孙承宗经营辽东有声有色,惧怕孙承宗打败后金,抢得头功,权势盖过他,遂用计拖延军饷,不配合前线军需,并且在天启帝面前搬弄是非,中伤孙承宗,使无识无能的天启帝下令汰军。孙承宗虽总督辽东,却处处受到魏忠贤的掣肘。内外不同心,使得抗击后金更加吃力。尽管如此,孙承宗、茅元仪等主战者依然有战守辽东、赢取胜利的信心。茅元仪有《乌燕谣》⑤一题,既表达对众多朝臣保守、软弱的嘲笑,同时表达誓取辽东的决心。

是年九月,辽东总兵官马世龙误信军情,致有"柳河之败",死四百人。因马世龙是孙承宗所荐,魏忠贤遂借此机会,再次大加中伤。魏之党羽夸大"柳河之役"的规模和死伤人数,引得朝廷人心不稳。⑥孙承宗眼看魏忠贤乱政,明知其目的是让他下台,换上魏的亲信,虽然舍不得苦心经营四年的辽东,却也知道徒留无益,遂黯然乞归。

---

① [明]茅元仪:《燕矶篇寄王先民》,《石民渝水集》卷六。
② [明]茅元仪:《写怀》,《石民又岷集》卷二,《四库禁毁书丛刊》,北京出版社 2000 年影印本,集部,第 110 册。
③ [明]茅元仪:《石民渝水集》卷三。
④ [明]茅元仪:《石民渝水集》卷四。
⑤ [明]茅元仪:《石民渝水集》卷五。
⑥ 见[明]夏燮:《明通鉴》,岳麓书社 1998 年版,第 2218—2219 页。

茅元仪也因忤逆魏忠贤,遭削籍,罢归氓。眼看三年的奋斗将付诸东流,他心情十分复杂,作《去渝关》:"三年幕吏同孤客,半纸归纶似落潮。只是主仇犹未报,五陵儿笑霍票姚。"又作《乞还山》:"将相细看都没味,微风斜日抱渔竿。"①茅元仪一心欲报主恩,至死不渝,却觉得官场浑浊,徒留无益。尽管如此,离开辽左,他还是依依不舍。他与好友鹿善继道别,作《道中别鹿伯顺》(二首),写尽战友之情:"三年白草同眠者,一日红尘分手时。岂但主恩酬未得,满襟离泪已难支。"②

离任不久,觉华岛被破,茅元仪痛心不已,作《闻觉华岛破》:"三年心血咸阳炬,剩得余灰漾碧霄。"③觉华水师由他一手经营,他一离任即被破,除痛心惋惜之外,也有国事不可为的无奈。天启六年丙寅(1626)寒食节,茅元仪作《丙寅寒食》一诗:"浣尽边尘不识春,今年又愧陌头人。空山尽可酬斯志,暇日终还负此身。痴胆危时天际试,孤忠列圣梦中陈。承恩上冢非吾望,生啖胡王便煮莼。"④虽已被罢归,他仍欲"生啖胡王",保家卫国的雄心依然不减。八月,茅元仪抵达金陵,结束第一次征辽。

茅元仪《石民西崦集序》称:"天启丙寅,既得齿为编氓,思所以自老之地。余之将出也,先营包山焉,久而为人夺去。乃寻吴越之间,最后得石址,顾而乐之。"⑤天启六年丙寅(1626)秋,茅元仪结束征辽后,眼看国事不可为,遂隐居于西崦石址山。"石址在玄墓、邓尉之间,大如掌。而两山之胜,皆若伏而听。其位置夹光福步,有两水颇汪洋,曰上崦、下崦,或曰东崦、西崦云。"⑥西崦石址山,在今苏州光福风景区,是嵌入太湖的半岛。此地以邓尉

①　以上二题均见[明]茅元仪:《石民渝水集》卷五。
②　[明]茅元仪:《道中别鹿伯顺》(二首其一),《石民渝水集》卷五。
③　[明]茅元仪:《石民渝水集》卷六。
④　[明]茅元仪:《石民渝水集》卷六。
⑤　[明]茅元仪:《石民西崦集序》,《石民西崦集》卷首,《四库禁毁书丛刊补编》,北京出版社2005年影印本,第73册。
⑥　[明]茅元仪:《石民西崦集序》,《石民西崦集》卷首。

山探梅闻名,梅花似海、似雪,人称"香雪海",景色绝佳。茅元仪在金陵过完中秋,即携侍姬碧耐月夜东下,隐居石址山。

茅元仪常在诗作中表达对隐逸生活的向往。"何时清漠北,同上鹿门山"①、"故知石隐寻常事,若个双双上鹿门"②,此类表达隐居情怀的诗歌在其诗集中随处可见。然而茅元仪建功立业之心强烈,他理想的隐居是功成名就之后的飘然隐去,并非静寂枯槁的隐士生涯。故此次隐居石址山仅为权宜之计,一旦有机会,就会马上出山。

隐居的日子闲适而单调,"酒深犹自喜,睡足始知闲。宛尔家庭内,悠然林壑间"③。茅元仪或作诗与朋友酬唱往来,或散步野外,或与侍姬碧耐饮酒,或登门造访邻近隐者,也时刻关心朝廷大事。在石址山隐居两三个月后,入冬便回归安了。归家后,应亲友的关心,他作《到家述怀三十韵》④,把自身征辽经历及辽东军兵所做的努力、遭遇的困难完整叙述了一遍,诗歌流露出其依然热切的用世之心。茅元仪在家乡依然清闲,他闲散地探故人、游故地,打发时间;他同弟茅暎及友朋饮酒菽园,冬雪嫣然,丝竹盈耳,聊慰人生佗傺;他探望亡友宋彦叔遗孀遗孤,内心感伤;他重游武康前溪、岘山,过杭州昭庆寺,产生诸多人生感慨。过年后,他便早早回西崦石址山了。

春寒料峭,正是梅花绽放好时节。邓尉山梅花闻名遐迩,茅元仪早与诸多友朋相期赏梅。然而天公不作美,先雨后雪,花信推迟,加上茅元仪生病,与好友之约多不成行,试举诸诗题可知,如《以花事留山,匝月苦雨禁花,及天晴花发,余病不能看矣。口占榻上》《期赵灵均花时过山堂,余以病不能从游》《初入山,王孟礼自阊门携诗过访,为期花时,竟以病负》⑤。赵灵均,即赵均,赵宦光子。王孟礼,生平待考。相约赏花的还有弟茅暎和好友姚希孟、

---

① ［明］茅元仪:《出渝关寄内》,《石民渝水集》卷一。
② ［明］茅元仪:《示内》(二首其二),《石民渝水集》卷六。
③ ［明］茅元仪:《酬舍弟喜余入关,兼卜隐之作次韵》,《石民西崦集》卷一。
④ ［明］茅元仪:《石民西崦集》卷一。
⑤ 以上二题均见［明］茅元仪:《石民西崦集》卷二。

文震孟等。石址山花期一过,茅元仪便往金陵游春去了。

此次游春,茅元仪与好友傅汝舟"剧饮至晓","欲言复止哦新句,往事休论忆旧歌。饮量还将春共抵,愁怀不与梦相和"①。人生不得意,好友也只有频频举杯安慰,热酒浇愁肠。他们长篇唱和,傅汝舟作《十六艳》,茅元仪次韵和之。后茅元仪又作《后八艳》②,以示完整。好友阮寄卿隐居莲花峰,茅元仪两度造访,有诗《过老友阮寄卿莲花峰山居》《再过阮寄卿莲花峰山居》③,对其隐居之所颇为喜爱。他重过乌龙潭,作《重过乌龙潭卧园》。茅元仪于永兴寺与刘肆夏夜坐,有诗《永兴寺示刘肆夏塞上诗》《同傅远度、刘肆夏永兴寺夜坐》二题。邀请洪宽偕隐石址山,有《招洪仲韦偕隐石址,并示程孺文、毕扬之,次三君韵》④。至于洪宽是否与他偕隐石址山,不得而知。秋天,茅元仪携侍姬碧耐重回石址山。适逢"又岘舟"造成,遂时常泛舟出游,作诗《新秋与碧耐偕载》《侍姬青绡往荷眉公征君赠诗二十一首,今为余得。"又岘"初成,载之出泛,偶简重阅,因倚韵寄眉公》⑤。

不久,明熹宗卒,思宗即位。茅元仪建功立业的雄心又活络了,"闻道新皇好文墨,安排赋草待征求"⑥,"邻老忽传新主圣,此宵看剑到三更"⑦。是冬,茅元仪本打算游南粤,听闻思宗处死魏忠贤,欲振兴朝纲,即中途改道北上,"受恩与众殊,乌得老田园"⑧,想在新朝有所作为。对于魏忠贤的倒台,茅元仪觉得大快人心,多次作诗歌颂:"率土欢呼万岁觞,荔衣也换拜新皇。栅鸡苙豕今朝放,自此方知化日长。"⑨思宗一登基即驱处魏忠贤,起用贤良,

① ［明］茅元仪:《与傅远度剧饮至晓》,《石民西崦集》卷二。
② ［明］茅元仪:《石民西崦集》卷二。
③ 以上二题分别见［明］茅元仪:《石民西崦集》卷二、卷三。
④ 以上四题均见［明］茅元仪:《石民西崦集》卷二。
⑤ 以上二题均见［明］茅元仪:《石民西崦集》卷三。
⑥ ［明］茅元仪:《酬张稚通》,《石民西崦集》卷三。
⑦ ［明］茅元仪:《此宵》,《石民江村集》卷一。
⑧ ［明］茅元仪:《途中寄傅远度》,《石民江村集》卷一。
⑨ ［明］茅元仪:《丁卯贺长至,是日闻区处逆珰之报,追忆昨年此日,因次前韵》,《石民江村集》卷一。

颇有中兴的势头，茅元仪更是热烈歌颂："元日逢春日，天王正首春。重开千载运，合祷万心真。"①思宗急欲救国家于危难，求贤若渴，茅元仪坐不住了，作《风尘乐》云："天子虽中兴，沧疆丧宇犹如昨。男儿不向风尘老，诸君坐啸徒维诺。"②

经袁崇焕推荐，茅元仪接到圣旨，"复其副总兵职，衔赞画军务"③，并命他献上所著兵书《武备志》，以备"乙夜之览"。然而因遭到陷害，茅元仪被罢黜江村。茅元仪作《三黜》抒发悲愤之情，诗曰：

> 蓦地归纶又一番，不知寒为不曾暄。珠钤有裨恩差报，家学传来道似尊（诗注：一曰"果负韬钤"，一曰"该博有裨军事"，一曰"辑传家学"，俱今上特褒语）。争借祇赢书满箧（诗注：齐闽争余为帅，闽人先拜疏，齐人遂见劾），浮谭应罚酒盈樽（诗注：劾疏中语）。茅庐不厌人三黜，僻径重开柳下门。④

此诗透露被贬江村的缘由：进呈《武备志》，受到思宗褒奖，却遭兵部尚书王在晋嫉妒；上《闽贼害甚黔贼疏》，而被张瑞图、杨景臣等大僚扣以"浮谭乱政"之名。关于"浮谭乱政"之始末，茅元仪亦有记载：

> 今年春，余上《闽贼害甚黔贼疏》，言其必突浙直。往见相君张瑞图，以其闽人也。张相君曰："承兄过虑。散乡贼已一抚可了矣。"遂临去，复上请抚。疏后，人遂论余浮谭乱政。相君杨景臣遂力主逐余，票拟着即回籍，不准推用。⑤

---

① ［明］茅元仪：《戊辰元日》，《石民江村集》卷一。
② ［明］茅元仪：《石民江村集》卷一。
③ ［明］茅元仪：《遵旨进书并辞都督疏》，《石民四十集》卷一。
④ ［明］茅元仪：《石民江村集》卷二。
⑤ ［明］茅元仪：《掌记》卷四。

　　崇祯元年戊辰(1628)五月,茅元仪抵达江村。江村在河北定兴县,是鹿善继故乡。鹿善继,字伯顺,天启年间与茅元仪同为孙承宗幕僚,两人在辽东结下深厚友情。茅元仪在《石民江村集序》中称:"仪环召,未几,忤贵要被斥。祸且不测,伯顺独收舍之。"①他寄居鹿家首尾三年,深受照顾,也曾与鹿家共患难,感情至深。因此,他把在江村创作的诗歌结集,命名为《石民江村集》,以志不忘鹿善继恩情。鹿伯顺授馆"知止居"让他居住,他另取斋名为"养喜斋",事见《知止居记》《养喜斋记》②。

　　江村不同于热闹繁华的金陵,显得闭塞而单调。茅元仪初来乍到,除鹿善继、孙奇逢、张果中等友人,并未过多结交其他朋友,生活过得简单闲逸。正因如此,他取书斋名为"借闲阁",潜心读书著述。茅元仪称:"身舍其家可五百日,所得诗文杂述纂辑共百二十卷。"③据现存文献可知,他在江村创作的作品有《六月谭》十卷、《掌记》六卷、《暇老斋杂记》三十二卷、《石民江村集》二十卷、《督师纪略》十三卷,共八十一卷,与"百二十卷"相差三十九卷。这三十九卷是否收入文集《石民四十集》,亦不得而知。

　　在《石民江村集》中,有很多追和前人的诗作,由此可窥知茅元仪读书眉目。如《己巳江村元夕,次王伯安在龙场韵》(二首)④,其一诗曰:"书灯何待良时赏,残卷聊将尚友邀。"王阳明,字伯安,有"龙场顿悟"说,所悟为格物致知道理。茅元仪称王阳明为"尚友",寂寥寒岁使他与这位大思想家产生了共鸣。《九咏》⑤追和汤显祖《十咏》而作,是一组咏史诗,所咏之人均为历史名人,如荆轲、曹操、谢安等。再有《后九咏》⑥,为追和元人杨载所作,是一组咏物诗,所咏之物"皆逾时自失",如尘镜、残画、断碑等。并考证杨载《九咏》实为《十咏》,该题是元人吴赞府首创,杨载的诗也是和作。他读柳宗元作

────────────

① [明]茅元仪:《石民江村集序》,《石民江村集》卷首。
② 以上二文均见[明]茅元仪:《石民四十集》卷二十四。
③ [明]茅元仪:《石民江村集序》,《石民江村集》卷首。
④ [明]茅元仪:《石民江村集》卷三。
⑤ [明]茅元仪:《石民江村集》卷三。
⑥ [明]茅元仪:《石民江村集》卷六。

品,作《饮酒追和柳子厚韵》《读书追和柳子厚韵》《觉衰追和柳子厚韵》《戏题阶前芍药,追和柳子厚韵》①等题。柳宗元被贬永州、柳州,长期心情黯淡,与山水为友来排遣其灰冷愁绪。茅元仪贬黜江村,读其诗文,难免产生"士不遇"的共鸣。读苏轼诗歌,亦屡有和作,如《读坡公语,因忆故乡》②、《读坡公建茶诗,因忆故山芥候》(八首)③。苏轼曾任官湖州,茅元仪读其诗集,常勾起对故乡山水事物的回忆。再如追和苏轼咏史诗,作《咏王莽追和苏子瞻韵》《咏董卓追和苏子瞻韵》④等。另外,追和苏轼抒发人生感慨与遭遇的诗作,作《坡公有句"晚觉文章为小技,早知富贵有危机",怅然有作,足其意》、《绝粮追和苏子瞻韵》、《狱中寄家人,追和子瞻寄子由韵》(二首)⑤等。读完苏轼诗集后,茅元仪作《题苏文忠集后》⑥一诗,说苏轼"生吞韩愈诗,细脍庄周语",比喻新鲜。另外,读王世贞诗集,有《嘉靖己巳,王元美尚书过于廷益太傅墓有作,盖相去两甲子矣。今年己巳为三甲子,偶阅元美诗,感而和之,次其原韵》、《端午追和王元美韵》、《苦热追和王元美韵》(七首)⑦。他描写江村农家生活,作《四时田家乐,追和梅圣俞韵》(四首)⑧、《禽言六首,前四首追和梅圣俞韵》⑨。梅圣俞即宋代梅尧臣,作诗主张平淡,有《田家四时》等描写农村生活的作品。茅元仪笔下的田园生活充满乐趣:"童子顾我言,野水生荷花。为乐足忘疲,丝竹谢鸣蛙";"妇女对我嬉,童稚舞我前。俱云田事毕,可以乐余年";"提葫芦,沽美酒。尔无宾,我无友。共倚春风为启筵,今日一杯千万寿。"闭门读书著述的江村生活,既令茅元仪感到充实,也为他带来创作上的收获。他有《己巳五月简录新诗,题后》、《今年闰四至五月晦日,简新

---

① 以上四题均见[明]茅元仪:《石民江村集》卷三。
② [明]茅元仪:《石民江村集》卷二。
③ [明]茅元仪:《石民江村集》卷六。
④ 以上二题均见[明]茅元仪:《石民江村集》卷六。
⑤ 以上三题分别见[明]茅元仪:《石民江村集》卷八、卷八、卷十七。
⑥ [明]茅元仪:《石民江村集》卷六。
⑦ 以上三题均见[明]茅元仪:《石民江村集》卷七。
⑧ [明]茅元仪:《石民江村集》卷三。
⑨ [明]茅元仪:《石民江村集》卷五。

诗得三百十篇，笑题简末》①、《梦董玄宰尚书、陈仲醇征君火索余新诗》②等题，从中可见对于闭户著书的收获，茅元仪还是较为满意的。

读书著述之外，回忆故友、结交新友也是排遣单调的办法。《石民江村集》中有很多怀友之作。如《先友七子诗》③，怀念已亡诗友黄汝亨、王稚登、李维桢、邹迪光、冯时可、赵宧光、钟惺，这七人都是茅元仪的忘年交。茅元仪回忆与他们相识的过程，在诗中对他们一生的诗文成就做出较为合理的评价。崇祯二年己巳（1629）端午，茅元仪回忆往年端午开社秦淮，好友云集，而此刻自己贬黜江村，诗友们或亡故，或穷落，触发同辈人衰颓之感，煞是悲凉，故作《庚申五日开社秦淮，与者百二十人，共赋投诗赠汨罗。今去此九年，而景升、伯敬已成今古，凝父剃发，远度穷落，言念存亡，各赋一绝》（四首）④，怀念吴鼎芳、潘之恒、钟惺、傅汝舟四子。另外作《二子诗》（二首）⑤，怀念谭元春、董斯张，对他们的诗歌才华充满赞赏，言："考才也，今日无逾二子者。"

茅元仪被贬黜江村期间，鹿善继正出任京官，长期不在家。茅元仪与鹿善继父亲鹿正、儿子鹿化麟及孙奇逢、张果中、杜太公、杜集美等时有宴集唱和。作《己巳三月念五，杜太公招看花，是日始行春耳》《孙启泰过江村夜话，因呈近稿》《雨后新秋，鹿太公招同里中诸子剧饮，席上戏呈》《送杜集美出游》《秋日饮孙楚唯别业》《同郭扶摇、孙楚唯、孙鲁章较书郭外，次日鲁章不至》⑥等诗。崇祯二年己巳（1629）重阳节，茅元仪同孙奇逢、鹿化麟、江左诸杜登永宁台，拜谒元人刘因墓，饮酒墓下，并倡议创祠堂于墓侧。这一次重阳聚会，他们相聚甚欢，游兴甚浓。茅元仪留诗数首，试看《九日登永宁台谒刘静修墓后，复同诸子剧饮田翁草堂》一首："九日今年两胜游，尚携余兴占

① 以上二题均见［明］茅元仪：《石民江村集》卷六。
② ［明］茅元仪：《石民江村集》卷九。
③ ［明］茅元仪：《石民江村集》卷七。
④ ［明］茅元仪：《石民江村集》卷七。
⑤ ［明］茅元仪：《石民江村集》卷八。
⑥ 以上六题分别见［明］茅元仪：《石民江村集》卷三、卷六、卷十、卷十二、卷十二、卷十四。

糟丘。一生风力归觞政,满座经纶运酒筹。义手都官无语坐,提壶赵郡下车留。不须简点明年健,夺取今宵拜醉侯。"①朋友间觥筹交错,谈笑风生,气干云霄。

茅元仪待罪江村,寄家鹿善继,生活上没有经济来源,较为穷落,甚至出现断炊绝粮之事。因此《石民江村集》中描写贫困的诗作不少。如《食榆钱》"虽不瘳我贫,聊以填我腹"②,写食榆钱以充饥。又如《贫》一诗云:"谙尽贫滋味,年来味莫同。裁裾补薤簟,结苇作熏笼。时馈榆蒸饼,添盘果杂虫。梦中琼玉弁,烂醉蕊珠宫。"③描写物质生活的匮乏,寝具破陋,食物粗糙,令茅元仪不禁遐想着要在蕊珠宫畅饮烂醉一番。再如《江村无肉,予亦食肉辄病。戏作以贻啗者》、《己巳五日在江村,无客无酒,即得市酤一壶,遂以碧耐为客,共嚼之。颓然成此》(三首)、《一童自市携数李来,一童自垄上掘野菜至,遂欣然命觞,辄醉》(二首)、《绝粮追和苏子瞻韵》④等,都是描写贫困的诗作。再看《诠次江村诸稿。自去年五月至今五月,得杂文诗赋可二十卷,他著述五种,可八十卷,编辑者不与焉。是日庖人告绝粮,遂兀坐至晚,书此以谢家人》:"四十万言酬此岁,欠他乞食一篇吟。"⑤茅元仪不善营生,虽有宏富著述,却不能当饭吃,只能让家人跟着挨饿,言语中充满无奈。

尽管崇祯皇帝殚精竭虑,几欲力挽狂澜,奈何明朝颇有江河日下之势,朝政边事一日不如一日。茅元仪虽被贬黜江村,却时刻不忘国事。崇祯二年己巳(1629),督师袁崇焕杀死皮岛将帅毛文龙,茅元仪作《闻督师戮东帅》⑥一诗,流露出震惊、惋惜之情,对袁崇焕的行为并不赞同。崇祯二年己巳(1629)十月下旬,皇太极率后金兵绕过袁崇焕重兵把守的锦宁防线,联合蒙古兵在辽西蓟门一带防线薄弱环节突破,没遇到多大阻击,即打下长城南

---

① [明]茅元仪:《石民江村集》卷十四。
② [明]茅元仪:《石民江村集》卷三。
③ [明]茅元仪:《石民江村集》卷五。
④ 以上四题分别见[明]茅元仪:《石民江村集》卷六、卷七、卷七、卷八。
⑤ [明]茅元仪:《石民江村集》卷八。
⑥ [明]茅元仪:《石民江村即》卷十一。

面的军事重镇——遵化城,直逼京师。当时形势危急万分,京师戒严,朝野震惊。

茅元仪正伏卧江村,危难时刻接受托付,保护鹿善继、孙奇逢、刘善同各家老小南下避难。"仆患难委顿、寄人庑下者逾两载,人以患难相托,义可奈何。"①他招募兵士二十人,佩带武器,率牛车数百,南行至保定县城,先把各家老小安顿在安全之地。后来听闻孙承宗再度督师,他连夜赶赴高阳县。当时孙承宗已先出发,他又连夜驰奔追赶,终相会于安肃(今河北徐水区安肃镇)城内饭馆。孙承宗问贼势如何,他答:"此必有欲其入者,必不战蓟而战城下,城下得志,则以汴京自实,不则以澶渊虚我。"②茅元仪判断后金之所以如此顺利地逼近京师,是因为明朝廷出了内奸,这与当时皇太极散布袁崇焕为内奸的谣言不谋而合。孙承宗也赞同茅元仪的看法。可见相信袁崇焕与后金密约,故意引狼入室这种谣言的,大有人在。当时茅元仪尚是待罪之身,虽然竭力想保家卫国,却怕僭越行事。在孙承宗一再力邀下,他才追随其入京城,保护督师。孙承宗奉旨守通州,当时后金兵已经越过通州,直逼皇城。孙承宗率领三十六人,共二十四骑的小分队,暮出东便门,勇闯通州。茅元仪记载:"仪于十八日以二十四骑从高阳公自东便门出,乘间入守之,凡十八日。而又迎虏锋西追,东师裹创百战。幸五城复,首虏六千余,功焕如山。"③在孙承宗、袁崇焕、满桂、祖大寿等将领的尽力保卫下,皇太极终于逃遁。这场战争被称为"己巳之役"。在此次战争中,茅元仪以其二十四骑夜出东便门保护督师的勇猛行为受到赞赏。钱谦益《茅止生挽词十首》其一云"东便门开匹马东,横穿奴虏护元戎。凭君莫话修文事,掣电拿云从此翁"④,便指此事。

"己巳之役"后,孙承宗再度督师辽东。茅元仪亦恢复原职,即副总兵,

---

① [明]茅元仪:《石民渝牒序》,《石民四十集》卷十四。
② [明]茅元仪:《石民渝牒序》,《石民四十集》卷十四。
③ [明]茅元仪:《东便门本末序》,《石民四十集》卷十四。
④ [清]钱谦益:《牧斋初学集》卷十七。

出领渝关领龙武营事。于崇祯三年庚午(1630)三月下旬奉旨到任。一上任,他"一面速请招募(士兵),一面议修已废战船,收拾废弃铳炮,约所省朝廷金钱巨万",整肃军营,登舟誓师。得知龙武营已经两三个月不发军饷,"臣以兵无饷必哗,破面求道臣王楫借发,以致负傲岸之嫌。至(四月)初十日晚,饷始俱到营。而猾役二十一人是夜劫众为哗,执词以饷到不发"。① 兵哗事件一出,茅元仪百般辩解无益,被解兵柄。关于此次以"兵哗"被解兵柄及之后被逮入狱、遣戍福建的一连串事件,茅元仪详细记载于《三戍丛谈》中:

> 此所谓莫须有狱也。然莫须有尚盛德事,今更不可得矣。如余为大司马梁廷栋所忌,嗾其军哗,亦止十九人,余则与力斗。监司王楫诬以"下怨其严刻"矣。廷栋述楫塘报,(思宗)上闻,又改"严刻"为"贪横"。而所发邸抄则仍用原文,一大异矣。又益以风闻敛运卒一事,遂致谳讯。讯者谓尽妄,拟以重则立功,轻则赎杖。诏令赎杖,是轻比也。复朦胧逮之。既至都,上令司寇结案耳。柄臣复锢之。狱再讯。两事俱虚,谳词不加旧一字,而乃强坐之戍。上以立功为重,与之轻比,不加一罪。改从重典,恐上觉察旧例,合批某人应某罪,竟以"依拟"二字,并不著名入长行中,如发落笞杖者,使上不觉也。②

茅元仪称这一连串的陷害为"莫须有狱"。因为遭大司马梁廷栋忌,梁廷栋"嗾其军哗",致有兵哗事件,被解兵柄。监司王楫污蔑他对士兵严苛,又加上"敛运卒",而遭审讯。行至潞河(今北京通州)又不明不白地被逮捕。思宗令结案,柄臣却从中作梗,强坐戍闽。从其描述及遭遇,可见明末吏治

---

① [明]茅元仪:《辩诬疏》,《石民四十集》卷二。
② [明]茅元仪:《三戍丛谈》卷二。

之败坏。茅元仪之所以一再地遭到陷害，多少与当时的党争有关。那时候官场党同伐异、趋利避害，甚至落井下石、横加污蔑之事时有发生。

遭遇这一切，茅元仪当然是感到非常冤屈、愤懑。从被解兵柄，到被逮捕入狱，再到戍闽，他写了很多抒愤诗。如初解兵柄，欲离开渝关时，作《再去渝关》（三首），其二云："昔时房镝迎来马，今日铙歌送逐臣。既谢主恩还嘱房，从今永许作闲人。"[1]以嘲讽之语抒愤懑之情。行至潞河被逮，所作抒愤诗有《被逮》、《陆放翁有"一任痴顽不识愁"句，赴狱时为足成二绝》、《被逮途中作》（三十二首）、《赴逮寄内》（二首）、《赴狱旅中示客》、《赴司败过通州》（二首）[2]等。试看《赴逮寄内》其一："儿女深深拜佛前，何时房退主人旋。谁知露布初传日，幕府锋车对薄年。"家中老小虔诚祈祷于佛前，求神明保佑自己杀房退敌，平安归家。谁知顺利退敌后，自己却锒铛入狱。尽管诗歌语言平缓，却难掩悲愤之情。再看《赴狱旅中示客》："十年征战兼羁縻，见惯休猜不惯悲。"对友人说话则没有那么含蓄了，悲愤之情锋芒毕露。被逮拘于福堂寺，作小诗若干，集为《在禁诗》。遣戍福建漳浦，作《奉诏依拟戍边》（三首）[3]，其二云："曾拜封章乞戍闽，赭衣仍唤铁衣新。殷勤多谢三加拟，争似孤臣自拟真。"其三云："傲骨将军拟立功，君王笑说只输铜。可曾添个些儿罪，依拟新军署傲翁。"嬉笑怒骂，嘲讽有加。

在前往闽戍所之前，茅元仪先从京师回到定兴，同鹿善继、孙奇逢、江东诸杜、鹿太公、鹿化麟、张果中等好友一一道别。三年共处，一朝相别，茅元仪恋恋不舍，朋友们真心留连。《石民江村集》卷十七、十八有酬唱送别诸题，列举如下：《别鹿伯顺奉常》、《别孙启泰征君》、《寄上高阳公》（十二首）、《杜腾江携子集美、从子完自、州美、从孙君异相送》、《鹿太公送至白沟，是早木稼》、《张于度、孔养粹饯别白沟》、《雄州刘善同携子侄追送至赵堡口》、《酬孙鲁章赠别次韵》（二首）、《与赵丹霞》、《次韵孙楚唯见怀》、《次韵酬鹿石卿

---

[1] ［明］茅元仪：《石民江村集》卷十六。

[2] 以上六题均见［明］茅元仪：《石民江村集》卷十六。

[3] ［明］茅元仪：《石民江村集》卷十七。

赠别》(十首)等。在好友的声声道别中,茅元仪渐渐远离生活三年的江村,告别了三年的江村生活。

崇祯四年辛未(1631)春天,茅元仪取道南下,过山东,从济南进入江苏境内。途经泗上,拜祭亡父茅国缙祠。过泇口镇,抵达金陵。他过石子冈祭拜三姬墓,并作《过三姬墓》(有序)①。三姬是燕雪、少绪、燕如,都是他的姬妾,同葬于石子冈。接着拜祭亡友傅汝舟墓。傅汝舟是他一生的挚友,亡于崇祯三年庚午(1630)夏天,正值茅元仪以兵哗被解兵柄之时。当时他作《哭傅远度,次远度与黎无求韵》:"天涯马背哭君时,纵死犹还只我知。……红月洞天聊寄住,它年待我好相期。"②长歌当哭,悲痛欲绝!此刻戍闽途经金陵,亲自来看望好友,与他细述阴阳两隔的思念之情:"汝自修文我道亡,非因拜墓始浪浪。每抽奇句留千古,便唤夫君泣数行。未吐文章云领取,欲鸣激烈树相将。今朝酒伴重来对,可有新诗赠夕阳。"③他携酒而来,欲与好友饮酒论诗,却只有荒冢无语,夕阳冷风,黯然神伤。

在金陵,茅元仪与张文峙(字文寺)论业叙战,云"吾党半黄土,吾道如寒烟"④,伤感万分;与屠泠玄夜坐该博堂前观月,"该博堂"取自思宗褒奖《武备志》的"该博"二字;与宋元孺、朱枝昌等饮酒酬别;与爱妾杨宛道别,作《戍漳别宛叔》⑤,言"相于十九年,年年事离别",对她充满歉意。之后茅元仪从燕子矶出发,经过虞山(在今江苏常熟),重游西崦石址山,至杭州。从钱塘江出发,途经富春江、七里滩、兰溪、越江、江郎山,一路向闽,终于在新秋抵达福州。

---

① [明]茅元仪:《石民江村集》卷十八。
② [明]茅元仪:《石民江村集》卷十六。
③ [明]茅元仪:《拜傅远度墓》,《石民江村集》卷十八。
④ [明]茅元仪:《与张文寺论业》,《石民江村集》卷十八。
⑤ [明]茅元仪:《石民江村集》卷十八。

四、晚年时期(1631—1640)①——三次戍闽

崇祯四年辛未(1631)秋天,茅元仪携家眷抵达福州。其父茅国缙的好友曹学佺,授馆浮山堂给他住。茅元仪在《石民横塘集序》中如此描写浮山堂:"曹能始观察筑浮山堂于闽会城之郊。隔街为园,因山因水,皆不事增饰。其奇石怪松近胜于园者,远媚于堂。……海内称郊居第一。"把它比作"黄州之东坡,惠州之白鹤",充满感情。

曹学佺,字能始,号石仓居士,侯官(今福建福州)人,万历二十三年乙未(1595)进士,与茅元仪父亲茅国缙、叔父茅维相友好。他主持闽中文坛,是闽派诗人领袖。当时正辞官家居。茅元仪遣戍福州,曹能始既在生活上提供物质帮助,同时也引领他进入闽中文人圈,照顾备至。八月初四,曹学佺开社三山荷亭,邀集闽中诸子参加,共同为茅元仪庆生,借此把他正式介绍给闽中诸子。茅元仪作《辛未初度,曹能始丈人开社三山荷亭,集同孙子长学使、陈泰始京兆、郑汝交刺史、安尽卿都护、陈叔度山人、林懋礼文学、陈昌基孝廉为余举觞,次能始丈人韵》(四首)②,曹学佺亦有《仲秋四日社集荷亭,为止生赋》(四首)③。在曹学佺的引领下,他迅速进入闽中诗坛。

茅元仪首次戍闽,虽为贬戍,实际上有颇为愉快的闽中交游。晚明文坛社集流行,闽中倡其盛,宴集酬唱、谈诗论艺,很是活跃。茅元仪参与其中,颇多宴集酬唱行为。他初至福州,即作诗寄赠当地文人,或结识,或叙旧,有《赠曹能始丈人》《赠陈泰始京兆》《酬陈泰始京兆见贻次韵》《寄陈元朋义兴》《寄张绍和征君》《与商孟和》《赠谢简之元戎》《次韵酬徐兴公》④诸题。中秋

---

① 茅元仪三十八岁之后,便表现出明显的暮年气息。他说自己"四十便成叟",故本书将此阶段视作茅元仪的"晚年时期"。

② [明]茅元仪:《石民横塘集》卷一。

③ [明]曹学佺:《西峰集》,《石仓诗稿》卷三十三,《四库禁毁书丛刊》,北京出版社2000年影印本,集部,第143册。

④ 以上八题均见[明]茅元仪:《石民横塘集》卷一。

夜,与曹学佺石仓赏月,有《中秋石仓先生招待月,饭罢,月出告归,戏作》①一诗;重阳节荔阁登高,有《辛未九日石仓荔阁登高,同沈钦父、陈陈诗,时钦父弹挡》②。与闽中诸子谈诗论艺,有《徐兴公、林懋礼、陈昌基携酒至石仓谈艺》一诗,言:"苍茫九点烟,我职东北隅。飘风堕南服,得共子宴娱。风雅如拳石,尘论洪涛溃……努力复努力,无言吾道孤。"③又称:"试语无诸无别意,此来只欲斗诗雄。"④与诸子观戏剧《蝴蝶梦》《李白彩毫记》,有《观大将军谢简之家伎演所自述蝴蝶梦乐府》《陈泰始京兆开社观演李白彩毫记,同马季声、徐兴公、郑汝交、倪柯古、陈叔度、高景倩、林懋礼、陈昌基赋探得四支》⑤二诗。送别友人,有《潘昭度宪长、申青门大参过访,暨唐宜之别驾,同集曹能始宪副石仓,次能始韵》(四首)、《同曹能始二丈饯唐宜之于小金山》《送申维烈大参入贺万寿节》⑥。与友朋相往来,有《陈叔度过访浮山堂》《与李玄白太守》《孟和过浮山堂因索画》《李玄白过访,因同过石仓之森轩小坐》《饮孙子长学使山堂》⑦等。上述所提诸子,除闽中诸子外,还有客闽之吴越人,如唐时、李玄白、谢弘仪、潘昭度、申青门等。

成闽期间,茅元仪曾自横塘坐船至连江(今福州连江),拜访董应举,作《访少司徒董公崇相》一诗。董应举,字崇相,闽县(今属福建福州)人。万历二十六年戊戌(1598)进士,官至工部侍郎,有《崇相集》。茅元仪此行作纪行诗数首,有《舟行至馆头海岸》(四首)、《孟溪百洞》,途经五虎山、长乐县、连江出海口、孟溪百洞。他还过访董庸德参军,观察福州海岸防线,作有《访督府参军董庸德》⑧一诗。

可惜好景不长,十一月,孙承宗因为长山兵溃而罢职夺世荫。茅元仪亦

---

① [明]茅元仪:《石民横塘集》卷一。
② [明]茅元仪:《石民横塘集》卷二。
③ [明]茅元仪:《石民横塘集》卷一。
④ [明]茅元仪:《次韵酬徐兴公》,《石民横塘集》卷一。
⑤ 以上二题均见[明]茅元仪:《石民横塘集》卷二。
⑥ 以上三题分别见[明]茅元仪:《石民横塘集》卷一、卷二、卷二。
⑦ 以上五题均见[明]茅元仪:《石民横塘集》卷二。
⑧ 以上三题均见[明]茅元仪《石民横塘集》卷三。

"为权奸所中",借口昔日所募楼船沉海之事,"从戍所逮回,代人偿海运"。①
此次戍闽时间仅十旬,即三个来月。离别之时,闽中诸子为他宴集饯别,前
后有四次。先由曹学佺、徐𤊹等组织饯别,茅元仪有《酬徐兴公、高景倩、林懋
礼携酒邵园,同曹能始、陈叔度、叶君节饯别》②一诗,曹学佺《西峰集》也有
《邵园同徐兴公、高景倩、陈叔度、林懋礼、叶君节饯别茅止生,得十一尤》③。
再由郑汝交邀集,闽社诸子多参与,茅元仪作《郑汝交尝作醉歌行相贻,未能
酬也。于余行,复携酒邀徐兴公、陈泰始、高景倩、陈叔度、林懋礼同饯于曹
能始丈人石仓,酒余,作曼歌答之》④七古一首,曹学佺《西峰集》也有《再送止
生》一题。觥筹交错中,茅元仪借着酒意,倾诉遭权臣诬陷而戍闽的愤慨:
"我拂秋霜眠戍楼,有语填胸徒自愁。……馘胡六千五城复,天子不惜非常
恩。一朝被构作囚虏,气节勋名俱莫论。君曾负气请勤王,当时黄绶何昂
藏。尺符追勒官且罢,萧条仍治布衣装。我今不复着裤褶,君亦不须论剑
术。"诗中所提到的"君"即郑汝交,诗歌表露出不容于当权者的激愤,也流露
出对当政者的失望。此后,曹学佺两度饯别,地点分别为石仓、小金山。茅
元仪有《濒别石仓,同曹能始二丈、吴子野郡幕、汪穆如山人过之》《曹能始再
饯小金山留别》⑤二题,曹学佺《西峰集》亦有《同吴子野、汪穆如、茅止生到园
内,时止生欲行》《江上复送止生》二题。主客依依,离绪重重,"寒塘离绪已
缠绵,重送江楼倍黯然。每到语深头自俯,欲期再见口难宣"⑥。舟行至仙霞
岭时,茅元仪再作《过仙霞岭,简三山社中诸子》⑦一诗,对闽中士人的真诚相
待表达谢意,当然最令他心怀感激的是父执曹学佺。戍闽三个来月,曹学佺
真诚友好的款待令茅元仪备感温暖,他在《记中秋诗后》言"南冠须紧记,今

---

① ［明］茅元仪:《三戍丛谈》卷三。
② ［明］茅元仪:《石民横塘集》卷三。
③ ［明］曹学佺:《西峰集》,《石仓诗稿》卷三十三。
④ ［明］茅元仪:《石民横塘集》卷三。
⑤ 以上二题均见［明］茅元仪:《石民横塘集》卷三。
⑥ ［明］茅元仪:《曹能始再饯小金山留别》,《石民横塘集》卷三。
⑦ ［明］茅元仪:《石民横塘集》卷三。

年窜七闽。朋游不我弃,奇果兼玉友"①,提醒自己勿忘恩情。离闽之前,茅元仪与诸友作诗留别,其中《留别曹能始丈人次韵》曰:

> 面松就石便为园,一片幽心寄淼轩。分我文章无地受,借人山水自成恩。每瞻举止皆身教,不待暌离执手温。老作践更无可悔,姓名得傍石仓存。②

诗中既有对曹学佺授馆浮山堂的感激,也有对其人格的尊敬,更有对他文学成就的推崇,可以说,此诗全面概括了茅元仪第一次戍闽时与曹学佺的关系。

此次戍闽,还需提到一个人——钱继登。钱继登,字尔先,又字龙门,浙江嘉兴人。万历四十四年丙辰(1616)进士。累官金都御史,巡抚淮阳,矜气亢节,不合于俗。致仕后,精心经史。传见潘荣胜《明清进士录》③。茅元仪与钱继登同为浙人,同被贬戍闽,不免产生"同是天涯沦落人"之感。茅元仪有《瓶菊,次钱尔先韵》,当时他正被逮入狱,颇述幽怨之情。钱继登先行戍闽,茅元仪为送别,作《出系,送钱尔先戍闽》④。行至福建建州(今建瓯),寻钱继登不值,故作《钱尔先同谪闽中,至建州寻之,已迁止建安书坊,却寄》⑤。戍闽期间,二人相酬唱,钱继登和元仪《十六艳》,元仪和其《十二快》⑥。又有《酬钱尔先观察见怀》五古长诗一首,述二人同谪闽的经历与自己遭遇不公平待遇的愤懑。崇祯六年癸酉(1633)春夏之交,茅元仪乘"又岷舟"出游,访钱继登于嘉兴,作《题钱尔先畸园》⑦一诗,此诗极写幽居之闲适,推测是钱继

---

① [明]茅元仪:《石民横塘集》卷一。
② [明]茅元仪:《石民横塘集》卷三。
③ 潘荣胜:《明清进士录》,第662页。
④ [明]茅元仪:《石民江村集》卷十七。
⑤ [明]茅元仪:《石民江村集》卷二十。
⑥ [明]茅元仪:《石民横塘集》卷二。
⑦ [明]茅元仪:《石民横塘集》卷九。

登致仕后的生活写照。

以上即为茅元仪首次戍闽的经历。

崇祯四年辛未(1631)冬,茅元仪自闽乘舟归浙江,沿途纪行纪事,存诗十数首。途经延平、建宁、仙霞岭、江郎山、桐庐,抵达杭州。时值岁末,居西湖度岁,有诗《辛未除夕,自闽抵江干,时季父羁栖湖上有寄,奉和次韵》(二首)①。叔父茅维、家弟茅暎都寄诗问候,茅元仪次韵回赠,措辞消沉,却仍有一丝不服于困境的韧劲。西湖度岁,旧地重游,勾忆起二十二年前初识陶楚生,与她在湖上楼共度良宵的光景。岁月一晃而过,佳人早化尘土,而自己蹉跎成一穷途浪子,彼时此景,黯然销魂。《傀湖上楼久之,悟庚戌冬,曾同西玄人住此,时壬申首春也》言:"下地上天无觅处,残山剩水宛如前。半生弹指成何事,徒忆旬郎一惘然。"②真是此情可待成追忆,只是当时已惘然啊!

崇祯五年壬申(1632),茅元仪"代人偿海运","日羁累蒲伏于公府不能退"③,羁栖于郡舍白萍洲。有《白萍洲口号》(十二首),序称:"以被追摄还羁栖郡城白萍洲上。"④"至癸酉(崇祯六年,1633)夏,则奔走竣其事,以泽国为家,家田庐已尽,独留又岘"⑤,遂以"又岘舟"为家。漂泊江南,尝尽人生艰辛。崇祯七年甲戌(1634)春,茅元仪终于得到赦免,得以再回闽戍所。在这两年多的时间里,茅元仪不仅要承受胥吏的迫害与盘剥,还日夕担忧危如累卵的国事,痛恨自己未能为国杀敌,备感煎熬。试看其《澄水帛序》:

　　平生畏暑与畏恶人等。今年因追摄居郡城。敝舍如斗大,彻夜觅凉风如下第举子重觅主司。及甫曙,而东窗日窥人,又似饿豹

---

① ［明］茅元仪:《石民横塘集》卷四。
② ［明］茅元仪:《石民横塘集》卷四。
③ ［明］茅元仪:《石民横塘集序》,《石民横塘集》卷首。
④ ［明］茅元仪:《石民横塘集》卷五。
⑤ ［明］茅元仪:《石民又岘集序》,《石民又岘集》卷首。

之在林也。正午则如在北司犴狴，诸苦虐具无所不有。事事拣择，竟事事痛恼。及稍旰，而西墙倒景，如败军遇伏锋，更不可当。千衢百巷，无非号天乞雨之声。而胥史伍伯犹狰狞百变。谛视其貌，若贵要之怒色，辣手狠心，毒机无不浸淫满溢。其须眉臂爪间，赤帝之威反似无色。及低眉和颜，得其甫出门，而火齐又历落于支节中矣。幸尚有残编在旁，意所偶会，辄伸纸搦管，有所论记。当其时八热呼号，有如顿灭。虽挥汗成浆，抓痱成疡，不觉也。客戏曰："此真君之澄水帛矣。"笑曰："然。"①

此段文字表面在描写酷热，其实更在描写胥吏之狰狞狠毒。茅元仪苦遭蹂躏，描写他们的嘴脸自然是活灵活现。另外如《大风变》曰："忽闻尺一书，追摄方披根。尽夺所由禄，毋使沾余恩。"②所写则是胥吏贪横，尽夺其家宅田庐，致使他无家可归之事。《得癸酉十二月戊寅旨，感怆成此》则是在得到赦免之后，回忆惨遭胥吏迫害之景象："一诏勒追赔，再诏问其亲。三诏问举主，举主无臣名。四诏加问讯，纡曲至臣身。……臣身已许国，臣家安足论。田庐既易主，僮仆如兽惊。臣身为羁累，日日长踧申。所繇傲不顾，诃啐臣逡巡。"③

尽管受到如此多不公待遇，茅元仪依然时刻关心国家战事，希望能发挥一己之力，并屡屡形诸笔墨。崇祯四年辛未(1631)闰十一月，毛文龙故将孔有德、耿仲明等率部在登州发动武装叛乱。次年春，攻陷登州，酿成山东大乱。茅元仪作《登州变，寄张文寺》④一诗，诗中称之为"奇祸"，为之震惊，中夜踟蹰。他分析原因，指出孔有德叛乱，源自袁崇焕擅杀岛帅毛文龙，"文帅擅一军，大将如赘余"，一针见血。他与友人饮酒，所关心的仍是莱师败绩之

---

① ［明］茅元仪：《澄水帛序》，《石民四十集》卷十四。
② ［明］茅元仪：《石民又岘集》卷一。
③ ［明］茅元仪：《石民甲戌集》卷一，国家图书馆藏明崇祯刻本。
④ ［明］茅元仪：《石民横塘集》卷四。

事,有《栖贤山中饮李小有,时闻莱师败绩》《家季父孝若先生见和饮李小有闻东衄作,再叠原韵》[①]。听闻东帅奏捷则喜,作《闻东帅大捷,喜甚,戏成二绝,寄吴大将军襄》[②]。得知明军败绩则悲,有《闻中原盗贼围怀庆甚急,怀尹星麓使君》《闻孔有德引虏颇旅顺,黄大将军龙死之,恸哭成此》及《闻虏警》(二首)[③]。甚至梦中都是战争之事,作《二月念八日昼卧,梦徐兼虞中丞问平齐寇策,援笔答之,投笔而瘰》《七月十五夜梦孤城忽报虏围,诀妻孥,易急装,携东便门匕首,以登城指麾》《梦与高阳公集诸将较射》[④]等。试看其《寇虏并急,病榻怅然》一诗:

> 嫩寒天气病余人,遥映疏帘霜色新。藕荡败荷如败卒,桑村残叶似残民。邸抄大抵皆塘报,宿将传闻半鬼磷。闲杀老夫长啸起,君王应听鼓鼙频。[⑤]

此诗作于崇祯六年癸酉(1633)秋,茅元仪恰满四十岁。初秋嫩寒的天气,茅元仪得痁疾已卧榻数月。眼看外有后金的虎狼之师,内有农民起义大军战火燎原,明廷已经疲于应付,狼狈不堪了。士卒、百姓犹如秋天的败叶残荷,骁勇将相很多也已为国捐躯。自己虽然老病缠身,却不忍见国事如此隳颓,欲长啸而起,投身杀敌。

其间,茅元仪开始整理四十年来所作诗文,欲刊刻出版。"得诗五十二卷,文一百四十八卷。他说家者流《青光》十卷,《青油史漫》二卷,《六月谭》十卷,《掌记》六卷,《督师纪略》十三卷,《暇老斋杂记》三十二卷,《福堂寺贝余》五卷,《戍楼闲话》四卷,《澄水帛》十三卷,《艺活甲编》五卷,共诗文外集

---

① 以上二题均见[明]茅元仪:《石民横塘集》卷五。
② [明]茅元仪:《石民赏心集》卷六。
③ 以上三题分别见[明]茅元仪:《石民横塘集》卷七,《石民又岘集》卷二、卷三。
④ 以上三题分别见[明]茅元仪:《石民横塘集》卷四、卷六,《石民又岘集》卷三。
⑤ [明]茅元仪:《石民又岘集》卷二。

三百卷。已忍汗付木矣。"①也许是病得严重,茅元仪心情很是悲苦消极。他写信给谭元春说:"因三日之中,行将以追摄困狴犴。而困三阴疟者,且十度矣。苟不及见此集之成,则扁舟过白下,督弟儿子成之,而为一叙焉。此友夏之责也。如其不死,则友夏之或诺或否,非我所必矣。"②茅元仪担心自己撑不住,如果撒手而去,作品刊刻未成,希望谭元春能到金陵来督促他儿子完成此事,并帮忙作序。幸好茅元仪病愈,且得免"海运案"罪。

茅元仪四十岁之后的作品,也许是来不及刊刻,所存资料甚少。因此,后世对其四十岁之后的活动仅能知其大概。崇祯七年甲戌(1634),茅元仪遇赦,得以重回闽戍所,开始第二次戍闽,有《再之闽感赋》(二首)③。在金陵,他与朱枝昌道别,作《将还闽戍,值朱枝昌燕游,与之》④。与胡潜⑤约定一同赴闽,有《逢胡仲修,因订同游闽》⑥。崇祯八年乙亥(1635),他参与平"海寇"刘香之役,在漳浦大获全胜,"功第一,法当还官显擢,且有延世之赏"⑦,因返江南,结束第二次戍闽。

崇祯九年丙子(1636)夏秋之际,清兵破定兴,杀鹿善继;犯居庸关,掠昌平,京师戒严。茅元仪慨北事日危,请兵勤王。不料第二年秋,正当他在金陵与方以智等酬酢甚欢时,却因请"勤王"得罪,"复令还伍待堪叙",被迫离家入闽,"于是且三至戍所矣"。⑧ 这时,他已经四十四岁了。

崇祯十一年戊寅(1638)夏,茅元仪曾北上畿南,安抚鹿善继遗孤,并劝孙奇逢早日择地乔迁,以避清兵锋镝,后返金陵。不久,清兵入保定,孙承宗遇害。第二年,清兵下山东,掠济南。李自成、张献忠农民军势复燎原,蔓及

---

① [明]茅元仪:《与潘木公书》,《石民四十集》卷七十七。
② [明]茅元仪:《与谭友夏书》,《石民四十集》卷七十七。
③ [明]茅元仪:《石民甲戌集》卷四。
④ [明]茅元仪:《石民甲戌集》卷二。
⑤ 胡潜,字仲修,号是庵,歙(今安徽歙县)人,侨居钱塘(今浙江杭州)。
⑥ [明]茅元仪:《石民甲戌集》卷四。
⑦ [明]茅元仪:《三戍丛谈序》,《三戍丛谈》卷首。
⑧ [明]茅元仪:《三戍丛谈序》,《三戍丛谈》卷首。

山陕湘鄂豫,明室将倾。茅元仪自感报效无门,乃郁郁寡欢,于崇祯十三年庚辰(1640)纵酒呼愤而亡,享年四十七岁。茅元仪亡后,杨宛、孙奇逢、钱谦益、于鉴之①均有挽诗痛悼。

　　关于茅元仪的卒年,任道斌先生的依据是钱谦益《茅止生挽词十首》收于《牧斋初学集》卷十七之《移居诗集》。而据钱谦益注,《移居诗集》写作时间"起庚辰三月,尽十月"。"庚辰"即崇祯十三年,故茅元仪卒于此年。笔者尚有另一条资料补证。明人于鉴之有《辛巳仲春,京口望茅止生舻舟不至,感述》(三首)②,此三首诗是追悼之作。辛巳仲春,即崇祯十四年(1641)二月,为茅元仪卒年的下限。

---

　　① 于鉴之,字昭远,金坛人。默默不得志,年五十病亡。传见[清]钱谦益:《列朝诗集小传》丁集下《于秀才鉴之》,第592页。
　　② [清]钱谦益:《列朝诗集·丁集》卷十三下《于秀才鉴之》。

第二章　茅元仪交游考

茅元仪是仕宦后代,性格豪放且好交游,加上丰富的人生经历,故结交的朋友非常之多。青少年时期,他生活在江浙一带,与众多江浙文人交游社集。其间,他四次赴京科考,与北方文人亦有往来。三十岁,他应征渝关,与孙承宗、鹿善继及辽东将士结下深厚情谊。贬黜江村三年,与定兴文人鹿正、鹿化麟、孙奇逢、张果中等以节义相标榜,为义气之交。三次戍闽,结交以曹学佺为首的闽中文人,与他们交往甚欢。此外,竟陵派崛起,钟惺、谭元春着力在金陵开拓地盘,茅元仪与他们亦有颇深入的交往。本章从与江浙文人、竟陵派文人、河北文人、闽中文人的交游等四个方面着手考察茅元仪的交游情况。

第一节　与江浙文人的交游

一

茅元仪交往的朋友中,以江浙文人数量最多,与他们的交游时间最长,感情亦最深。他年轻时,锐意于诗文,期欲自立,故结交江浙文人费朗、董斯张、王留、吴鼎芳、范沬、释道敷等,引为同调,屡称以"吾党""吾社",这是他早期重要的交游圈。天启六年丙寅（1626），茅元仪作《燕子矶寄王先民》一诗，概述他引为同调的诸子，兹录于下：

> 燕子矶头月欲明，江声拍岸生春星。此时同调二三子，拂坛履
> 坫敦诗盟。日常（诗注：江右王嗣经）伯传（吴郡黄智远）殊纷杳，有
> 时间与吾道合。允兆（吴兴吴梦旸）声名竟不息，平生数语半相得。
> 辟支小乘商（闽中商家梅）与葛（包山葛一龙），单词只字如云活。
> 蓟北中丞邓远游（建昌邓渼），鸣钟伐鼓在高楼。粤西节使曹能始
> （福州曹学佺），冷涮孤香别贮幽。问谁此道称真契，零落何堪屈指
> 计。捧盂沥血犹未终，词人半被黄垆闭。费生（嘉禾费朗）五字如
> 鲜荔，玉碗未成已先碎。泉台此道将欲张，渐引同心向冥场。亦房
> （吴门王留）早夭退周（西吴董斯张）废，凝甫（洞庭吴鼎芳）为僧范
> 二（茗中范沨）亡。道敷（秀州僧）佳句留天壤，徒使汤休恨欲狂。
> 马郎（中州马之骏）洗出铅脂骨，宓缮何纤泉缮忙。竟陵二子谭（谭
> 元春）与钟（钟惺），自开衣钵万山空。一时从者如续雨，紫衣僧定
> 胜能公。余亦无心复耽此，倚瑟提壶长直视。犀甲荷衣一样轻，错
> 上蒲轮变老兵。砚田虽芜闲春水，笔冢如丘花复荣。白傅晚年怜
> 梦得，侬今眼底有先民（广陵王醇）。[1]

由诗知，茅元仪引为同调的诸子是：费朗、王留、董斯张、吴鼎芳、范沨、
释道敷、马之骏、谭元春、钟惺、王醇等。其他诸子仅是"间与吾道合"。另茅
元仪为吴鼎芳作《吴居士集序》，引吴鼎芳的话：

> 诗自十年以来，我道始大振。然不转盼间，而吴兴范东生、吴
> 门王亦房、黄伯传、嘉禾费元朗、释道敷俱已谢落。今之人，惟曹能

---

① ［明］茅元仪：《石民渝水集》卷六。

始、钟伯敬、董遐周、谭友夏、葛震甫及子与仆在耳。他人非不佳，然调不合，则不敢旁附；不旁附，则吾道孤。孤而复谢落，吾为吾道悲。今东隅多故，人心兽骇，风雅沦亡，其无目矣。吾为吾道悲。①

由此段文字知，吴鼎芳所列同调诸子是：范沐、王留、黄智远、费朗、释道敷、曹学佺、钟惺、董斯张、谭元春、葛一龙、茅元仪。

阅读两段材料，发现茅元仪、吴鼎芳都强调"同调"之主张，所谓"他人非不佳，然调不合则不敢旁附"。不过，他俩所列诸子名单稍有出入，其原因在于两人的交友圈、诗学观并非完全一致。如茅元仪与黄智远、葛一龙的交往不深。曹学佺为父执，茅元仪虽敬重他，诗歌创作却未受其感召。马之骏非江浙文人，且与茅元仪交往不多，不考于此。茅元仪在年轻时颇认同钟惺、谭元春的"隐秀"观，与钟谭二人的交往将于第二节叙述。在此先考证上述茅元仪引为同调的其余诸子。

费朗（约1576—1615），本名慧，字元朗，嘉兴（今属浙江）人。万历四十三年乙卯（1615），举子业落第，更名为"朗"，不及行而卒。一生困顿诸生，卒时四十余岁。他丰颊长干，意气激昂，茅元仪称"其人生于战世，则蜀法孝直、魏边志才之流也"②，有边将之才。诗歌创作上不满当时诗风，期于自立，追求深秀之致，尝云："古作者家苞万亘昔，事型物矩，我不能也。本朝诸子炫市肆，饰倡服汞，为金椒刷粪，取帙大如山，我不忍也。竟一生之力，得诗一二百首。成一家言，称真诗人，以待司盟者之位置，则不敢多让。"③茅元仪与费朗相识于万历三十九年辛亥（1611），即茅元仪赴京参加次年秋试之时。当时，天下无事，京城士子竞为文章声诗以为怡悦。他们在这种以文会友的场合下相识。万历四十一年癸丑（1613）秋，茅元仪定居金陵，"仆始削故稿，妄口语，标同调，抑时喙"，亦欲自立眉目。此时，他俩的友谊因诗歌上的共

---

① ［明］茅元仪：《石民四十集》卷十五。
② ［明］茅元仪：《费元朗传》，《石民四十集》卷二十九。
③ ［明］茅元仪：《玉碎集序》，《石民四十集》卷十五。

同追求而更加深笃，"自是两人日称诗，其诗之相知，更深于向所上下异同者也"。① 茅元仪有《柬招费元朗》《慰费元朗，兼寄张姬澹生》《下第后梦费元朗》《同费元朗携妓南屏看枫叶》《初冬访元朗，濒行，月下忽逢东生、凝父》②等题，可见他们交情至深。可倾诉落第之痛，可一起寻欢追爱。相识三年后，费朗即离世。茅元仪为其刻诗集《玉碎集》行世，并作《玉碎集序》《费元朗传》。

范沦，字东生，乌程（今浙江湖州）人，祭酒范应期侄子。范家失势，"东生起孤生，岳岳不为人下。数困长吏，尽破其家。后徙居吴门。凿池种竹，攻苦读书，沉酣唐人之诗"③，引洞庭吴鼎芳为同调。辑《全唐诗纪》，辛劳过度，咳血数升而卒，年四十四。未讫部分由茅元仪继之，共集成一千二百卷。明清之际，稿俱散亡。钱谦益《列朝诗集小传》称范沦辑全唐诗，光绪《归安县志·艺文》则称是茅元仪辑。茅元仪在《朱枝昌诗序》提及"与东生共事《全唐诗纪》"④，一句话解决此段公案。茅元仪妾陶楚生病亡时，范沦曾为作悼亡诗。范沦亡后，吴鼎芳与茅元仪弟弟茅暎辑《范东生诗集》四卷，茅元仪为之作序，称其诗"端净""孤峭旷宕"⑤。传见钱谦益《列朝诗集小传》丁集下《范太学沦》⑥。

吴鼎芳（1582—1636），字凝父，吴人，世居西洞庭武山。为诗萧闲简远，有出尘之致。与范沦刻意宗唐，有《披襟唱和集》行世，茅元仪为序。四十岁，剃发为僧，名大香，字唵嘷。崇祯九年丙子（1636），结跏而寂。有《吴居士集》《清溪什》，茅元仪序之。传见钱谦益《列朝诗集小传》丁集下《吴居士鼎芳》、闰集《唵嘷香公》⑦。在《披襟唱和集序》中，茅元仪比较范沦、吴鼎芳

---

① ［明］茅元仪：《玉碎集序》，《石民四十集》卷十五。
② 前二题见［明］茅元仪：《石民赏心集》卷一，后三题见卷三。
③ ［清］钱谦益：《列朝诗集小传》下，第608页。
④ ［明］茅元仪：《石民四十集》卷十六。
⑤ ［明］茅元仪：《范东生诗集序》，《石民四十集》卷十五。
⑥ ［清］钱谦益：《列朝诗集小传》下，第608页。
⑦ ［清］钱谦益：《列朝诗集小传》下，第609、717页。

两人诗风,称"古而五,吴本孤帆带雨,范则千家霁矣。古而七,范本琵琶作语,吴则朱弦冷矣。一变而律,吴能潮带夕阳,范独山开层绿。再变而绝,范能万蕊翻红,吴独一枝凝雪。异哉,所谓同也。而二子者自以为同,茅子亦以为同"①,有殊途同归之慨。

茅元仪与二人感情深厚,"范郎死后吴郎远,裁得新诗若个看"②,喟叹无知己。茅元仪另有一题《金山夜坐,读范二诗简吴六》,范二即范沕,吴六是吴鼎芳,诗曰:"江暑石为沸,灯电互参差。披襟快何许,徙倚泪泫泫。……纨服宛未敝,怳读古人诗。诗已永无涯,喟叹犹昔时。"③好友新丧,天涯永隔,只能读其诗,怀其人。吴鼎芳剃发为僧后,茅元仪作《寄酬俺蓝香》:"闻尔弥年迹,空山抱白云。双鞋随路去,古佛任香熏。花影爱禽弄,虫心见篆文。晓钟君撒手,我不待斜曛。"④对好友的怀念依然如昔。

王留(? —1619),字亦房,王稚登少子,吴中(今江苏苏州)人。少有才名,不得意于文战,遂肆力为诗歌,与董斯张、马之骏引为同调。倡"吴下体","大抵是融合竟陵诗风,回归吴中诗风传统"⑤。曾北游齐鲁燕赵,归来后出箧中诗,茅元仪为作《王亦房近诗序》⑥,序称"诗坛中自吾党作,在吴门则有王亦房氏",北游归来后,其诗"欣戚壮激""无负吾党"。万历四十七年己未(1619)首春,茅元仪西湖赏梅,偶遇王留,遂约晤佛慧寺,同赏梅。后又约于法华寺,再赏落梅。春寒料峭,正是梅花怒放时节。西溪梅花名绝天下,是一次很享受的会晤。茅元仪有《西湖看花记》一文及《与王亦房步湖上》《重过法华山晤王亦房,因寻落梅》⑦二诗。就在当年夏季,王留病亡,年未满四十。茅元仪痛悼诗友:"后死唯余我,删诗自答盟。平生苦吟意,还慰

---

① [明]茅元仪:《石民四十集》卷十六。
② [明]茅元仪:《吟罢复题》,《石民赏心集》卷四。
③ [明]茅元仪:《石民赏心集》卷四。
④ [明]茅元仪:《石民西崦集》卷三。
⑤ 李圣华:《晚明诗歌研究》,人民文学出版社2002年版,第258页。
⑥ [明]茅元仪:《石民四十集》卷十六。
⑦ 以上二诗均见[明]茅元仪:《石民赏心集》卷四。

细商情。"①传见钱谦益《列朝诗集小传》丁集下《王秀才留》②。

　　董斯张(1586—1628),字遐周,乌程(今湖州南浔)人,礼部尚书董份孙,茅坤外孙,与茅元仪是表兄弟。其兄董幼函,是茅元仪姐夫。董斯张少负俊才,与王留同倡"吴下体"。有《广博物志》《吴兴备志》《吴兴艺文补》《静啸斋存草》等作品。多病,药不离口,喀喀呕血犹伏床枕书。亡故后,茅元仪有《梦董遐周》一诗:"不遑相问讯,唯索借书钞。药裹随残帙,呻吟间笑嘲。"③描摹其病体怏怏、嗜书如命的模样。二人感情很深,喘息相通。茅元仪落第时,寄诗向他倾诉侘傺之情。董斯张即作诗回赠宽慰他:"遇奇天不薄,身在尔何忧。几许眼前事,无如歌远游。"④茅元仪女兄亡故,他为作《旌志诗》。在给茅元仪的信中,董斯张对生活中的苦乐亦是娓娓道来,亲切如故:"弟病如昨。去秋得一女子,今已能笑,颇为眼前快活。薄田渗水,仅收二十余硕。卖田供饔,亦不能郁郁作愁面也。人生几何,为田舍浸没心肾耶!"⑤茅元仪很推崇他,曾作《二子诗》(二首有序)⑥,序称:"二子者,楚谭友夏元春、吴董遐周斯张也。考才今日,无逾二子者。"称董斯张"诗成扫宿彦,纵横无留峰。屈首王融抄,掩面壮武翁"。传见钱谦益《列朝诗集小传》丁集下《董秀才斯张》⑦。

　　释道敷,字觉明,嘉兴兴善寺僧,游黄叶庵之门。诗律婉劲有骨。宋献云:"敷公诗刿濯性情,含吐韦孟。"⑧后得心疾,蓄发逾年而卒,有《中洲草》。茅元仪有《敷公诗序》及《与敷公书》⑨一通。传见《列朝诗集小传》闰集《觉明敷》⑩、《檇李诗系》卷三十二《中洲上人道敷》。

---

① ［明］茅元仪:《哭王亦房十六韵》,《石民赏心集》卷五。
② ［清］钱谦益:《列朝诗集小传》下,第657页。
③ ［明］茅元仪:《石民又岣集》卷二。
④ ［明］董斯张:《答茅止生湖上见怀》,《静啸斋存草》卷七。
⑤ ［明］董斯张:《复茅止生》,《静啸斋遗文》卷三,《续修四库全书》,上海古籍出版社2003年影印本,第1381册。
⑥ ［明］茅元仪:《二子诗》(二首有序),《石民江村集》卷八。
⑦ ［清］钱谦益:《列朝诗集小传》下,第658页。
⑧ ［清］沈季友:《中洲上人道敷》,《檇李诗系》卷三十二,清康熙四十九年(1710)刻本。
⑨ 以上二文分别见［明］茅元仪:《石民四十集》卷十五、卷八十八。
⑩ ［清］钱谦益:《列朝诗集小传》下,第718页。

王醇,字先民,扬州人。聪颖早慧,为李维桢引重。年轻时恣意浪游。后受优婆塞戒,归扬州慈云庵。钱谦益称其诗"深情孤诣,秀句错出",为隐逸人之诗。传见《列朝诗集小传》丁集《王居士醇》①。天启六年丙寅(1626),茅元仪被罢归氓,抵达金陵后,与王醇夜坐燕子矶论诗怀友,遂作《燕子矶寄王先民》。

天启元年辛酉(1621),吴鼎芳剃发出家,在此之前,费朗、王留、范沕、释道敷均已去世。董斯张亦病废,常年卧病于床,故此时同调之社也不复存在了。

二

除上述同调诸子外,茅元仪与傅汝舟、宋献、张文峙、钱谦益、瞿式耜等人的交往亦颇为频繁。

傅汝舟(1584—1630),字远度,江宁(今江苏南京)人。国子生。幼孤,负至性,奇崛好古,读书能知大意,矢口辩驳,多有别解。好谈经济大略,矫尾历角,人无以为难。为诗皆牛鬼蛇神,旁见侧出。有《七幅庵》《唾心集》《箜篌集》等若干种,合集为《傅汝舟集》七卷。传见《列朝诗集小传》丁集下《傅秀才汝舟》②。

茅元仪一生的交游中,当与傅汝舟感情最深。二人同是血性负气之人,又相互推重,交往频繁,相视为知己。茅元仪天启元年辛酉(1621)下第后,心情低落,自京返回,道中即先柬傅汝舟,欲与他同隐于北山,称"古人谁可语,此去尚逢君"③。面对生活的诸多不如意,茅元仪称"事事无端还自笑,独君相对不相猜"④。天启元年辛酉(1621)夏,《武备志》成,傅汝舟为作序。天

---

① [清]钱谦益:《列朝诗集小传》下,第 611 页。
② [清]钱谦益:《列朝诗集小传》下,第 664 页。
③ [明]茅元仪:《道中柬远度》,《石民赏心集》卷七。
④ [明]茅元仪:《柬远度》,《石民赏心集》卷八。

启三年癸亥(1623),河西之役中,守将罗一桂、高廷左等战亡,二人与平湖马文治各为祭文,建祠哀悼,感动路人。天启七年丁卯(1627),茅元仪隐居西崦石址山时,游春至金陵,与傅汝舟剧饮至晓,作艳词相唱和,颇有纵酒寻欢的姿态。同年冬,茅元仪欲游粤,傅汝舟送之,元仪有《次韵酬傅远度雪中送余粤游》①一诗。崇祯三年庚午(1630),傅汝舟亡,元仪正贬黜江村,作《哭傅远度,次远度与黎无求韵》,诗云:"天涯马背哭君时,纵死犹还只我知""红月洞天聊寄住,它年待我好相期。"②长歌当哭,天人永隔。次年,往闽途中,经过金陵,茅元仪上坟墓祭,并为其遗稿作序付梓,有《傅远度四部文序》《傅远度鱼蓝集序》两文。茅元仪还为傅汝舟诗歌合集作《傅远度诗选序》,序中阐明二人在文学上的相互推崇:

> 七子者,未盛者也;袁钟者,岐裂喙争者也。明之诗,在于今之人。而一人之身,亦必以后出者为定。今人多乎哉?傅子其选也。
>
> 茅子与傅子方成诗于天启纪年之时。诗之格,有称建安者、正始者、太康者、元嘉者、永明者、元和者、大历者、元佑者,而明实阙焉,若或待之。建安之诗为三曹七子,正始之诗为左张潘陆,元嘉之诗为颜鲍,永明之诗为王谢,元和之诗为元白,大历之诗为十才子,元佑之诗为苏黄,天启之诗为茅傅。③

茅元仪称"天启之诗为茅傅",将自己与傅汝舟与历朝诗歌大家相提并论,非常之自信。早期同调之社不复存在,茅元仪结识傅汝舟,重新找到诗歌创作上的知己。尽管他的诗歌创作水平并非如他所说能引领一朝风气,但他强烈追求自立的意识却源于晚明风气。当时文人们门派意识强烈,都在标榜自己,以扩大影响。

---

① [明]茅元仪:《石民江村集》卷一。
② [明]茅元仪:《石民江村集》卷十六。
③ [明]茅元仪:《石民四十集》卷十五。

　　宋献(1572—1647)，字献孺，号如园，平陵(今江苏溧阳)人。万历三十一年癸卯(1603)举人。他博览群书，尤谙兵法。与茅元仪相识于万历三十九年辛亥(1611)。当时宋献三十九岁，茅元仪仅十九岁，元仪以兄事之。两人知兵谈兵，对边事感兴趣，共同上书当局，言天下形势。① 天启元年辛酉(1621)，为茅元仪序《武备志》。天启年间，与茅元仪、鹿善继入孙承宗幕，累官至太仆寺卿。崇祯六年癸酉(1633)夏天，茅元仪往无锡濑上访宋献，作《扶疴过宋献孺》②一诗。崇祯七年甲戌(1634)元夕，宋献至金陵，过访元仪，元仪作《元夕与宋献孺淡话》，谈及农民起义军扰赵州，又南渡河之事。宋献擅行草，"尤善榜额，晚年写各体臻妙"③。有文集《香象庵制艺》《荷锄剩语》，元仪序之。另有《过海纪略》《顺义婴难记》《还莱始末略》各一卷，俱其时其地所记其事。其兄宋和孺亦与元仪善。清人计东有《宋献行状》④。

　　张文峙，原名可仕，字文寺，号紫淀。楚人，家金陵，能诗，与傅汝舟善，进而结交茅元仪。傅汝舟亡后，张文峙与茅元仪多有过往。崇祯四年辛未(1631)，茅元仪自江村往闽戍所，途经金陵。两人相见，颇有忧生之嗟，"吾党半黄土，吾道如寒烟。一缕天壤间，孤根影自妍"⑤。两人同关心国事，时常谈论。茅元仪作有《与张文寺叙战》《登州变，寄张文寺》⑥二诗，倾诉对边事的担忧。崇祯六年癸酉(1633)，元仪将生平所作诗文三百卷结集付梓，张文峙为作序，元仪作《张文寺为作集赞，贻之》⑦一诗。崇祯七年甲戌(1634)春，元仪曾与他金陵游春，作《同张晴华、张文寺春游》⑧。清人王士祯《池北偶谈》卷十一记载，张文峙"与归安茅元仪善。茅死，有姬杨宛，以才色称。

----

① ［明］李维桢《武备志叙》曰："无何，奴酋陷抚顺。我师出讨，败溃。……(元仪)乃与孝廉宋献上书当路，言兵事边事。"
② ［明］茅元仪：《石民横塘集》卷十。
③ ［明］朱谋垔：《续书史会要》，《景印文渊阁四库全书》，台北商务印书馆1986年影印本，第814册。
④ ［清］计东：《改亭集》文集卷十六，清乾隆十三年(1748)刻本。
⑤ ［明］茅元仪：《与张文寺论业》，《石民江村集》卷十八。
⑥ 以上二题分别见［明］茅元仪：《石民江村集》卷十八、《石民横塘集》卷四。
⑦ ［明］茅元仪：《石民甲戌集》卷三。
⑧ ［明］茅元仪：《石民甲戌集》卷二。

戚畹田弘遇欲得之,以千金寿文寺,求喻意。文寺绝弗与通",当为属实。崇祯末,有《击磬集》一卷,四言,集子史成句,以讽切时事。

钱谦益(1582—1664),字受之,号牧斋,又号蒙叟,江苏常熟人。万历三十八年庚戌(1610)一甲三名进士,官至礼部侍郎。福王时,为礼部尚书。入清,以礼部侍郎管秘书院事,充明史馆副总裁。他在明末的政治舞台上颇有影响力,曾是崇祯初"会推阁员事件"的风暴中心。曾参与东林党人反对魏忠贤阉党的活动,被视为士林领袖之一。因出色的文才,又被视为文坛巨擘,江左三大家之一。入清后,成为贰臣,遭人诟病。崇祯二年己巳(1629),钱谦益因"会推阁员事件"被遣归,茅元仪恰从江村游历至潞河(今北京通州),二人夜坐酬别。茅元仪《石民江村集》卷十一有《次韵牧斋老人,追和朽庵和尚乐归田园十咏》(有序)、《晶晶之什,送钱受之侍郎遣归》、《潞河风雨,与受之夜坐》、《次韵受之见酬》、《与受之别后,再叠前韵》五题十四首诗。钱谦益也有《潞河舟中夜坐,答茅止生见赠》一诗,曰:"他时重听西窗雨,记取孤舟潞水滨。"①崇祯五年壬申(1632)至崇祯七年甲戌(1634)年间,茅元仪曾三次至虞山访友,作有《柬钱受之侍郎》《看霜叶寄钱受之侍郎》②二诗。茅元仪亡后,钱谦益有《茅止生挽词十首》③,兹录于下:

其 一

东便门开匹马东,横穿奴虏护元戎。凭君莫话修文事,掣电拿云从此翁(诗注:记己巳十一月十八日从高阳公赴通事)。

其 二

《武备》新编奏玉除,牙籤乙夜不曾虚。文华后殿屏风里,绨几依然进御书。

---

① [清]钱谦益:《崇祯诗集》四,《牧斋初学集》卷八。
② 以上二题分别见[明]茅元仪:《石民横塘集》卷五、卷六。
③ [清]钱谦益:《移居诗集》,《牧斋初学集》卷十七。

其 三

一麾万石龀髫时,指困英风更让谁。若使江东无伯业,也应鲁肃是狂儿。(诗注:止生总角时,发粟万。叹曰,此异童子茗石赈荒,太守陈幼学中老人皆不如也。)

其 四

千貔貅拥一书生,小袖云蓝结队行。鞍马少休歌舞歇,西玄青鸟恰相迎。(诗注:君有《西玄青鸟记》,记叶之其妾陶楚生,登真降事。)

其 五

一番下吏一勤王,抵死终然足不僵。落得奴酋也干笑,中华有此白痴郎。

其 六

阅江楼畔水苍茫,谁并英魂览大荒。温峤谢玄应执手,与君只合斗身强。

其 七

四海交游污漫云,面啼目笑正纷纷。惟余百口孙宾石,北海亭前又哭君。(诗注:容城孙征士奇逢,高阳公之门人,君之死友也。)

其 八

明月西园客散时,钱刀意气总堪悲。白头寂寞文君在,泪湿芙蓉制诔词。(诗注:钟山杨宛叔制石民诔词甚工。)

其 九

丰颐巨额称三公,鸭步鹅行亦富翁。田宅凋残皮骨尽,廿年来只为辽东。

其 十

家祭叮咛匡复勋,放翁死后又悲君。过车腹痛他年约,长白山头酹暮云。

十首诗道尽茅元仪一生行藏：少年赈荒义声扬，《武备》思宗誉该博，秦淮五日开豪社，东便门事驱贼氛，两度勤王遭贬戍，廿年肝胆为辽东，情同陆游悲国事，西玄洞主结鸾凤，定兴义交孙奇逢，公子风流为杨宛。钱谦益《列朝诗集小传》为茅元仪、陶楚生、杨宛、王微作传①，对茅元仪相当熟悉。

瞿式耜（1590—1650），字起田，号稼轩，江苏常熟人。万历四十四年丙辰（1616）进士。崇祯初，擢户科给事中。明亡后，拥朱由榔为永历帝。后慷慨殉国。传见潘荣胜《明清进士录》②。瞿式耜好藏沈周画。茅元仪第一次戍闽回来后，常以浪游吴越为事，数次过虞山访瞿式耜。《石民四十集》卷二十五《观瞿稼轩藏画记》称："余友瞿稼轩给事，有画癖，所藏最富于沈石田。亡友宋比玉颜其居，曰耕石。尝期余鉴焉。至癸酉仲夏，始克践之。"另有《石民横塘集》卷十收《观瞿稼轩所藏沈石田带砺图，戏曰异日以相贺，漫答之》一首。可知崇祯六年癸酉（1633）仲夏，茅元仪往其处赏画。此年冬天，元仪过访瞿式耜，有《题瞿稼轩给事东皋》一诗；明年秋再过访，有《七月十二日迎秋于瞿轩东皋》；另外，茅元仪有《与瞿稼轩给事书》一通。③

除上述诸子，与茅元仪有交往且感情深厚者，如屠泠玄、屠瑞之、吴令公、夏长卿、朱枝昌等，因以资料缺乏暂无可考为憾。

三

下面对茅元仪参与的重要宴游社集活动及其所交游之人做一些考证。

（一）万历四十一年癸丑（1613）秋的数次金陵宴游

此年茅元仪二十岁，为陶楚生悼亡而漫游吴越，至秋归金陵，遂定居。

---

① 陶楚生、杨宛、王微三人都是茅元仪姬妾。她们的传记分别见［清］钱谦益：《列朝诗集小传》下，第795、773、760页。

② 潘荣胜：《明清进士录》，第665页。

③ 以上三题分别见［明］茅元仪：《石民又岅集》卷五、《石民甲戌集》卷四、《石民四十集》卷九十一。

这段时间他频繁地宴游社集,试看其诗题:《初秋招秦京、王德操、包彦平、刘仲熙、屠瑞之、沈立生、卞醇甫舟中小集,同得肥字》《秋日邀同吴叔嘉、魏考叔、和叔、许士衡、魏毕大、费元朗、杜士良、王相如、吴相如夜集秦淮分赋秋雁得十三元》《同宋献孺、费元朗、杜士良登木末亭》《再过木末亭,同罗玄甫、王永启、唐宜之》《坐唐宜之水亭读谭友夏诗却寄》《九日同李本宁太史、喻叔虞、傅远度、费元朗诸子社集清凉山》①等。金秋时节,历来是游玩的最佳时机。茅元仪与诸多友人多次宴游。他们或泛舟秋水,或秦淮夜集,或木末览胜,或九日登高,或水阁怀友,畅快而惬意。诗题中共出现人名二十三个,除费朗、宋献、傅汝舟三人已于上文考证过,另外二十人择其要者予以考察。

李维桢(1547—1626),字本宁,湖北京山人,隆庆二年戊辰(1568)进士,选翰林庶吉士,授编修,进修撰。出为陕西参议,浮沉外僚近三十年。天启初,起南太常寺卿,迁南礼部尚书。移疾致仕,卒年八十。他是复古派末五子之一。博闻强记,文章弘肆,负重名垂四十年。有《史通评释》《大泌山房集》等。传见钱谦益《列朝诗集小传》丁集上《李尚书维桢》②、潘荣胜《明清进士录》③。茅国缙病逝,李维桢为作传,有《工部郎中茅公国缙传》④一文。《武备志》成,为茅元仪作序,对他颇为称赏。茅元仪作《先友七子诗》,序中称"二十始识李本宁先生"⑤,可知重阳节社集清凉山时两人是初识。

唐时,字宜之,上元(今江苏南京)人。早年以时文名。历官颍上县、楚府长史,后弃归,筑水阁隐于乌龙潭侧,号妙意老人,是著名居士。所作诗,人以为不减香山逸韵。明亡,终不出。茅元仪亦有小筑于乌龙潭上,时常过往。崇祯四年辛未(1631),茅元仪戍闽,刚至福州,恰逢唐时被罢泉州,遂数次为唐时饯行。有诗《至闽,适唐宜之罢泉州别驾去》、《潘昭度宪长、申青门

---

① 以上六题均见[明]茅元仪:《石民赏心集》卷一。
② [清]钱谦益:《列朝诗集小传》下,第443页。
③ 潘荣胜:《明清进士录》,第500页。
④ [明]焦竑:《国朝献征录》卷五十一。
⑤ [明]茅元仪:《石民江村集》卷七。

大参过访,暨唐宜之别驾。同集曹能始宪副石仓,次能始韵》(四首)、《同曹能始二丈钱唐宜之于小金山》①。

秦镐,字京,汝南(今属河南省)人。诸生,家贫。读古人书,力耕以养父母。久之,弃制科之业,刻意为诗。奚囊布袍,历览名胜。有《头责斋诗》,袁中道为序。传见《列朝诗集小传》丁集下《秦秀才镐》②。

王人鉴(?—1640),字德操,吴郡(今江苏苏州)人。少学诗于居士贞,学佛茹素,面削而形癯,见者知为枯禅逸叟。为草衣道人王微所赏。有《知稀斋集》二卷,钱谦益序之。钱谦益另有《王德操墓志铭》③一文。传详《列朝诗集小传》丁集下《王布衣人鉴》④。

王宇,字永启,闽县(今属福建福州)人。万历三十八年庚戌(1610)进士,历官南刑部主事、员外郎,山东提学参议,中伤归。后起户部员外郎,未任卒。有《乌衣集》《原斋集》《经书说》等。传见乾隆《福州府志》卷十六《人物·文苑》⑤。万历四十三年乙卯(1615),茅元仪有《送王永启自留曹出督齐鲁士》;万历四十七年己未(1619),又有《送王永启学使谪归》。⑥

杜士良,与茅元仪友善。元仪有《杜士良枉信,兼寄新莽赋十韵为酬》《中秋在杜士良斋头》《寄杜士良长安》⑦三诗,分别作于崇祯二年己巳(1629)初夏闲居江村时、崇祯三年庚午(1630)京城被逮入狱时、崇祯五年壬申(1632)春困羁白萍洲时。由三首诗内容可知二人交情甚深。

(二)万历四十七年己未(1619)端午节秦淮大社集

茅元仪《五日秦淮大社集序》载:"吾友钟伯敬将自客而为宦,吾友潘景

---

① 以上三题分别见[明]茅元仪:《石民横塘集》卷一、卷一、卷二。
② [清]钱谦益:《列朝诗集小传》下,第642页。
③ [清]钱谦益:《牧斋有学集》卷三十一。
④ [清]钱谦益:《列朝诗集小传》下,第593页。
⑤ 《中国地方志集成·福建府县志辑》第2册,上海书店出版社2000年版,第204页。
⑥ 以上二题分别见[明]茅元仪:《石民赏心集》卷三、卷五。
⑦ 以上三题分别见[明]茅元仪:《石民江村集》卷五、卷十七,《石民横塘集》卷四。

升老而复来客,吾友吴凝甫、谭友夏或自吴,或自楚而来,会以语茅子曰:'物日以盛,而人日以衰。盛而不揄,衰之启也;衰而不培,亡之渐也。是不可以无社,子其倡之。'"①可知此次社集是钟惺、谭元春、潘之恒、吴鼎芳四人提议,由茅元仪发起的。这是一次盛况空前的社集活动,借端午节这个民俗节日而发起,主题是凭吊屈原。《五日秦淮大社集序》称其规模与形式:

> 于是,客于金陵而称诗者靡不赴。其人则自卿公大夫、以至有道都讲、隐流游士、禅伯女彦,其地则自吴、越、闽、楚以至土著之俊,其年则自八十、九十以至八岁之神童,靡不操牍而至。其命题则以五日秦淮社集,而兼赋投诗赠汨罗,其限体则以五字,而曰古、曰律、曰长律,兼举、分举者听。于是,水若增其态,天若增其光,竞渡若增其豪,而饰者、集者、烂者愈以甚也。

此次社集,将南都能文之士囊括殆尽。文人雅士们同题赋诗,如茅元仪有《五日,秦淮开社,赋得投诗赠汨罗》《代女郎五日秦淮大社,赋得投诗赠汨罗》②,谭元春有《秦淮五日,赋得投诗赠汨罗》③,释读彻有《秦淮大社,赋得投诗赠汨罗》④,钟惺作《秦淮灯船赋》(有序)⑤等。茅元仪收集诸子诗作,编成《秦淮大社集》,并作《秦淮大社集序》。

此次社集在当时影响广泛,后人亦时有记载。如清人周亮工《书影》载:"止生名元仪,初入金陵作《午日秦淮大社,赋得午日题诗吊汨罗》。尽两岸之楼台亭榭,及河中之巨舰扁舟,无不倩也;尽四方之词人墨客,及曲中之歌妓舞女,无不集也。分朋结伴,递相招邀,倾国出游,无非赴止生之社者。止

---

① [明]茅元仪:《石民四十集》卷十三。
② 以上二题均见[明]茅元仪:《石民赏心集》卷五。
③ [明]谭元春:《谭元春集》,陈杏珍标校,上海古籍出版社1998年版,第240页。
④ [清]释读彻:《苍雪和尚南来堂诗集》卷三,云南丛书本。
⑤ [明]钟惺:《隐秀轩文盈集赋一》,《隐秀轩集》,《四库禁毁书丛刊》,北京出版社2000年影印本,集部,第48册。

生之名遂大噪。至今以为美谈。"①清人计发《鱼计轩诗话》卷一亦载："（元仪）弱冠迁居秦淮,于万历己未五日,创举大社,分赠游资千二百余金,又人各予一金一妓一庖丁,酒筵一席,计二千金。是日,举金陵之妓女、庖人、游舫无不毕集。止生时年仅二十有五也。"②事件记载正确,但茅元仪的年龄应为二十六岁而非二十五岁。茅元仪族孙茅应奎对他满怀敬佩,津津乐道其事迹,并作《金陵感兴》云："一麾万石乩髫年,日食宁论二万钱（诗注:公饮啖兼数人）。宛叔草书能入圣,楚生彩笔解升仙（诗注:谓杨、陶二姬。杨工草书。陶卒后降乩云:已复证仙为西玄洞主）。金陵列队专房占（诗注:公先后侍姬凡八十余人,晚节独重宛叔）,玉腕持郎过马便（诗注:陶兼有勇力,尝与公并马出郊,马逸几坠,陶扶过马上获免）。小袖云蓝逸韵尽,孙枝一叶胜谁边（诗注:公后已不可考）。"③

（三）万历四十七年己未（1619）秋乌龙潭五次社集

万历四十七年己未,茅元仪构新居"森阁"于乌龙潭,秋水潭影,木筏相待,遂招集友朋共赏江山之胜。

初游在七月初三日。由茅元仪召集,与者宋献、傅汝舟、谭元春。谭元春《初游乌龙潭记》写道："登于阁,前岗倒碧,后阜环青,潭沉沉而已。有舟自邻家出,与阁上相望者,宋子献孺、傅子汝舟,往来秋色上。茅子曰:'新秋可念,当与子泛于沄沄淼淼之中。'不以舟以筏,筏架木朱槛,制如幔亭。"④这是一次悠然享受秋色的好友聚会。茅元仪亦作《初游乌龙潭记》一文,另有《与谭友夏坐乌龙潭森阁,望傅远度棹舟》（二首）⑤。

再游在七夕。茅元仪《再游乌龙潭记》称："吴子凝甫续祠社于此。社之

---

① ［清］周亮工:《因树屋书影》卷二,《续修四库全书》,上海古籍出版社2003年影印本,第1134册。
② ［清］计发:《鱼计轩诗话》卷一,《丛书集成续编》,上海书店1994年影印本,第158册。
③ ［清］计发:《鱼计轩诗话》卷一,《丛书集成续编》。
④ ［明］谭元春:《谭元春集》,陈杏珍标校,第558页。
⑤ 以上二题分别见［明］茅元仪:《石民四十集》卷二十三、《石民赏心集》卷五。

客冒子伯麟、洪子仲韦、许子无念、宋子、谭子与余俱赴焉。"①可知由吴鼎芳发起，参加之人有冒愈昌（伯麟）、许延祖（无念）、宋献、洪宽（仲韦）、谭元春、茅元仪，另有姬六人。七夕没有星光辉映，而是风雨突至，谭元春的描绘尤为精彩："已而雨注下，客七人，姬六人，各持盖立幔中，湿透衣表。风雨一时至，潭不能主。姬惶恐求上，罗袜无所惜。客乃移席新轩。坐未定，雨飞自林端，盘旋不去，声落水上，不尽入潭，而如与潭击。雷忽震，姬人皆掩耳，欲匿至深处。电与雷相先后，雷尤奇幻，光煜煜。入水中，深入丈许，而吸其波光，以上于雨，作金银珠贝影，良久乃已。"②谭元春另有《吴凝父七夕招泛乌龙潭，寻雨至，就泊茅止生森阁》③一诗。不同于第一次的秋水山色、湖光掩映，此次乌龙潭社集显得惊心动魄，别有一番体验。

　　三游在七月十二日。茅元仪《三游乌龙潭记》称："社人有潘子景升者，久于社，而七夕独以它故，不得与斯赏。宋子遂招之。而别招钟子伯敬，社人则谭子、茅子与焉，林子茂之兄弟为不速客。"④可知由宋献招集，另有潘之恒、钟惺、谭元春、林懋、林古度、茅元仪共七人参与。此次秋景怡人，更胜前筹。筏行潭中，无所不至；莲叶未败，香气袭秋；隔岸林木，朱垣点翠；残阳接月，晚霞四起；朱光下射，水地霞天；渔灯荟蔚，可爱温馨。此情此景，美不胜收。茅元仪有诗《宋献儒招同钟伯敬、潘景升、林茂之、谭友夏泛潭上》⑤。谭元春亦有《七月十二夜宋献孺招泛乌龙潭》一诗："夜夜潭光不尽然，即今流止已非前。云霞落水红生浪，草树依岗绿到天。遥散渔灯先照阁，未残荷叶尚留船。风凉月好俱朋侣，莫道良俦祇坐边。"⑥

　　第四次在八月初八日。茅元仪、谭元春、王一翥于乌龙潭上放筏联句，

① ［明］茅元仪：《石民四十集》卷二十三。
② ［明］谭元春：《再游乌龙潭记》，《谭元春集》，陈杏珍标校，第558页。
③ ［明］谭元春：《谭元春集》，陈杏珍标校，第196页。
④ ［明］茅元仪：《石民四十集》卷二十三。
⑤ ［明］茅元仪：《石民赏心集》卷五。
⑥ ［明］谭元春：《谭元春集》，陈杏珍标校，第261页。

茅元仪作《八月八日潭上放筏联句》（诗题注：谭元春、王一翥、元仪）①。

第五次在八月十一日。夜泛乌龙潭联句，参加诸人有茅元仪、钟惺、林古度、范迁、周楷、谭元春、吴鼎芳，又是一次规模不小的社集。茅元仪《石民赏心集》收有《八月十一日夜泛潭上联句》：

> 客静弥知夜，潭空惟有秋。虫声烟草卫（钟惺），鱼乐水风酬。
> 最外情光大（林古度），无多物色幽。筏移星影动（范迁），烛至露痕
> 留。徒坐形神密（周楷），经天鸿雁愁。更深芦漠漠（谭元春），境寂
> 叶飔飔。时序分凉暑（吴鼎芳），悲欢寄拍浮。他年怀此夕（元仪），
> 林月自寒流（钟惺）。②

此诗颇值得注意，尽管是七人联句，整体却呈现出竟陵派幽静冷僻的风貌。钟惺的诗句无疑是竟陵诗风的典范，"客静弥知夜，潭空惟有秋。虫声烟草卫"，尤其是最后一句"林月自寒流"，林月之"幽"与寒流之"冷"，融会成似乎可触的幽冷，无疑是钟惺的一贯手法。在钟惺的带动下，其他诸子都努力把诗句写得幽僻、冷静，这或许就是竟陵诗风的感召力。

七、八月间，前后有大小五次社集。其中茅元仪、谭元春五次均参加，宋献参加三次，吴鼎芳、钟惺、林古度各参加两次，傅汝舟、潘之恒、林懋、周楷、王一翥、范迁、冒愈昌、许延祖、洪宽各参加一次。通过上述统计，可知茅元仪、谭元春、宋献、吴鼎芳、钟惺是这几次乌龙潭社集的核心，其他诸人间或参与。同时，这几次社集是竟陵派文人与江浙文人的集中交游。竟陵派文人谭元春、钟惺带领林古度、林懋、周楷、王一翥、范迁参与集会，茅元仪也因此认识了周楷、王一翥，与他俩有较深的感情。茅元仪与竟陵派文人的交游将在第二节着重考证，在此先考证其他文人。

---

① ［明］茅元仪：《石民赏心集》卷五。
② ［明］茅元仪：《石民赏心集》卷五。

潘之恒(? —1621),字景升,歙县(今安徽歙县)人。须髯如戟,好结客,能急难,以倜傥奇伟自负。晚而倦游,家益落,侨寓金陵。留连曲中,征歌度曲,纵酒乞食,阳狂落魄以死。他少而称诗,才敏而词赡,曾从汪道昆结"白榆社",又师事王世贞。后交公安三袁,折入公安派。袁宏道尝序其《涉江诗》。传见《列朝诗集小传》丁集下之《潘太学景升》①。泰昌元年庚申(1620),茅元仪作《怀潘景升》,怀念去年共集乌龙潭泛舟之事。天启元年辛酉(1621),潘之恒卒,茅元仪作《挽潘景升》②。崇祯二年己巳(1629)五日,茅元仪回忆万历四十七年的秦淮大社集,进而怀念诸友,有《黄山潘景升之恒》一诗:"少狎新都(诗注:汪伯玉)事两王(诗注:王元美、敬美),风流玉立鬓苍苍。共余淮上投诗罢,便去骑鲸问楚湘。"③

洪宽,字仲韦,与茅元仪过从甚密。茅元仪曾序其诗集,有《洪仲韦诗序》,对洪宽人格、诗格均充满赞赏:"吾友洪仲韦,真逸士也。其不为科举之学,实自绝意于华要,非有艳而不得之心。故其托之诗也,亦直写其胸臆。既不借于资身,亦不急于取名。故三十年以来,华要人之诗格屡迁,而仲韦不问也。"④天启六年丙寅(1626),茅元仪隐居于西崦石址山,曾招洪宽同隐,有《招洪仲韦偕隐石址,并示程孺文、毕拗之,次三君韵》⑤一诗。崇祯四年辛未(1631)春,茅元仪自金陵往福建戍闽,途中作《洪仲韦过从甚密,未尝为作诗。熟思其故,因述此词》一诗,诗曰:"高闲无过尔,使我并忘诗。酒具文章境,言通绝妙辞。"⑥依然称赞洪宽的隐逸情怀。

(四)泰昌元年庚申(1620)秋乌龙潭宴集

泰昌元年庚申(1620)有两次乌龙潭宴集。第一次在七夕,元仪有《七夕

---

① [清]钱谦益:《列朝诗集小传》下,第 630 页。
② 以上二题分别见[明]茅元仪:《石民赏心集》卷六、卷八。
③ [明]茅元仪:《庚申五日开社秦淮,与者百二十人,共赋投诗赠汨罗。今去此九年,而景升、伯敬已成今古,凝父剃发,远度穷落,言念存亡,各赋一绝》,《石民江村集》卷七。
④ [明]茅元仪:《洪仲韦诗序》,《石民四十集》卷十六。
⑤ [明]茅元仪:《石民西崦集》卷三。
⑥ [明]茅元仪:《石民江村集》卷十八。

泛潭上,与宋比玉、沈雨若、钱时将、钱仲侯》。次日再宴集,有《七夕后一日,立秋前一日泛潭上,与曾波臣、洪仲韦、杨敏修、张隆父、张问夫、屠瑞之、葛茂永》。两次参加宴集的朋友不同,是两个交游圈的人。择要予以考证。

宋珏,字比玉,福建莆田人。家世仕宦。年三十游金陵,走吴越,结交程嘉燧、钱谦益。善书画,与瞿式耜交好。后客死吴门。传见钱谦益《列朝诗集小传》丁集下《宋秀才珏》①。天启元年辛酉(1621),宋珏妻亡,另娶妾小鸾,茅元仪为作催妆诗,有《小鸾催妆诗,为宋比玉亡妇后置姬赋》(二首);谁知宋珏侍史潮儿因小鸾至而怨,茅元仪又作《潮儿怨》一诗。② 熟知宋珏家事,可知茅元仪与他颇为熟稔。宋珏亡于崇祯六年癸酉(1633)春,茅元仪作《哭宋比玉》五古长篇,细数二人交往:"和子《枫林怨》,千折如盘涡。子忽整襟拜,执手舞傞傞。子时嬖潮儿,小鸾复小妇。为作小鸾诗,新人进卮酒。为作潮儿怨,旧人泪盈斗。一欢复一悲,使子掩面走。与子临蒋榭,山川一幅绡。与子憩卧园,今古归挥招。共捉秦淮月,以饷沅湘枵(诗注:秦淮五日同赋投诗赠汨罗)。共采铜山铜,以壮辽海豪(诗注:比玉敛客金装,送义徒赴辽甚众)。三黜我谪闽,欲别无言赠。云我盍归来,与子共醉醒。"③

曾鲸(1564—1647),字波臣,福建莆田人。一生往来江浙一带,为人写真。擅画肖像,有"如镜取影,俨然如生"之誉。从学者甚众,开创"波臣派",被誉为画史上最杰出的肖像画家之一,有《葛一龙像》《王时敏像》《黄道周像》等传世。茅元仪与曾鲸时常相遇于社集宴游中。崇祯六年癸酉(1633)夏,茅元仪与友人饮于曾鲸塘上居,曾鲸为他画像,茅元仪作《同洪仲韦、张集虚诸子饮曾波臣塘上居》《曾波臣为写照,贻之》二题;崇祯七年甲戌(1634)春,茅元仪与宋献、洪宽再饮于曾鲸塘上居,作《花朝风雨同宋献孺、洪仲韦诸子集曾波臣塘上居》一诗。④

---

① [清]钱谦益:《列朝诗集小传》下,第588页。
② 以上二题均见[明]茅元仪:《石民赏心集》卷八。
③ [明]茅元仪:《石民横塘集》卷八。
④ 前二题见[明]茅元仪:《石民又岵集》卷一,后一题见《石民甲戌集》卷一。

第二节　与竟陵派文人的交游

明末竟陵派继公安派而起,竟陵诗风曾一度引领文坛,士子文人竞相追
摹。金陵作为留都,不仅政治地位高,经济繁荣,而且是文士聚集之地,文学
之渊薮。钟惺、谭元春作为竟陵派的代表人物,锐意于开拓金陵地盘,故时
常过往金陵,积极结交当地文人。万历四十七年己未(1619),钟惺、谭元春
至金陵。此年是茅元仪与钟、谭二人集中交往的一年。竟陵派其他文人,如
林古度、商家梅、周楷、徐波、王一翥等,茅元仪均有交往。

钟惺(1574—1624),字伯敬,号退谷,湖广竟陵(今湖北天门)人。万历
三十八年庚戌(1610)进士。曾任工部主事,官至福建提学金事。后辞官归
家,晚年入寺院。其为人严冷,由此得谢人事,研读史书。与谭元春共选《唐
诗归》《古诗归》,名扬一时。

谭元春(1586—1637),字友夏,号鹄湾,湖广竟陵(今湖北天门)人。天
启七年丁卯(1627)乡试第一。后屡考不中,于崇祯十年丁丑(1637)再次赴
京赶考,病亡于旅社。

茅元仪《得谭友夏书》称:"三载不闻问,秋来得两鳞。人猜久相识,我亦
遂疑真。"①此诗约作于万历四十五或四十六年(1617—1618),因此,推测他
与谭元春相识在万历四十二或四十三年(1614—1615)间。谭元春亦有《立
秋日寄答茅止生》一诗回应茅元仪,诗曰:"想君白门夜,淮水兼露湿。三年
书不报,字字成畴昔。"②从两人对答可看出他们只是初交,算不上熟悉。茅
元仪与钟惺结识稍晚一两年,据其《先友七子诗序》③,他初识钟惺在二十三
岁,也即万历四十四年丙辰(1616)。

---

① ［明］茅元仪:《石民赏心集》卷四。
② ［明］谭元春:《谭元春集》,陈杏珍标校,第 66 页。
③ ［明］茅元仪:《石民江村集》卷七。

　　万历四十七年己未(1619)，钟惺、谭元春同至金陵，逗留数月。其间，他们参加了茅元仪举办的"端午秦淮社集"和"乌龙潭社集"，还在栖霞寺共度中秋节，并有摄山之游。以上社集参见第一节"与江浙文人的交游"。茅元仪与竟陵派文人的交往，更多集中在谭元春身上。几次社集，谭元春所作相关作品甚多，或诗或文，或兼而有之，如《秦淮五日，赋得投诗赠汨罗》《吴凝父七夕招泛乌龙潭，寻雨至，就泊茅止生森阁》(同冒伯麟、许无念、宋献孺、洪仲韦)、《七月十二夜，宋献孺招泛乌龙潭》(同景升、伯敬、止生、子丘、茂之)、《中秋栖霞作》(同吴凝父、王子云、茅止生、张午卿)、《摄山道中》(止生招，凝甫、子云同往)等，文章则有《初游乌龙潭记》《再游乌龙潭记》《三游乌龙潭记》，诗文俱佳。[①] 茅元仪亦兼作诗文，也有游乌龙潭三记。

　　茅元仪比谭元春小九岁，敬他为兄长，他们俩的交往颇为有趣。在端午秦淮大社未开之前，谭元春有《赠茅止生》一诗，戏称"我来若为后，开君之独筵"[②]，可见两人关系已颇为熟稔。而茅元仪《宁远梦谭友夏》描述二人交往的场景："庄谑仍相伴，寒暄竟不题。弹诗争字句，尚论权高低。"[③]可见二人的相处是轻松、诙谐的。也许是出于彼此的坦诚相待，谭元春在离开金陵之后，以兄长的身份留给茅元仪一函，即《与茅止生书》，兹录于下：

　　　　往辱足下作《楚二岳序》，其归也，日日读之，有所示。《武备志》《香魂集》二序，日日想，服之甚矣。足下能古文也，俞日日思之。古文之道，莫有讲者。欲不思，足下何可得？然使足下意加虚，神加静，与人处加温克，而又减无用之名，减无用之应接，减似有用、实无用之意气，减可以用、不必即用之经济，至于粗之减声色，精之减笔墨，即其所为止生也，一增损焉。古文在是，古人在是矣。①

信中称赞茅元仪文章写得好，并且语重心长地开导他，要静神虚意，不浮不躁地修炼内心，才能有所进步。茅元仪是好夸谈、尚侠勇、不甘寂寞、纵酒捉月之人，与谭元春、钟惺严冷、内敛的性格完全相反。从谭元春的视角出发，茅元仪与竟陵派文人的性格是相左的，故如此规劝他。俗话说"物以类聚，人以群分"，钟谭与茅元仪尽管有交游，不过从他俩的诗文集来看，茅元仪与钟谭交往最频繁的也就是这一年。往后的岁月，更多的是茅元仪单方面的追思两位友人了。

茅元仪《与谭友夏书一》②作于泰昌元年庚申（1620），是对谭元春《与茅止生书》的回复，称谭元春对他的规劝是"何其深而切，简而尽也。世道交丧，久不闻此义矣"，视其为胜友。茅元仪虚心接受谭元春的批评，盼望他早日回信再作交流。然而自此之后十四年，谭元春并无诗歌或书信致茅元仪。茅元仪在诗中屡屡表现出对谭元春的追慕与思念，这也侧面反映出谭元春对茅元仪的疏离。如茅元仪在宁远时梦见谭元春，"君行将五载，昨夕到辽西"③；待罪江村时有《怀谭友夏》，"忆君非欲君知忆，几次诗成为寄君"④；被追摄困"又岘舟"时，依然对他念念不忘，"万里岂为远，十年不寄书"⑤。崇祯六年癸酉（1633），茅元仪四十岁，整理书稿，欲把四十岁之前的诗文付刻。他写信给谭元春，此信深深体现出茅元仪对谭元春的感情，兹节录于下：

不见友夏，约略十四年。不闻问友夏，不记何岁时矣。然吾友夏何日不在仪意中、梦中也。得见哲弟⑥，恍如见吾友夏，相持熟视

---

① ［明］谭元春：《谭元春集》，陈杏珍标校，第 775 页。
② ［明］茅元仪：《石民四十集》卷七十七。
③ ［明］茅元仪：《宁远梦谭友夏》，《石民渝水集》卷二。
④ ［明］茅元仪：《石民江村集》卷一。
⑤ ［明］茅元仪：《寄谭友夏》，《石民又岘集》卷一。
⑥ 茅元仪在此年遇见谭元春弟弟谭服膺，更加思念谭元春。

者久之，无暇及他语也。十四年怀友夏，诗非一，然亦不得寄友夏，以非欲友夏见吾诗，而后作也。十四年之间，为兵子矣，削而为氓矣，逮而为囚矣，谪而为戍矣，今且羁而为累也。然亦尝厕玉堂之末序，与虎帷之上佐，登大将之高坛，此皆梦也。梦之中，稍稍留其影者，唯诗文耳。①

茅元仪称十四年未见谭元春，即从万历四十七年己未（1619）的数次社集后，他们再也没有相见，也没有音讯，只有茅元仪单方面思念。此信写得情深义重，对谭元春的感情令人感动。

茅元仪认为谭元春的文章写得好，且比钟惺好，曾说："我尝言天下知友夏之诗，而不知友夏之文。友夏亦尝心许此言。仪尝为《西湖看花记》，伯敬甚许之，而友夏不与也。此仪谓友夏深于文，且深于伯敬之文也。"②茅元仪作《二子诗》，推崇谭元春、董斯张为当今天下诗魁，称谭元春"君诗道子画，今古两相咤。朴质古衣冠，秀色从中泻。举世逐君步，孰知君所驾。君文更胜诗，绮筵无瓦骂罘"③，赞赏他的诗歌与吴道子的画齐名古今，举世追步，更称他文章比诗歌好。这是茅元仪对谭元春不同于他人的看法。

书信的最后，茅元仪称自己"且数年摧残，神志恍惚，自知不永年矣"④，煞是悲观。把付梓刊刻四十年来诗文三百卷之事相告，如果自己等不及刊刻完成就撒手人寰，请求谭元春能扁舟过金陵，为其作序，帮助他完成一生最重要的立言之事。书信苦楚，深觉于生之无望，开始嘱托身后事了。

以上就是茅元仪与钟惺、谭元春的交往。他们的关系可总结为：因为茅元仪与竟陵派精神不契合，钟、谭二人无意与茅元仪深交。但是茅元仪却一灵咬住不放，自从认识谭元春之后，就再也没有放下过这个朋友。

---

① ［明］茅元仪：《与谭友夏书二》，《石民四十集》卷七十七。
② ［明］茅元仪：《与谭友夏书二》，《石民四十集》卷七十七。
③ ［明］茅元仪：《石民江村集》卷八。
④ ［明］茅元仪：《与谭友夏书二》，《石民四十集》卷七十七。

徐波(1590—1663),字元叹,长洲(今属江苏苏州)诸生,弃而为诗人。才思清妙,刻有《谧箫堂集》。晚居竺坞,构落木庵,无子,施为僧院。入康熙《苏州府志》之《隐逸传》。钟惺游吴越时,发现了徐波这位诗才,对他大加赞赏,引为竟陵中人。茅元仪在《徐元叹诗序》①中称未见徐波时,屡听人谈论他,或称其为"裘马中人",或说是"朴野疏水之人",元仪甚为疑惑。后徐波至金陵造访,元仪才相信"诗与人合",其人是朴野疏水之人,其诗是朴野疏水之诗。崇祯五年壬申(1632)秋,茅元仪至苏州访徐波。中秋夜,二人于山斋中共听雨论诗。次日,元仪欲离开,徐波送给他一双木鞋防雨,甚是贴心。此次过往,茅元仪作《访徐元叹山居》《壬申中秋,在徐元叹山斋听雨》《徐元叹惠天台木屧》②三诗。次年冬,茅元仪过虞山访钱谦益,偶遇徐波,作《钱受之斋头逢徐元叹夜话》一诗,称:"半生同所友,不约每相逢。总是幽人伴,何妨永夜从。"③

王一翥,字子云,黄冈(今湖北黄冈)人。崇祯三年庚午(1630)举人。天启间游京师,魏忠贤欲邀为记室,一夕遁归。后隐庐山智林(今江西庐山)。能诗,善真草书。传见康熙《湖广通志》卷五十二《人物》④。万历四十七年己未(1619),参加乌龙潭社集,遂与茅元仪相识。茅元仪很欣赏王一翥的性格,时常作诗怀念他,曾作《怀王子云兼示傅远度》曰:"之子迂疏处,令人忆最殷。矜名非浪借,痛谤暗相分。守介仍怜客,虽和不入群。惜书愁乱世,避地尚商文。方喜通胡咒,偶然怀楚裙。诗唯赠邻叟,酒止对孤云。倘有同怀者,如予数梦君。"⑤描写其潇荡迂疏之性格。天启间,再见王一翥,为其《南梦堂选义》作序。崇祯二年己巳(1629),茅元仪作《江村怀王子云四十韵》曰:"我昔二十余,王生与我晤。论齿正肩随,论时并髦誉。我固少所可,

① [明]茅元仪:《石民四十集》卷十六。
② 以上三题均见[明]茅元仪:《石民横塘集》卷六。
③ [明]茅元仪:《石民又岘集》卷四。
④ 《景印文渊阁四库全书》,第533册。
⑤ [明]茅元仪:《石民赏心集》卷五。

生亦高自据。独有两心许,醍醐重入乳。抨诗不厌苟,磋道无妨絮。"①二人都自视甚高,却独独相互推许。崇祯五年壬申(1632),茅元仪有《与王子云书》②一通,称自己将隐逸于江湖。

周楷,字伯孔,湘潭(今湖南湘潭)人。童子时即以诗称,才自清逈,时有佳句,钟惺赏之。为人负气谩骂,年五十死贼中。传见钱谦益《列朝诗集小传》丁集下之《周秀才楷》③。周楷游历金陵时,曾参加茅元仪的乌龙潭社集。万历四十七年己未(1619),茅元仪曾作《病中简周伯孔》④一诗。周楷游历金陵作《舟中草》,元仪为作《周伯孔舟中草序》⑤。

第三节　与河北文人的交游

天启三年癸亥(1623),茅元仪奉诏赴辽东,入督师孙承宗幕府。至天启五年乙丑(1625)冬,珰祸炽烈,孙承宗辞职归乡,次年茅元仪亦罢归氓,前后三年。三年里,茅元仪追随孙承宗经略辽东,将相合谋,兵将合力,把辽东经营得很好。其间,茅元仪与督师孙承宗、职方鹿善继、赞画宋献结下深厚友谊。宋献是江苏无锡人,传见本章第一节"与江浙文人的交游"。孙承宗是高阳人,鹿善继是定兴江村人,都是今保定市属县。崇祯元年戊辰(1628),茅元仪赐环召还,恢复原职,并进呈《武备志》,受到思宗赏识。但遭王在晋、张瑞图等大僚构陷,以"浮谭乱政"待罪定兴江村,借住于鹿善继家。崇祯二年己巳(1629)十月,皇太极兵临紫禁城。孙承宗临危受命,镇守通州,茅元仪一路相随,保护督师。因战功累牍,茅元仪得以再征辽东。然而他再次受

---

① [明]茅元仪:《石民江村集》卷九。
② [明]茅元仪:《石民四十集》卷七十九。
③ [清]钱谦益:《列朝诗集小传》下,第664页。
④ [明]茅元仪:《石民赏心集》卷五。
⑤ [明]茅元仪:《石民四十集》卷十九。

陷害,因"兵哗"而被解兵柄,逮捕入狱,遣戍福建漳浦,此时为崇祯三年庚午(1630)。抗虏征辽期间,茅元仪寄家江村,前后又是三年。其间与孙奇逢、鹿正、鹿化麟、张果中、杜集美等文人结下深厚友谊。茅元仪从三十岁初入仕途时的意气风发,至三十七岁时的微着暮气,这七年时光,可以说是他一生中最辉煌也最深刻的日子。

孙承宗(1563—1638),字稚绳,号恺阳,高阳(今河北高阳)人。万历三十二年甲辰(1604)进士第二名,授编修,进中允。貌奇伟,须发干张。与人言,声穿墙壁。熹宗立,以左庶子充日讲官。天启元年辛酉(1621),进少詹事,得熹宗赏识。天启二年壬戌(1622)春,东事急,拜兵部尚书兼东阁大学士。时王在晋经略辽东,畏敌无谋,不堪任大将。孙承宗乃自请督师辽东。他经营辽东四年,"前后修复城堡数十,练兵十一万,立车营、水营,造甲胄、器械、弓矢、炮石、渠答、卤楯之具合数百万,开屯五千顷。宁远屹成雄镇"①,把辽东经营得有声有色。奈何魏忠贤窃柄,数次横加诬陷,孙承宗遭削职归。崇祯二年己巳(1629)冬,清军兵临紫禁城,京师告急。孙承宗再度督师,运筹帷幄,打退清兵。崇祯四年辛未(1631)十一月,因长山兵溃,被罢职夺世荫。崇祯十一年戊寅(1638),清兵破高阳城,孙承宗被执,望京跪拜,悬梁而死,年七十有六。有作品《高阳集》《车营叩答合编》《抚夷志》②等。传见张廷玉《明史》卷二百五十《孙承宗传》、钱谦益《牧斋初学集》卷四十七上《特进光禄大夫、左柱国少师兼太子太师、兵部尚书、中极殿大学士孙公行状》、《列朝诗集小传》丁集中《少师孙文正公承宗》③。

天启元年辛酉(1621),茅元仪进京参加秋闱。适逢《武备志》初成,迅速以知兵闻名。此年,元仪初识孙承宗。孙承宗很赏识他,作"待尔翻飞日,时

---

① [清]张廷玉:《孙承宗传》,《明史》卷二百五十。
② 茅元仪《抚夷志序》称:"此孙少师之心也,辑抚夷志若干卷,即其微旨也。具稿于宋秘书献,而少师自论次之。去渝之日,命饬合其成。因为序。"可知孙承宗辑《抚夷志》,惜今不存。
③ [清]钱谦益:《列朝诗集小传》下,第552页。

清会有期"①相赠,并曾说:"非我不能用茅生,茅生非我亦不为用。"②这期间,茅元仪数次上书孙承宗,言用兵大略,辽东局势,并积极自荐,前后有书信八通。天启三年癸亥(1623),茅元仪奉诏入孙承宗幕府,将相合心经营辽东。征辽期间,茅元仪有众多追和孙承宗的边塞诗,如《前出塞次高阳相公韵》(十首)、《和孙相国后出塞次韵》(十首)③等,充满对督师孙承宗的崇敬和对战争局势的积极乐观。第一次征辽结束,茅元仪与鹿善继合著《督师纪略》,详细记载孙承宗第一次督师所取得的成绩、经历的战事,以及辽东将士们的努力。崇祯二年己巳(1629)冬,清军兵临紫禁城,孙承宗临危受命,再度督师守通州。茅元仪一路保护督师,二十四骑夜出东便门,立下不少战功,并且得以再次征辽。此间所作诗歌,有《重登殚忠楼和高阳公韵》《和高阳公应召四十日,是日暂解袜作》《己巳除夕,呈高阳公》《庚午元日,呈高阳公》④等。不久后,茅元仪遭梁廷栋忌,以"兵哗"被解兵柄,遣戍福建。临去时,他作《寄上高阳公》组诗十二首⑤,回忆九年来追随孙承宗征辽所发生之事,同时抒发自己屡遭不公平待遇的愤慨。日后,茅元仪闲居时,梦中时常出现征辽时将相谋划战略、戎马倥偬之场面,从《梦高阳公》《述梦高阳公》⑥两诗可知。试看《梦高阳公》一诗:

　　宛是危边独对时,片言微笑识恩私。恨无匡济酬斯遇,惭止肝肠答所知。瘴海难教回敢死,平城何忍客还悲。等闲莫泪公应记(诗注:公梦中语),不负兼人(诗注:余旧梦中语)不负师。

此诗作于崇祯四年辛未(1631)冬,茅元仪被追摄自闽回浙途中。也正

---

① ［明］茅元仪:《上孙高阳相公书四》,《石民四十集》卷六十一。
② ［明］茅元仪:《上孙高阳相公书七》,《石民四十集》卷六十二。
③ 以上二题分别见［明］茅元仪:《石民渝水集》卷一、卷二。
④ 以上四题均见［明］茅元仪:《石民江村集》卷十六。
⑤ ［明］茅元仪:《石民江村集》卷十七。
⑥ 以上二题分别见［明］茅元仪:《石民横塘集》卷三、《石民甲戌集》卷四。

是孙承宗长山兵溃,被罢职削世荫之时。茅元仪回忆征辽时与孙承宗相处的生活点滴,并从他崇敬的督师那里汲取力量,以面对充满坎坷的人生路。诗歌充满对孙承宗的思念,感情真挚。

鹿善继(1575—1636),字伯顺,号乾岳,定兴江村(今属河北保定定兴)人。少读王守仁书,不肯与俗浮沉,与孙奇逢为莫逆之交。万历四十一年癸丑(1613)进士,授户部主事。时辽饷绝,广东金花银适至,鹿善继请尚书李汝华借给之,坐降级调外。光宗立,复官,寻改兵部职方,从督师孙承宗征辽。崇祯初,为太常寺少卿,告归。崇祯九年丙子(1636)七月,清兵攻定兴,鹿善继自江村入定兴捍城。城陷,殉节,年六十二,谥“忠节”。著有《鹿忠节公集》《四书说约》《无欲斋诗钞》《鹿太常文选》等。传见黄宗羲《明儒学案》卷五十四《忠节鹿乾岳先生善继》。

天启元年辛酉(1621),茅元仪与鹿善继初识于京城。当时茅元仪过从友人家,“遇一老先生,布袍苍觥,如穷措大。举动朴直如田间父。迫视之,精光炯炯,非韦布中人也。徐讯之,知为伯顺。后再遇之张太常榻前,见其谈边事侃侃无所避,遂与心盟”①。可知茅元仪对鹿善继是一见倾心。二人再见是在入孙承宗幕府时。“及入渝水幕,不亢不挠,同襟者鲜所可,独昵仪。”②可见鹿善继也赏识茅元仪。二人在辽东三年,结下深厚友谊。首次征辽结束,离开山海关时,茅元仪有《道中别鹿伯顺》(二首),道尽离别之情:“三年白草同眠者,一日红尘分手时。岂但主恩酬未报,满襟离泪已难支。”③后来茅元仪以“浮谭乱政”被贬黜江村,寄家于鹿善继处,深受鹿家照顾。茅元仪对此充满感激,称:“仪环召。未几,忤贵要被斥,祸且不测。伯顺独收舍之。从危病翼以更者,屡矣。”④把在江村所作诗结集为《石民江村集》,以

---

① [明]茅元仪:《鹿忠节公集序》,[明]鹿善继:《鹿忠节公集》卷首,《续修四库全书》,上海古籍出版社2003年影印本,第1373册。

② [明]茅元仪:《石民江村集序》,《石民江村集》卷首。

③ [明]茅元仪:《道中别鹿伯顺》(其一),《石民渝水集》卷五。

④ [明]茅元仪:《石民江村集序》,《石民江村集》卷首。

"江村"命名,以志不忘鹿善继之情。鹿善继升迁,茅元仪作《徐明衡受知领铨,首推鹿伯顺以太常少卿领光禄丞》,为他感到开心。辽东事危急时,元仪作《有感东事,寄鹿伯顺符卿二十韵》,向鹿善继倾诉自己对国事的担忧。离开江村后,茅元仪时常怀念鹿善继,如有《寄鹿伯顺太常》、《梦过鹿伯顺江村草堂》、《梦在塞上与鹿伯顺同还,临发示以甘蔗吟》、《晤城门较尉崔西星,怀鹿伯顺奉常、孙启泰征君》(二首)①等。鹿善继殉城后,茅元仪于崇祯十一年戊寅(1638)夏,北上定兴,安抚鹿善继遗孤,并为其《鹿忠节公集》作序。

孙奇逢(1584—1675),字启泰、钟元,世称夏峰先生、孙征君,直隶容城(今属河北保定容城)人。万历二十八年庚子(1600),举顺天乡试。连丁父母忧,庐墓六年,旌表孝行。与鹿善继讲学,以圣贤相期。天启间,魏忠贤窃国柄,以党祸迫害左光斗、魏大中、周顺昌。孙奇逢寄书辽东,请求孙承宗疏救。疏救不及,与鹿正、张果中聚金代输,被称为"范阳三烈士"。明亡,隐居讲学,屡征不起。与黄宗羲、李颙并称"三大儒"。初宗陆(九渊)王(守仁),晚慕朱熹理学,立说调和两派观点。所著有《夏峰先生集》《中州人物考》《畿辅人物考》《理学宗传》《四书近指》《读易大旨》等。今人张显清编有《孙奇峰集》②。传见黄宗羲《明儒学案》卷五十七《征君孙钟元先生奇逢》。

茅元仪因与鹿善继交,进而结交孙奇逢。天启五年乙丑(1625),他有《与孙启泰书》一通,曰:"三年从事于鹿伯顺,真得所师。欲因伯顺以从事左右,私衷亦三年矣。"③表达欲结识孙奇逢的愿望。茅元仪被罢黜江村期间,时常与孙奇逢读书论学。如他与孙奇逢论历法,有《与孙启泰书二》④书信一通,讨论历法之渊源、近人研究之现状、得失,以及自己对历学的兴趣。再如他读王阳明作品,作《己巳江村元夕,次王伯安在龙场韵》⑤,当受孙奇逢之影

① 以上六题分别见[明]茅元仪:《石民江村集》卷十、卷七、卷二十,《石民横塘集》卷三、卷五,《石民又岘集》卷一。
② 张显清:《孙奇峰集》(上、中、下),中州古籍出版社2003年版。
③ [明]茅元仪:《石民四十集》卷七十七。
④ [明]茅元仪:《石民四十集》卷七十七。
⑤ [明]茅元仪:《石民江村集》卷三。

响。孙奇逢过访江村时,茅元仪与他切磋诗艺,有《孙启泰过江村夜话,因呈近稿》①等。茅元仪不仅赞赏孙奇逢的学问,对其人格品行亦很欣赏。他作《范阳三烈士咏》②,赞扬孙奇逢、鹿正、张果中三人不畏权贵,纾难解急之节气;作《维春之什》《尚志轩记》《孝友堂家乘序》③,赞扬孙奇逢孝悌之品行。崇祯二年己巳(1629)秋天,茅元仪自江村出游,过容城访孙奇逢,有《秋日过孙启泰》④一诗,并于重阳节登高社集。孙奇逢亦有《茅止生见过次韵》《报茅止生》⑤等诗。离开江村时,茅元仪作《别孙启泰征君》,诗曰"三年共尔泛危舟,不是沧波也白头"⑥,充满离别之伤感。别后,亦时有怀念之作,如《怀孙启泰次见怀原韵》(二首)、《怀孙启泰征君》(三首)、《七月初三日假寐,见孙启泰貂帽狐裘驰马野外,颇疑北耗,怆成短歌》、《怀孙启泰》⑦等。茅元仪于崇祯十一年戊寅(1638)北上江村,安抚鹿善继遗孤之时,劝孙奇逢择地乔迁,以避清兵锋镝。⑧ 茅元仪亡后,孙奇逢作诗悼之:"四海交游污漫云,面啼目笑正纷纷。惟余百口孙宾石,北海亭前又哭君。"⑨

茅元仪被贬黜江村三年,社集活动甚少。颇值一提的是崇祯二年己巳(1629)的重阳节社集。此次社集参加者有茅元仪、孙奇逢、鹿化麟、江东诸杜。他们登永宁台(在容城县),拜元人刘因墓,饮酒赋诗,追悼古人,并提议创祠堂于墓侧。茅元仪有诗《九日同孙启泰、鹿石卿及江东诸杜谒刘静修墓》、《九日同启泰、石卿、诸杜登永宁寺台》、《九日登永宁寺台谒刘静修墓,

---

① [明]茅元仪:《石民江村集》卷六。
② [明]茅元仪:《石民江村集》卷二。
③ 以上三题分别见[明]茅元仪:《石民江村集》卷二,《石民四十集》卷二十四、卷十一。
④ [明]茅元仪:《石民江村集》卷十四。
⑤ 张显清:《孙奇逢集》,中州古籍出版社2003年版,第958—959页。
⑥ [明]茅元仪:《石民江村集》卷十七。
⑦ 以上四题分别见[明]茅元仪:《石民江村集》卷十八、卷二十,《石民横塘集》卷五,《石民甲戌集》卷四。
⑧ 孙奇逢《夏峰先生集》卷六《复范质公》曰:"戊寅之夏,止生谓敌当复来,州邑诚非所恃也。因商所以出门,且欲携鹿氏一二孤寡为避地计。"按:"戊寅"即崇祯十一年。"范质公"即南京兵部尚书范景文。见张显清:《孙奇逢集》,中州古籍出版社2003年版,第698页。
⑨ [清]孙奇逢:《夏峰先生集》卷十四《挽止生》,张显清:《孙奇逢集》,中州古籍出版社2003年版,第961页。

后复同诸子剧饮田翁草堂》、《九日饮刘梦吉墓下,因追和其〈九日九饮〉,首句皆用原倡》(九首)、《同诸子谒刘静修墓,因议创祠墓侧》[①]共五题十三首。孙奇逢也有《谒静修墓》[②]一诗。试看茅元仪《九日登永宁寺台谒刘静修墓,后复同诸子剧饮田翁草堂》:

> 九日今年两胜游,尚携余兴占糟丘。一生风力归觞政,满座经纶运酒筹。乂手都官无语坐,提壶赵郡下车留。不须简点明年健,夺取今宵拜醉侯。

诸子游兴甚浓,登高拜墓之后,尚剧饮于田翁草堂。觥筹交错中,豪气腾升。借着酒兴,抒发其万丈豪情。崇祯四年辛未(1631)重阳,茅元仪在闽戍所,回忆前年的盛会,作《九日怀孙启泰、鹿石卿、杜集美,昔年是日同谒刘梦吉墓,醉宿田家》[③]。崇祯六年癸酉(1633)重阳,再作《癸酉九日,忆己巳九日同孙启泰、鹿石卿、杜集美诸子谒刘静修先生墓》[④],不忘四年前的重阳集会。兹对茅元仪与鹿化麟、江东诸杜的交游做简略考证。

鹿化麟(?—1637),字石卿,鹿善继子。天启元年辛酉(1621),举乡试第一。鹿善继亡后,鹿化麟"伏阙讼父忠,逾年亦卒"[⑤]。茅元仪在江村期间,与鹿化麟唱和颇多。如鹿化麟过元仪书斋"借闲阁"有作,元仪和之,有《次韵酬鹿石卿过借闲阁见余壁字有作》[⑥]。鹿化麟往京城,元仪有《寄鹿石卿长安》《答鹿石卿复叠前韵》[⑦]。鹿化麟自京城回来,元仪即作《喜鹿石卿归》,描述他一人独处无友之寂寞。闲居无聊时,元仪借鹿化麟藏书阅读,以消闲

---

① 以上五题均见[明]茅元仪:《石民江村集》卷十四。
② 张显清:《孙奇逢集》,中州古籍出版社 2003 年版,第 957 页。
③ [明]茅元仪:《石民横塘集》卷二。
④ [明]茅元仪:《石民又岘集》卷二。
⑤ [明]孙承宗:《明定兴鹿忠节公传》《车营扣答合编》卷四,《续修四库全书》,上海古籍出版社 2003 年影印本,第 962 册。
⑥ [明]茅元仪:《石民江村集》卷三。
⑦ 以上二题均见[明]茅元仪:《石民江村集》卷十。

日,有《次韵鹿石卿见酬借书之作》《穷郊无事,藉鹿石卿藏书可借耳。今亦出游三月矣,块居成此》。新酒一出,鹿化麟即送元仪品尝。元仪作诗回赠,有《次韵鹿石卿惠新酿见贻》。元仪欲离开江村之时,鹿化麟更是频频赠别,元仪遂有《次韵酬鹿石卿赠别》(十首)。①

江东诸杜,包括杜太公,即杜腾江,其子杜集美、从孙杜君异等。江南人,居定兴。茅元仪待罪江村期间,与他们颇有往来。其中与杜集美的交游最频繁,两人唱和往来颇多。如元仪有《杜集美和予喜鹿伯顺以太常少卿领光禄丞作,复次其韵》、《杜集美遗相思子》(二首)、《答杜集美雨后借余鹿太公席上韵,见赠,再叠前韵》、《与杜集美》、《送杜集美出游》②等。茅元仪欲离开江村时,江东诸杜集体送行,元仪有《杜腾江携子子美、从子完自、州美、从孙君异相送》(二首)③。崇祯六年癸酉(1633),杜集美亡,元仪有《哭杜集美》④一诗。

第四节　与闽中文人的交游

崇祯三年庚午(1630),茅元仪因"兵哗"被解兵柄,逮捕入狱后,被遣戍福建。崇祯四年辛未(1631)夏天,茅元仪携家眷抵达福州。时曹学佺正罢官家居,授馆浮山堂给他住。在曹学佺的引领介绍下,茅元仪很快进入闽中文人圈,参与他们的交游活动。此次戍闽仅三个来月。茅元仪主要交往者有曹学佺、陈一元、徐熥、商家梅、陈鸿、孙昌裔、董应举等。

曹学佺(1574—1646),字能始,号西峰居士,侯官(今属福建福州)人。万历二十三年乙未(1595)进士,授户部主事,调南大理寺正,居冗散七年,迁南户部郎中,历四川右参政,升按察使。刚直不阿,中典察议调。天启二年

①　以上五题分别见[明]茅元仪:《石民江村集》卷十三、卷十二、卷十二、卷十五、卷十八。
②　以上五题分别见[明]茅元仪:《石民江村集》卷十、卷十、卷十一、卷十二、卷十二。
③　[明]茅元仪:《石民江村集》卷十七。
④　[明]茅元仪:《石民又岈集》卷四。

壬戌(1622)，起广西右参议。著《野史纪略》，秉笔直书"铤击"案本末。天启六年丙寅(1626)，被揭发私撰野史，下狱半年，削籍释归。清顺治二年乙酉(1645)，应唐王之召，起太常卿，迁礼部右侍郎，兼侍讲学士，进尚书。唐王兵败，曹学佺组织义军抗清。事不成，自杀。明末，曹学佺以诗文、学问、气节著称于世。著述十六种，达千余卷。有《石仓历代诗选》五百零六卷、《石仓诗稿》三十三卷、《石仓文稿》四卷等。

茅元仪父亲茅国缙、叔父茅维均与曹学佺有交游。茅国缙官南京时，曾召集友人社集秦淮水阁，曹学佺有《茅荐卿召集秦淮水阁》一题。后茅维游历福州，由曹学佺接待，两人共同宴集唱和多日，相处甚欢。曹学佺作《吴兴茅孝若到，予正为生孙弥月作汤饼，会因借光首席志喜》《孝若题予石仓六言绝句十首，短长不讳，曲尽其妙，予答以古风一首，聊称解嘲云尔》等。茅元仪作为小辈，儿时就认识曹学佺了。万历四十六年戊午(1618)，他有《寄曹能始观察书》[①]一通，称："元仪自为儿曹时一识先生，今已二十年往矣。"此年茅元仪二十五岁，推知他在五六岁即认识曹学佺了。对于这位父亲的挚友，元仪很是敬重："窃以艺苑自七子污浊之后，得先生一起而振洗之，使后世复遇开辟，伊谁之功。"茅元仪不满后七子复古之风，认为曹学佺扫荡复古风气，居功甚伟。年轻的元仪心气甚高，认为曹学佺开辟新风，然后人屡弱，无以为继，因此欲肩负此任，"仪虽不敏，窃有志焉，故欲成一家之言"，然而十年来，虽有进步，却仍有距离。因此，他推重好友傅汝舟，引荐给曹学佺。

茅元仪此次戍闽，很是受到曹学佺的照顾。曹学佺安顿他一家，为他接风洗尘，并在茅元仪八月初四生日那天，社集荷亭，把他正式介绍给闽派诸子。茅元仪有《辛未初度，曹能始丈人开社三山荷亭，集同孙子长学使、陈泰始京兆、郑汝交刺史、安尽卿都护、陈叔度山人、林懋礼文学、陈昌基孝廉，为余举觞，次能始丈人韵》一题，曹学佺也有《中秋四日，社集荷亭，为止生赋》一题。在福州的三个多月，茅元仪与闽中文人宴集酬唱，生活上比较热闹且

---

① ［明］茅元仪：《石民四十集》卷七十五。

悠闲。他们或携酒同饮,或小聚谈艺,或观演戏剧,或重九登高,或好友送别。这类诗题很多,如《徐兴公、林懋礼、陈昌基携酒至石仓谈艺》《辛未九日,石仓荔阁登高,仝沈钦父、陈陈诗,时钦父弹挡》《同曹能始二丈饯唐宜之于小金山》等。茅元仪要离开福州时,曹学佺多次送别,主宾依依,"尽可相依修艺苑,漫云归去减乡愁"①。

陈一元,字涵三、泰始,号四游,侯官(今属福建福州)人,万历二十九年辛丑(1601)进士。令四会、南海、嘉定,俱著政声。擢御史,巡按江西。值饥荒,力赈有法,以疾归。天启初,起应天府丞。与叶向高为姻亲,向高被劾,受牵连落职。崇祯初,温体仁柄国,恶其附东林,不用。卒于家。传见雍正《福建通志》卷四十三《人物》、潘荣胜《明清进士录》②。茅元仪有《赠陈泰始京兆》《酬陈泰始京兆见贻次韵》《留别陈泰始京兆次韵》③三题。

孙昌裔,字子长,侯官人,万历三十八年庚戌(1610)进士。掌教吴兴,擢户部郎中,出守武陵,拜水利使,寻改提督。得悉有人上疏,欲中伤他,即治装归,筑隐晋安薛老庄(今福州晋安区)。擅长书法。传见雍正《福建通志》卷四十三《人物》、潘荣胜《明清进士录》④。茅元仪有《饮孙子长学使山堂》《留别孙子长学使次韵》⑤。

徐𤊹,字惟起,又字兴公。博学工文,善草隶书,万历间与曹学佺主持闽中诗坛,后进皆称"兴公诗派"。嗜古学,家多藏书,以博洽称于时,有《红雨楼题跋》二卷、《鳌峰集》二十八卷。传详《列朝诗集小传》丁集下《徐举人𤊹、布衣𤊹》⑥。万历四十七年己未(1619),茅元仪有《送兴公渡海隐支提山》⑦一诗,可知他们相识较早。戍闽期间,茅元仪有《次韵酬徐兴公》

---

① [明]曹学佺:《邵园同徐兴公、高景倩、陈叔度、林懋礼、叶君节饯别茅止生,得十一尤》,《西峰集》,《石仓诗稿》卷三十三。

② 潘荣胜:《明清进士录》,第607页。

③ 以上三题分别见[明]茅元仪:《石民横塘集》卷一、卷一、卷三。

④ 潘荣胜:《明清进士录》,第633页。

⑤ 以上二题分别见[明]茅元仪:《石民横塘集》卷二、卷三。

⑥ [清]钱谦益:《列朝诗集小传》下,第633页。

⑦ [明]茅元仪:《石民赏心集》卷四。

《寄徐兴公》①。

陈鸿，字叔度，一字轩伯，侯官人。起于寒微，自幼能诗。曹学佺招入闽社，赞赏其"一山在水次，终日有泉声"之句，由是声名大著。有诗集《秋室篇》。卒年七十三。传详《列朝诗集小传》丁集下《陈布衣鸿》②。茅元仪有《陈叔度过访浮山堂》③。

商家梅（？—1637），字孟和，闽县（今属福建福州）人。少工诗，取秾缛雕绘，有时名。万历间游金陵，与钟惺交好，诗亦变为幽闲萧寂。钟惺卒，与钱谦益、马之骏往来甚密。崇祯十年丁丑（1637），卒于太仓逆旅。有《种雪园诗选》五卷、《那庵诗选》二十卷。传见《列朝诗集小传》丁集下《商秀才家梅》④。茅元仪有《与商孟和》《孟和过浮山堂，因索画》⑤。

董应举，字崇相，闽县人。万历二十六年戊戌（1598）进士。天启间，官太常，陈急务数事。擢太仆卿，兼河南道御史，经理天津至山海关屯务，卓有成效。迁工部侍郎，兼理盐政，巡盐御史恶其侵官，因落职。崇祯初，复官。他好学，善古文，官居慷慨任事，在家兴利除患。及殁，海滨人立祠祀之。有《崇相集》。传见潘荣胜主编《明清进士录》⑥。茅元仪《石民四十集》卷七十四有《与董崇相书》四通，其中天启二年两通，天启元年、崇祯六年各一通。书信多言朝廷用兵之事。第一通言及万历三十六年戊申（1608）吴兴大祲，茅元仪因捐粮受宗族攻讦之事，董应举积极为他辩护。此事令茅元仪深受感动。第一次戍闽，茅元仪曾登门拜访他，作《访少司徒董公崇相》一诗。

---

① 以上二题分别见［明］茅元仪：《石民横塘集》卷一、卷八。
② ［清］钱谦益：《列朝诗集小传》下，第634页。
③ ［明］茅元仪：《石民横塘集》卷二。
④ ［清］钱谦益：《列朝诗集小传》下，第588页。
⑤ 以上二题分别见［明］茅元仪：《石民横塘集》卷一、卷二。
⑥ 潘荣胜：《明清进士录》，第602页。

第三章 茅元仪诗歌研究

茅元仪现存诗集有《石民赏心集》八卷、《石民渝水集》六卷、《石民西崦集》三卷、《石民江村集》二十卷、《石民横塘集》十卷、《石民又岘集》五卷、《石民甲戌集》五卷,共五十七卷,将近两千二百首诗。诗歌数目庞大,内容亦丰富多彩。既有传统题材的诗歌如交游诗、咏怀诗、纪行诗,亦有独具个人特色的和古诗、纪梦诗、时事诗。根据诗歌题材所占比重和彰显个人特色两个维度,茅元仪的诗歌内容主要分为交游诗、咏怀诗、纪行诗、和古诗、纪梦诗、时事诗。当然,处于不同人生阶段所作的诗歌,内容亦各具特色。如《石民赏心集》作于三十岁之前,是茅元仪青年时代的作品,其生活主要是宴集唱和,故应酬唱和之作最多,约占诗集的三分之二。入幕之后所作《石民渝水集》则不同,此间茅元仪往返辽东两趟,沿途皆有所作,故纪行纪事诗多。另外,有大量和督师孙承宗之作,这些作品既可看作唱和之作,同时也可视为边塞诗。被贬黜江村三年,作《石民江村集》,郊村闲居无事,茅元仪通过读书来消磨时间,故有很多追和古人之作,同时有很多记录家庭生活的诗歌,尤其是描写生活穷困之作。本章从六个方面来分析茅元仪诗歌的内容。

第一节　交游诗

　　茅元仪生性豪放,喜结交各路朋友,故交游应酬笔墨较多,约占诗歌总数的四分之一强,比重最大。数量庞大的交游诗,又可细分为三种形式。

一

　　第一种形式为友朋群体性宴集酬唱之作。通过结社,或以某种名义如节日为由宴集,文人们会聚一处,高谈阔论,觥筹交错,即席酬唱,应酬之作就此产生。此类诗题通常出现众多人名,并有"次韵""以某字为韵"等字眼;当然也有仅以事件为题的情况。如:《石民赏心集》有《秋日邀同吴叔嘉、魏考叔、和叔、许士衡、魏毕大、费元朗、杜士良、王相如、吴相如夜集秦淮,分赋秋雁,得十三元》《九日同李本宁太史、喻叔虞、傅远度、费元朗诸子社集清凉山》《五日秦淮开社,赋得投诗赠汨罗》《宋献孺招同钟伯敬、潘景升、林茂之、谭友夏泛潭上》等;《石民江村集》有《初夏长安诸子社集池上,同用池字,同集者为张同父、李五卿、姚园客、江靖侯、项不损、吴国华、王巢父、谢长秋、恽道生、张尔唯、杨雨新、陈祗若、胡公占、王天乐、阙褐公、于司直、温与恕》《九日同孙启泰、鹿石卿及江东诸杜谒刘静修墓》等;《石民横塘集》有《辛未初度曹能始丈人开社三山荷亭,集同孙子长学使、陈泰始京兆、郑汝交刺史、安尽卿都护、陈叔度山人、林懋礼文学、陈昌基孝廉为余举觞,次能始丈人韵》(四首)、《酬徐兴公、高景倩、林懋礼携酒邵园,同曹能始、陈叔度、叶君节饯别》等。诗人用冗长的诗题把时间、地点、人物、事件表达清楚,由诗歌来承担抒情言志的任务。然而这种典型的应酬之作往往难以传达出诗人的真情实感,语言、情感均较为苍白;当然,也不乏诗人有感而发的性情之作。现举两例:一为普通应酬之作;一为诗人有感而发所作。前一首为《五日秦淮开社,赋得投诗赠汨罗》：

古今当此日，哀些慰湘灵。何似一尊酒，来分众领青。寄娱聊服艾，顺俗更扬舲。鼓节千歌发，诗成百客听。悲欢虽异辄，幽素可通冥。余欲人皆醉，君怀已独醒。俱能心自谅，不与世交形。所以成斯曲，居然冀尔聆。逝魂云杳杳，渊水自泠泠。会得应相赏，欣焉倾醁醽。①

此诗作于万历四十七年己未（1619）端午节，此次端午社集由茅元仪组织召开。此诗写得中规中矩，记述端午节凭吊屈原的民俗活动，并表达对屈原的追思之意。这是他应酬唱和诗的普遍面貌。另一首为《酬徐兴公、高景倩、林懋礼携酒邵园，同曹能始、陈叔度、叶君节饯别》：

无端去住不胜情，寒吹层阴满暮城。本擢雕戈宁瘴海，却分银管接词英。散家孰许仍留剑，投笔犹堪试勒铭。未说长卿灰热否，故人已占孔融名。②

此诗作于崇祯四年辛未（1631），茅元仪即将离开闽戍所，闽中诸子为他饯别之时。离别之际，离情愁绪自是难免，加上自身遭遇的不得意，故此诗感情较为饱满，颇为可读。

总而言之，群体性应酬唱和之作，更多注重交际的功能，真情实感较为贫乏，这既是茅元仪创作的不足，同样也是诗人们创作此类诗歌的通病。

---

① ［明］茅元仪：《石民赏心集》卷五。

② ［明］茅元仪：《石民横塘集》卷三。

二

第二种形式是非群体性的朋友间的交游、酬唱之作。不同于群体性应酬唱和人数众多，非群体性交游酬唱人数少，通常是一对一的形式，酬唱之诗诗题往往出现"寄""赠""酬""答""和""次韵"等字，内客则直述其事。此类诗歌是朋友间维系感情的重要载体，故其在交游诗中所占比例最大，可读性强。试以《石民赏心集》为例做数据统计，此诗集有诗约三百六十首，其中交游诗约占一半，也即一百八十首左右。而非群体性交游酬唱诗有一百二十首左右，占总数的三分之一，占交游诗的三分之二。其他诗集因诗人处于不同的人生阶段，表达内容会有不同程度的偏重，交游诗、非群体性交游酬唱诗比例会有所浮动，但不影响各自比重。由此可见非群体性交游酬唱诗在数量上的优势。另外，剔除小部分应酬之作，此类诗歌在质量上总体较好。诗歌内容或长亭送别，或闲卧畅谈，或朋友间真挚的问候关怀，或寄赠相思之情，都带有浓浓的情意。故此类诗歌以诗情饱满见长。试看《柬远度》一诗：

> 方塘小沼自悠哉，海沸江倾龙子哀。长剑拔时仍就室，短诗题罢即成灰。不多春酒随风散，一霎幽欢逐梦回。事事无端还自笑，独君相对不相猜。[①]

天启元年辛酉（1621），茅元仪秋闱再次下第，心情黯淡失落，打算与傅汝舟隐居北山，此诗正作于此时。落第所带来的失落与无奈，唯有面对好友才能完全释然，这份相知通过一句"独君相对不相猜"表达得充分而感人。

再看《过郭子綦田舍》：

---

① ［明］茅元仪：《石民赏心集》卷八。

知君弹铗久，耕牧自何年。寒日澹于水，远山青似天。居连危塞地，门泊故乡船。白发新醑照，归心应旷然。①

郭子綦与茅元仪是中表关系，居于天津。天启四年甲子（1624），元仪下江南募楼船，返回辽东时过访其处，遂作此诗。诗歌描绘了郭子綦隐于农事，生活怡然自得的景况，流露出茅元仪对此种生活的艳羡。语言简约清丽，诗意盎然，不失为佳作。崇祯四年辛未（1631）郭子綦卒，茅元仪作诗哭之，曰："故人尽逐风云去，瞪目披蓑田牧时。"②阅读两诗，可知元仪赞赏郭子綦安贫乐道的旷达。

再看《道中别鹿伯顺》（二首）：

辽西鼙鼓震龙墀，感激从军遂忘私。元老不输西夏绩，幕僚尚欠蔡州碑。三年白草同眠者，一日红尘分手时。岂但主恩酬未得，满襟离泪已难支。

雪戟霜翎气未柔，生还不忿起离忧。两家童仆偷垂泪，共枥骅骝亦解愁。脱下铁衣仍入梦，空磨剑锷付谁收。五湖欲去君须去，又作边人便白头。③

二诗作于天启五年乙丑（1625），元仪结束征辽，欲离开山海关之时。当时魏忠贤乱政，督师孙承宗受其诬陷被迫解职归乡，茅元仪、鹿善继同为孙承宗幕僚，也请归。然而所谓"抗众议以开故疆，定国器以固军志"④，将帅苦心经营的辽西战局眼看着被魏忠贤破坏，心中的苦闷、遗憾自是难以排遣，这是诗歌的创作背景。诗中流露出依依难舍的离别之情，一是源于打败后金安

---

① ［明］茅元仪：《石民渝水集》卷四。
② ［明］茅元仪：《哭郭子綦》，《石民江村集》卷十九。
③ ［明］茅元仪：《石民渝水集》卷五。
④ ［明］茅元仪：《石民渝水集序》，《石民渝水集》卷首。

邦定国的宏愿未能实现，二是源于两人三年来的深厚感情。诗歌感情真挚饱满，意象丰富，语言雄浑与浅切相辅，既展现诗人的雄心伟志，又表现其极具性情的一面，无疑为佳作。

再看一首《春夜同屠泠玄于该博堂前坐月》：

> 杯停花睡正三更，寂寂闲除澹虑生。月洗纤云天似润，风摇狂絮柳如醒。乍寻诗味抽春笋，难冷交情炙冻笙。留得一诗存胜日，侵晨又去伴啼莺。①

此诗是崇祯四年辛未（1631）春，茅元仪因"兵哗"被遣戍福建，一路南下，至金陵见亲会友，稍作逗留，与好友屠泠玄夜坐该博堂谈话而作。该博堂是元仪书斋，因思宗赞赏《武备志》为"该博"，故颜之于堂匾。春风沉醉，花睡正浓，巧月纤云，嫩柳飞絮，在如此迷人的春夜，与好友屠泠玄静坐，澹虑虚空，无须过多交谈。尽管对于二人交情，诗中不着一字，但这种相处方式亦非轻易可得，只有心灵相通之人方可超越语言的层面。诗歌写得温柔婉约，细腻可触，可见诗人在遣词造句、结构诗篇方面的用心，却无雕琢之气，有如海棠春睡，意态撩人。茅元仪作诗多笔随心意，直切浅白。若有关边事用兵，则雄气飞腾，嘎嘎作响，难得有如此婉约之作，显然这是元仪诗风的另一面貌。司空图有"不着一字，尽得风流"之说，笔者认为此诗颇得此法门。

茅元仪四十岁生日时，与兄弟好友酬唱，有《次韵酬远士四十初度见赠》、《次韵酬吴令公四十初度见赠》（二首）、《次韵酬屠瑞之四十初度见赠》、《次韵酬屠泠玄四十初度见赠》共四题五首。远士即其弟茅暎，二人兄弟情深。吴令公、屠瑞之、屠泠玄是茅元仪一生挚友，不管元仪荣华或患难均对他真心关怀，不离不弃，可惜三人生平无从考证。此五首诗感情真挚。茅元仪与茅暎之诗是感慨徒逝岁月，老大无成，自己作为兄长不能树立良好榜

---

① ［明］茅元仪：《石民江村集》卷十八。

样;与屠瑞之的诗,表达对国事之忧心忡忡;与屠泠玄之诗,则喟叹一生忧患,落魄穷老;与吴令公之诗,兼而有之。兹录《次韵酬吴令公四十初度见赠》其二:

> 四十行年衰病兼,况悲唇舌似衔箝。先看卿相量金蒲,何异儿童累塔尖。未扪八天先翼折,岂需三窟始身潜。军书此日方频至,清泪还同夜雨添。①

此年可说是茅元仪生命中最黯淡落魄的一年,他因"海运案"被追摄,家宅田庐尽没,无处安身,只能以"又岘舟"为家,漂泊江浙。自夏徂秋,元仪得疟病数月,深受病痛折磨,时有生命将息之哀调。而此时明廷已是内忧外患,对付战乱捉襟见肘,元仪日夜为国事寝食难安,这就是此诗的创作背景。眼看着国势隳颓,朝廷柄权者却依然争权夺利,丝毫不以国家为念,令人心寒,元仪称他们的行为是"儿童累塔尖",充满嘲讽。四十岁的茅元仪已是衰老病痛集于一身,戴罪之身不容随便发表言论。他虽然忧心国事,日夜如焚,却无可奈何,只能黯然神伤。

三

第三种形式是单方面怀人之作,如怀友诗、梦友诗、部分追悼诗。这类诗所怀所梦所悼之人往往并不知情,故不属于应酬唱和之范畴。此类诗数量不及前两种多,却不可忽略,因为这出自更私密的个人情感,最能透露出诗人真实的内心感受。

试看《怀谭友夏》一诗:

---

① [明]茅元仪:《石民又岘集》卷二。

犹是樽前共戚欣，回头往事已纷纭。若非有梦频还往，真个无端久离群。历过死生浑似水，因于显晦益如云。忆君非欲君知忆，几次诗成未寄君。①

此诗作于崇祯元年戊辰（1628）春，诗中充满对友人的回忆与思念。此诗是这类诗歌的典型，单方面怀人，而并非要对方知道。茅元仪有多首怀念谭元春之诗，除上述之诗，还有《十月望，独酌潭上，怀伯敬、友夏》《宁远梦谭友夏》《梦谭友夏》《屡梦友夏，忽其师李太虚中允过访》等，充分体现他对谭元春用情之深。然而谭元春并未过多回应元仪真切的友情，他们的交往集中于万历四十七年己未（1619）的数次社集上。此后虽然元仪经常作诗怀念他，他却极少诗文寄赠。

再看《怀王子云兼示傅远度》一诗：

之子迂疏处，令人忆最殷。矜名非浪借，痛谤暗相分。守介仍怜客，虽和不入群。惜书愁乱世，避地尚商文。方喜通胡咒，偶然怀楚裙。诗唯赠邻叟，酒止对孤云。倘有同怀者，如予数梦君。②

王子云，名一翥，楚人，与元仪相识于万历四十七年己未（1619）。当时茅元仪新筑乌龙潭森阁，与友朋频繁社集宴游，王一翥亦时有过往。惠友初识，转眼即别，元仪遂作此怀友之诗。诗歌语言朴质，却字字深情，对王一翥的人格、言行充满赞赏。

元仪与傅汝舟是一生挚友，傅汝舟亡于崇祯三年庚午（1630），当时元仪远在山海关，作《哭傅远度，次远度与黎无求韵》一诗：

---

① ［明］茅元仪：《石民江村集》卷一。
② ［明］茅元仪：《石民赏心集》卷五。

> 天涯马背哭君时,纵死犹还只我知。未泯恩仇羞室剑,再生明
> 盛始陈诗。从今渐有怜才者,自此无劳叹日居。红月洞天聊寄住,
> 它年待我好相期。①

诗歌感情贲张,首联即以气势慑人,把痛失挚友的哀伤表现得淋漓尽致。尾联以相约冥界作结,悲从中来,令人为之断肠。用平淡的语言结构出荡气回肠之诗情,胜人之处正是其浓烈的情感。傅汝舟在世时,元仪与他相知相惜,率意追欢,所谓"夜夜秦淮呼捉月"②,二人在性格上有很多共通之处。傅汝舟亡后,元仪对他甚是思念,有《拜傅远度墓》《述连夕梦见亡友傅远度》及《怀亡友诗》之《傅汝舟》等诗。

通过以上的解读,可知茅元仪的交游诗数量大,内涵丰富,且以感情取胜。

第二节　咏怀诗

茅元仪的咏怀诗在数量上仅次于交游诗,位居第二,约占诗歌总数的五分之一。咏怀诗创作与交游诗一样,贯穿元仪的一生。茅元仪从十九岁开始存录诗稿,至四十七岁去世,不曾停辍。咏怀诗在茅元仪不同的人生阶段呈现不同的风貌,感情力度亦有浅有深,诗歌技巧因年龄的增长而愈加圆熟,这是其总体面貌。笔者将选择元仪不同人生阶段的咏怀诗进行比读,进而剖析其心路历程。

---

① ［明］茅元仪:《石民江村集》卷十六。
② ［明］茅元仪:《庚申五日开社秦淮,与者百二十人,共赋投诗赠汨罗。今去此九年,而景升、伯敬已成今古,凝父剃发,远度穷落,言念存亡,各赋一绝》之《江东傅远度汝舟》,《石民江村集》卷七。

一

茅元仪现存诗集中最早的咏怀诗是《石民赏心集》卷一的《杂兴》(四首)、《感怀》(四首),均作于万历四十年壬子(1612),元仪京城落第之时。试看《杂兴》其一:

　　南国有奇树,临阳吐朱英。光采良陆离,芳馥一何馨。一朝遇北风,半堕寒溪濒。众鸟兢欲啄,群姨争相侵。珍奇达九重,至尊闻其名。甘泉发中使,冠盖眇深林。盛以金缕盘,系以五丝纫。侍从希宠赐,后宫各自珍。慨兹摇落者,良亦同枝生。所遇虽有殊,无乃非其情。①

这首五古长篇,语言、篇章、意象、诗风均学步汉魏。诗歌欲抒发落第之悲伤,借朱英之零落或上升的不同遭遇来表达,落入窠臼。这种种不足,一方面表明元仪感情体验上层次较浅,另一方面透露出其初期诗歌的稚嫩、拙朴。茅元仪所作《杂兴》《感怀》都是此种面貌,这是他当时的诗歌创作水平。

同是落第之作,天启元年辛酉(1621)的《下第》(十首)水平上有很大的提升,试看其三:

　　欲还闭户更难支,匹马街头信所之。歌舞丛中偷落泪,觥觞杂至不知辞。友朋慰语闻曾熟,童仆欢颜强亦痴。最恨千钟终不醉,眼看灯火闹归时。②

————————

① 〔明〕茅元仪:《石民赏心集》卷一。
② 〔明〕茅元仪:《石民赏心集》卷七。

诗歌语言浅切，感情真挚，把落第的失意表现得可感可触，令人感同身受，这是他创作水平上很大的提升。年轻的茅元仪一心追求仕进，屡次不第便是他生活中最大的失意了。因此，他三十岁之前的诗集《石民赏心集》中的咏怀诗，主要便是吟咏功名仕进的不得意。

此外，每逢节日，茅元仪往往作诗咏怀。节日的到来令他意识到时光的流逝，进而感叹功名未就之感伤，形诸笔端便是一首首节日咏怀诗，试看其中两首：

癸丑初度

历思初度日，穷与岁俱盈。才已先名失，身因毁得轻。残书解意散，秋梦逐愁生。莫怪年华速，旁人几不平。①

清源除夕

谁逢除夕清源路，半岁长安长醉人。眼见东西交警日，犹然南北往来身。雍雍紫绶朝如蚁，莽莽黄沙将作尘。晓起定忘今岁事，只怜辜负故园春。②

癸丑年，即万历四十一年（1613），茅元仪年仅二十岁，风华正茂便喟叹年华速去，多少有少年强说愁之意，诗情甚浅。《清源除夕》作于天启元年辛酉（1621），茅元仪二十八岁，第四次京城落第。眼看边事日急，东西交警，自己却依然辗转于两都，无仕进之机，无报国之途，仕途之失意与对国事之担忧相杂，令其感情深度陡然增加，故诗歌感情力度很深。如此一比较，两诗高下立见。

通过以上两组诗歌的比较，可知随着年龄阅历的增加，茅元仪咏怀诗的

---

① ［明］茅元仪：《石民赏心集》卷一。
② ［明］茅元仪：《石民赏心集》卷七。

创作也从朦胧到具体,从浅显到深刻,情感体验是促使这种转变的重要因素。茅元仪处于少年时期时,情感状态是朦胧而扩散的,对人生的认识是囫囵而缥缈的。而随着年龄的增长和自我认识的明晰,便清楚自己想追求什么,并能真切地感受失败所带来的刺痛与伤害,故其对情感的体验也更加深刻。

二

茅元仪三十岁应征召,辟为孙承宗幕僚。远征渝关,使不得意于科举的他,寻找到军功报国之途径。这三年的戎马生涯是他一生中非常激昂的时光,其间所作诗歌充满积极乐观的战斗精神,咏怀诗也不例外。然而魏忠贤乱政,严重扰乱、打击了辽东将士的战略计划和战斗雄心,使几年苦心经营的辽东战局付诸流水,因此其咏怀诗又充满激愤之情。试看《乌燕谣》(三首):

> 乌栖无树燕有堂,乌声哑哑燕飞忙。乌莫啼,燕莫笑,去年此日同哀叫。新辟辽西五百里,问谁决计高阳子。去年争此群狷狷,东海书生几生死。长顾却虑公与卿,如今寂寂更无人。
>
> 鼍幕毡车燕难住,辽东飞向辽西诉,公欲渡河来何暮。燕莫诉,东海书生意不休,终取辽东汝莫愁。
>
> 王谢堂,玳瑁梁,燕子来时春昼长。为我寄声侯与王,薜衣未冷铁衣霜,早容杀贼归故乡。①

此三诗以寓言来咏怀,借乌鸦与燕子两种飞禽来比喻朝廷不同的政治派别——主战派与保守派。两派为战守屡屡争执,僵持不下,孙承宗以辟地辽西五百里的战果来捍卫自己主战的观点。东海书生即茅元仪,他追随孙承

---

① [明]茅元仪:《石民渝水集》卷五。

宗,属主战派,屡称欲"取辽东""杀贼",誓以高扬的战斗精神来捍卫祖国边疆。无奈乌燕相争,朝廷视听混淆,战守与否亦非孙承宗、茅元仪等边将所能左右。三首诗歌采用杂言的形式,诗意相承而下,结构成完整的诗篇。感情激愤,语言有力。

天启五年乙丑(1625)秋,茅元仪迫于魏忠贤气焰,不得已离开辛苦经营三年的辽东时,作《去渝关》《乞还山》二诗,试看:

去渝关

一鞭霜影马萧萧,辜负寒光七尺刀。楫击断时人未渡,鹅将喧际雪前消。三年幕吏同孤客,半纸归纶似落潮。只是主仇犹未报,五陵儿笑霍票姚。①

乞还山

十行温诏一霜鞍,四载戎游五夜寒。绣甲蟠龙终未试,锦衾抱虎不知难。筹边楼上头先白,起草亭中心自丹。将相细看都没味,微风斜日抱渔竿。②

前一首挂虑"主仇未报",依然是忧心国事之作。后一首写自己殚精竭虑为国事却也枉然,于公于私均无济于事,遂发出"将相细看都没味,微风斜日抱渔竿"之愤慨。诗歌承载了茅元仪对国事的担忧和对自身遭遇的不满,写得开阔而深沉,加上诸多边塞意象,平添许多雄浑之气。茅元仪入幕渝关后所作《石民渝水集》,较之前的《石民赏心集》有很大的提高,不仅诗律运用更加圆熟,在语言、诗情的表达发挥上也更丰富、舒展。这期间的咏怀诗是其诗歌中的精品。由此可见环境、阅历对文学创作的影响至深。

---

① [明]茅元仪:《石民渝水集》卷五。
② [明]茅元仪:《石民渝水集》卷五。

三

天启六年丙寅（1626）冬，茅元仪隐居苏州的西崦石址山。隐居属于出世，自然不同于入世之汲汲进取，乍喜乍悲。元仪急切的用世之心稍得安适，诗歌也有幽然之闲澹，如《长日》一诗：

> 长日一天闲，聊棹双溪曲。风送野云过，荫破平田绿。①

二十个字就勾勒出一副身心闲适、与世无争的隐者之态。再如《夜棹》：

> 不尽残阳意，依依在剩鸦。千声归橹响，一色让芦花。山迥连云冷，风迥逐日斜。月深染柳白，舞影弄秋沙。②

诗歌描写日落黄昏，月上柳梢之时，诗人泛舟秋水之悠然自得，诗情活泼，略具唐诗遗韵。惜乎微露雕琢痕迹，不如《长日》之浑然天成。

隐居生活也并非天天如此飘飘然，元仪也有浊酒慰愁怀之时，试看《酒深》：

> 谁许雕弓便换彤，昂精将堕日瞳瞳。无缘唐庙酬三矢，又笑淮南作八公。老态渐多人未老，雄心纵减量犹雄。酒深莫怪多悲涕，落叶梧桐不畏风。③

此诗作于天启七年丁卯（1627）春。夜色消退，太阳初升，也许是一夜无眠，

---

① ［明］茅元仪：《石民西崦集》卷三。
② ［明］茅元仪：《石民西崦集》卷三。
③ ［明］茅元仪：《石民西崦集》卷二。

茅元仪借酒浇心中块垒，自嘲不能驰骋疆场一展报国雄心，只能耽溺于文章之事。诗称人虽不老，雄心却日被销蚀，怎能不悲涕呢？对元仪而言，隐居仅是权宜之计，他内心渴望的是杀退辽敌，进享勋爵以光耀门楣。尽管他屡称自己是"鹿门之人"，称自己要为主上杀退辽敌，然后飘然隐退。但笔者认为这只不过是文人的狡黠。

四

崇祯元年戊辰（1628）夏，茅元仪以"浮谭乱政"被贬黜江村，至崇祯四年辛未（1631）春离开江村南下戍闽，三四年的时间里他创作了不少咏怀诗，均收于《石民江村集》，列举如下（诗题后括注卷数）：《此宵》、《感兴》二十首（卷一）；《三黜》（卷二）；《渐喜》（卷三）；《聊比五十韵》（卷五）；《债眠》（卷六）；《偶感》五首（卷七）；《拨闷》（卷八）；《索居》六首（卷九）；《述见》六首；《江村七夕》（卷十一）；《闲居》（卷十二）；《八月朔日随笔》（卷十三）；《中秋日早作》（卷十四）；《羁客》四首；《偶然作》六首（卷十五）；《被逮》（卷十六）；《狱中有述》；《庚午除夕》（卷十七）等。其内容主要可分为两类：一是咏叹村居生活之感受，或闲适或无聊或穷困；二是抒愤。

试看《渐喜》一诗：

> 渐喜春风长蕨薇，孤臣饱食掩荆扉。朝来晴日难辜负，自看山妻浣敝衣。[①]

此诗写食蕨薇，卧荆扉，山妻浣敝衣，完全一幅农居景象。随着春天的到来，元仪暂时放下心中的困顿，倒也体会到村居生活的简单快乐。

再看《闲居》一诗：

---

① ［明］茅元仪：《石民江村集》卷三。

　　良辰胜友两无缘，直北荒原涨野烟。蜡屐出游惟垄畔，邀人剧
话只耕田。残书既束仍抽读，旧稿重删无剩篇。漫说数诗穷鬼饷，
未知将达是何年（诗注：坡公曰："醉翁有言，穷者后工。"今自将达
而诗益工，何也？莫是作诗述篇，以饷穷鬼耶？）。①

此诗浓缩性地描写了茅元仪在江村的生活，郊村僻壤，离群索居，无山水可
游，无胜友相邀，连残书旧稿都是几经检阅了，生活闲得颇有百无聊赖之感。

　　再看《羁客》其一：

　　羁客久无味，寒花又自矜。星光连雪曙，月色入霜凝。童仆如
秋叶，妻孥似病僧。高怀若可忆，应是梦中会。②

《渐喜》作于初春，诗人虽然穷困却也有偶尔的快乐；《闲居》作于秋天，秋高
气爽之日，困顿也显得空旷高远；《羁客》作于冬日，这愁便是灰冷黯淡的，带
有寒意的沉重。随着困羁江村的时间越来越长，茅元仪也越来越不愿忍受
江村的闭塞、生活的穷苦、个人的困顿，然而他无力改变现状，因此，心情愈
加黯淡失落。

　　茅元仪的抒愤之作，主要是抒发其遭遇不公平待遇的愤慨。如《三黜》：

　　蓦地归纶又一番，不知寒为不曾暄。珠钤有裨恩差报，家学传
来道似尊（诗注：一曰"果负韬钤"，一曰"该博有裨军事"，一曰"辑
传家学"，俱今上特褒语）。争借祇赢书满箧（诗注：齐闽争余为帅，
闽人先拜疏，齐人遂见劾），浮谭应罚酒盈樽（诗注：劾疏中语）。茅
庐不厌人三黜，僻径重开柳下门。③

---

① ［明］茅元仪：《石民江村集》卷十二。
② ［明］茅元仪：《石民江村集》卷十五。
③ ［明］茅元仪：《石民江村集》卷二。

此诗作于崇祯元年戊辰（1628），茅元仪以"浮谭乱政"待罪江村时。对自己屡遭中伤，屡遭贬黜，元仪心中充满愤慨，故作此诗。再如《聊比五十韵》五古长篇，诗歌详述自征辽起至今的遭遇，激愤之情更加难以掩抑。首述自己是文人从戎，"鹤书百年稀，为我惊万人。著书三百卷，却以戎事征"。再述渝关战事，接着述思宗褒奖《武备志》"更蒙该博褒，家学许能遵"，得以恢复原官职"身微集高誉，性蹇拂要津"。然而因言"闽祸甚于插祸"，竟被扣以"浮谭"之罪名，"举世玩插汉，插兵较奴精。疥癣视海寇，海寇胎祸深。九死臣不避，一言抗明庭。公卿皆大笑，无疾何呻吟。言路攘袂诟，浮谭乱人心"。元仪对于朝廷官员的短视深感愤怒、担忧，他尖锐地指出，当今秉政者是误辽误国之臣："是时秉枢者，仍是误辽臣。误辽几倾国，哲相返故侵。"他自比田丰，田丰曾进言袁绍，袁绍不听反将之杀害，"本初败官渡，田丰反见憎"。最后言："今且为世弃，弃世须沉瞑。著书苟有暇，终当续酒经。休拟杜征南，聊比软步兵。"[①]借五古长篇来倾吐不公的政治遭遇，这种形式在茅元仪的诗集中颇为常见。通过以上分析，可知元仪贬黜江村期间，大部分咏怀诗着眼于村居生活的悠闲与单调，咏怀抒愤之作比例较小。

五

茅元仪虽然有三次戍闽的经历，但因诗稿亡佚，后两次戍闽时所作诗歌已经不可考了。首次戍闽在崇祯四年辛未（1631）秋，仅三个来月的时间。这段时间，元仪积极活跃地参与闽地文人的社集酬唱，心情总体是愉快的，较少闭门苦作咏怀诗。试看《去浮山堂题壁》一诗：

十旬酣畅足平生，久料临岐重别情。奇石出墙倾入坐，怪松偃领宛如醒。难忘炼句看云起，应记停杯待月明。异日辋川图粉本，

---

① ［明］茅元仪：《石民江村集》卷五。

颇传裴迪句能清。①

此诗作于欲离开闽地回浙江时,浮山堂是曹学佺借给茅元仪的住所。诗歌回忆三个月共处的欢乐时光,并把与闽中诸子的唱和比作王维与裴迪之辋川酬唱。

崇祯五年壬申(1632)至崇祯七年甲戌(1634),两年多的时间内,茅元仪因"海运案"自闽被羁縻回湖州,诏令追赔,家宅田庐尽没,仅以"又岘舟"为家,漂泊江南。崇祯七年春,他终于被赦免,得以重回闽戍所。其间,他创作了非常多的咏怀诗,收入《石民横塘集》《石民又岘集》《石民甲戌集》中。其感情基调低沉,喟叹身世并忧心国事,并逐渐显露出抑郁不得志的衰翁面貌。如《石民横塘集》有:《儦湖上楼久之,悟庚戌冬曾同西玄洞主住此,时壬申首春也》(卷四);《白萍洲口号》十二首、《横塘》、《写怀》、《莫厌》(卷五);《秋闲解嘲》《还石城感旧》(卷六);《萧然》、《冬夜山中》、《偶咏》四首、《埋剑》(卷七);《癸酉元日》《晨起》(卷八);《看邸抄》、《白门感怀》二首(卷十)。《石民又岘集》有:《排昔》、《三年》、《大风变》、《养疴石址旧隐》、《山居》二首、《三年》(卷一)、《癸酉八月朔日》、《四十初度》、《四十生日后作歌》七首、《困追摄自遣》、《写怀》、《苦痁》(卷二);《晚步菽园》《病夫》《一病》(卷三);《病起》(卷四);《冬日杂咏》十首、《早起读书》、《冬日漫咏》八首、《癸酉除夕》五首(卷五)。《石民甲戌集》卷一有《得癸酉十二月戊寅旨,感怆成此》。

先看《儦湖上楼久之,悟庚戌冬曾同西玄洞主住此,时壬申首春也》:

> 翠落珠沉二十年,重来欹枕卧湖边。真真唤应仍长夜,燕燕飞孤更冥天。下地上天无觅处,残山剩水宛如前。半生弹指成何事,徒忆旬郎一惘然。②

---

① ［明］茅元仪:《石民横塘集》卷三。
② ［明］茅元仪:《石民横塘集》卷四。

崇祯五年壬申(1632),茅元仪于西湖度岁,回忆二十多年前与陶楚生度岁于此,正是青春年少、春风得意之时。如今楚生早已化为尘土,自己也从翩翩少年蹉跎成落拓浪子,眼看着年岁老大而一事无成,真有"物是人非事事休,欲语泪先流"之哀伤。诗歌语言鲜活而精到,柔情与惆怅交织,融入很强的时空感、沧桑感,极具感染力。诗歌写得极佳,宛如信手拈来,这就是所谓"情到深处"吧。

明末战事更加频繁,内有李自成等农民起义军东突西窜,外有后金虎视眈眈,朝廷未有一日不用兵。然而晚明颓弱,常常处于被动挨打的局面。元仪对时事心急如焚,奈何身不为用。试看《三年》与《癸酉除夕》其一:

三 年

一自飞鸿被缴缯,三年墙坫不曾登。长闲有似空帏妇,顿冷浑如罢讲僧。尽日记痕程晷转,有时瞠目看云崩。崖州旧路休嫌恶,不愧蒸羊怕集蝇。①

癸酉除夕·其一

羽书四面几时休,直到年除转益愁。幸不乘轩鹤无责,终教雾隐豹何尤。夜春声外干戈沸,寒咏灯前烽燧遒。钟鼓又将冠佩集,谁呕心血奏边筹。②

《三年》是抒发身不为用之愤慨,自喻如空帏妇般长闲无聊赖,如罢讲僧般遭受冷遇。身心无处安适,时间便显得漫长而煎熬,茅元仪只能终日无所事事地消磨时间,同时努力消解自身的愤懑。《癸酉除夕》其一是忧心国事之作,战火沸腾,干戈四起,除夕日,元仪无心度岁,忧愁四顾,遂作此诗。元仪激

---

① [明]茅元仪:《石民又岘集》卷一。
② [明]茅元仪:《石民又岘集》卷五。

愤的心情与对国事的忧虑是相通的。国事危急,他急切地想上战场杀敌,保卫明廷,然而郁郁不得志,故转而为激愤,而对国事也就更加担忧。

也是因为身心受如此打击,茅元仪四十岁便频频叹老了。他曾说:"一身既不用,四十便成叟。"①其《写怀》便是描写老病独居之况,诗云:

> 山水宾朋无复情,默然自起拨哀筝。一秋病榻难胜甲,十载戎旃悔识丁。芸蠹置身聊避死,霜髭吟断匪求名。迂怀岂特难谐世,梦里常同作者争。②

诗中的茅元仪病骨棱棱,髭须苍苍;无以遣怀,遂默然拨哀筝;消磨时日,遂耽癖苦吟,俨然一幅衰翁面貌。这便是茅元仪晚年的形象。

通过分析茅元仪各个阶段的咏怀诗,可以清晰地看到他在不同年纪、不同情景下的不同心态和面貌:二十岁是豪门公子白下游,夜夜秦淮呼捉月;三十岁是激情万丈征辽东,誓扫后金报明主;四十岁漂泊江南,则是半生弹指成何事,颓然老矣一衰翁。

第三节　纪行诗

茅元仪一生四处奔波,沿途皆有所作,故纪行诗颇多。其纪行之作,或记录沿途所见,如《过邹鲁即事》《关外来始见杏花》《黯澹滩谣》《始见昭阳湖一派山色》;或记途中之事,如《池河日暮,系马道旁,同二三子小酌》《戌舟绝粮》;或发历史之幽叹,如《吊李卓老墓》《响屦廊歌》《过首阳山》《黄金台》《刘文靖墓歌》《杨忠愍里歌》《宗将军庙歌》;或抒写旅途之感受,如《见梨花有感

---

① ［明］茅元仪:《次放翁露坐韵》,《石民横塘集》卷九。
② ［明］茅元仪:《石民又岋集》卷二。

往事》、《截雨》、《忆截雨》、《过桐庐作》、《被逮途中作》(三十二首)、《濑上道中》(二首);或简单地记录行程,如《七里滩》《兰溪》《江郎山》等。茅元仪纪行诗虽数量不少,但佳作不多。究其原因,在于旅途匆匆,纪行诗多率意而为,是记录外在世界之笔墨,没有过多涉及内心情感思想。茅元仪并非诗文卓然之大家,游戏率意之诗往往流于平庸苍白。他只有在内心情感涌动之时,才能创作出诗情斐然之佳作,即所谓"情动于中,发诸形外"之理。此处试解读几首写得较好的纪行诗,如《截雨》《忆截雨》:

截 雨

黑烟罩空半天缺,湿松漏石疑剩雪。洞水春木海涛咽,殢雨残红杜鹃血。白龙仰喷山云吐,滑泥漫石石无腑。舆人双肱老桧肤,绝炊垂涎啖龙脯。怒叱青霓盗帝斧,击破溟蒙截飞雨。[①]

忆截雨

乙卯下第后,取道东归,重过濑上作。往有《截雨》,故曰忆。

去年犊车寻旧侣,细揉春云漏春雨。今年囊剡涉旧浦,秋鬼叫空夜枭怒。蜀弦忽绝残脂褪,万里凄迷追亡虏。六丁莽拆升仙桥,踟蹰道旁驻废圃。欲言不言青树洞,飞光按辔天嗔煮。短髻强挦斗花须,遮莫百鹣鹇鸽舞。海穴素影照女女,深红浅红怜自语。料应天外有愁人,不道门前立怨旅。[②]

《截雨》作于万历三十二年甲寅(1604),是茅元仪往濑上(今江苏溧阳)访宋献时所作。《忆截雨》是万历三十三年乙卯(1605)下第归,取道濑上而作。《截雨》以雄奇之语言、怪异之意象描写暴雨之滂沱,有唐人韩愈雄奇怪诞的

---

① [明]茅元仪:《石民赏心集》卷二。
② [明]茅元仪:《石民赏心集》卷二。

诗歌特点。《忆截雨》诗风延续《截雨》，揉入落第失落的心情，增添了郁塞之气，意象同样诡异，语言转而为凄艳。《截雨》诗似韩愈之雄奇，《忆截雨》则略具李贺之诡艳。此两种风格的诗歌在茅元仪诗中并不多见，偶尔为之，也能写得气象万千，可称为特色之作。

再看其《过邹鲁即事》一诗：

> 驱车过广原，绝徼在田园。鸡犬嘶戎马，弦歌起戍屯。新蒿萦磷火，败灶馁游魂。行乐当年日，何人信此言。①

此诗是天启三年癸亥（1623），元仪前往渝关，途经邹鲁时所作。诗歌描写邹鲁农村遭到战争破坏的景象，农村残败，战殍满地，一片荒凉寥落。显然是茅元仪首次见到如此触目惊心的景象，故发出"行乐当年日，何人信此言"的感慨。

再看其《归范阳》一诗：

> 今朝破晓度回塘，督亢图中设色苍。旋辱旋荣无感慨，忽离忽聚略微茫。傲辞上相应同罪，放署弹章得共香。小妇不须偷泪眼，十年前已健儿装。②

此诗作于崇祯三年庚午（1630）冬，茅元仪被逮释放后，改为戍闽。他自京师归范阳，欲与定兴诸友道别。写作此诗时，元仪尚沉浸在"旋辱旋荣"的遭遇中，尽管他说"无感慨"，努力使自己平和沉着，诗中的激愤却遮拦不住，把他内心的感受完全泄露了。此诗虽为纪行诗，却也可把它归为咏怀诗。

---

① ［明］茅元仪：《石民渝水集》卷一。
② ［明］茅元仪：《石民江村集》卷十七。

第四节　和古诗

　　和古诗，即追和前代诗人之诗。茅元仪有为数不少的和古诗。因追和不同的诗人，无法像苏轼追和陶渊明诗歌那样冠以"和陶诗"之名，故统称为"和古诗"。茅元仪频繁创作和古诗始于待罪江村时，这也是其和古诗创作数量最多的阶段。江村闭塞、穷落，元仪亦没有过多朋友可交游。贬黜期间，他闭门读书，有所感，即命笔和之，遂创作了不少和古诗。往后亦陆续有作，集中为追和陆游之诗。

　　茅元仪追和古诗人的频率依次为：陆游 14 题 50 首、苏轼 9 题 14 首、王世贞 4 题 11 首、柳宗元 4 首、梅尧臣 2 题 10 首、韩愈 2 题 5 首、刘因 1 题 9 首、杨载 1 题 9 首、范仲淹 1 题 4 首、秦观 1 题 4 首、吕温 1 题 4 首、唐人 1 题 4 首、司空图 1 题 3 首、王守仁 1 题 2 首、王安石 1 题 2 首、白居易 1 题 2 首、陈师道 1 首、高适 1 首、赵孟頫 1 首、欧阳修 1 首、周必大 1 首、唐武人王彦威 1 首、朱文宁 1 首等，共 23 人 144 首。茅元仪作和古诗有两种情况：一是恰巧在读此诗人的作品，有所感即命笔和之，如《读坡公语因忆故乡》《嘉靖己巳，王元美尚书过于廷益太傅墓有作，盖相去两甲子矣。今年己巳为三甲子，偶阅元美诗，感而和之，次其原韵》；二是在某种情景下，与古人的某句诗共鸣，遂追和之，如《罪出，追和赵子昂韵》《放翁新秋以"窗里人将老，门前树欲秋"为韵作小诗，秋舻病卧，遂踵其韵》（十首）等。

　　茅元仪的和作往往不如原作好，其原因大概有二：一是被形式束缚，难以发挥；二是和作缺乏足够的感情张力，因此难以媲美原作。元仪的诗歌创作并非以技巧取胜，他只有在感情充沛的前提下，寻找到合适的表达形式，才能创作出佳作。因此，要写出好的和古诗，对元仪而言，不仅要有足够的情感支撑，还需要找到得心应手的表达形式。两个条件同时满足比较困难，故茅元仪的和古诗总体水平一般。从创作态度而言，茅元仪的和古诗有不少是游戏之作,率意为之,如追和王世贞、司空图、杨慎、白居易、吕温以及苏轼的部分和作,当然水平也就不高了。

试看元人赵孟頫的《罪出》与茅元仪的和作:

罪　出

在山为远志,出山为小草。古语已云然,见事苦不早。平生独往愿,丘壑寄怀抱。图书时自娱,野性期自保。谁令堕尘冈,宛转受缠绕。昔为水上鸥,今如笼中鸟。哀鸣谁复顾,毛羽日摧槁。向非亲友赠,蔬食常不饱。病妻抱弱子,远去万里道。骨肉生别离,丘垄谁为扫。愁深无一语,目断南云杳。恸哭悲风来,如何诉穹昊。(赵孟頫《松雪斋集》卷二)

罪出,追和赵子昂韵

摧折复摧折,已为凌霜草。孤生九死余,掉首亦非早。如何凤凰鸣,忽然感怀抱。买山业垂就,誓墓复不保。一出似春蚕,吐丝自缠绕。凤凰下岐周,所从有百鸟。鸱枭恶幺凤,独使毛羽槁。幺凤亦五色,所志岂求饱。草木有臭味,况益君臣道。我欲问皇天,浮云不可扫。不忍枭屠夷,独忍凤孤杳。凤来彼命之,凤自扣苍昊。[①]

同为罪出,抒写怀抱之作,然两诗一比读,可发现赵孟頫之作的水平比茅元仪的高出许多。赵孟頫原作诗情真挚感人,语言古朴流畅。诗歌感情节奏与语言能很好地配合,使读者顺着语言逐步体味其越来越浓重的感情,进而为之唏嘘不已。此诗称为名作,当之无愧。与赵孟頫原作优点相比,茅元仪诗作稍显不足,诗人抒写孤愤,然诗情或稍嫌突兀,甚或有断裂之厄。如"买山业

---

① [明]茅元仪:《石民江村集》卷六。

垂就,誓墓复不保"两句,诗歌本事是元仪曾营包山欲隐居于此,后来母亲病亡守孝,包山遂为人所占。此两句诗与前面诗句的情感是断裂的,与后面的衔接亦显得生硬。另一不足是与原作的具象委婉相比,和作以枭、凤之事为喻,显得空泛而单薄,并有落入窠臼之嫌。元仪向来不善作古体诗,其古体诗面貌大体是语言笨拙,意象陈旧,结构老套,诗情空泛而无当。这或许是他早年练习诗歌创作的套路,遗憾的是他一直无法完全跳出此框架。

茅元仪被贬黜江村,描写农家生活,有《四时田家乐,追和梅圣俞韵》(四首)、《禽言六首,前四首追和梅圣俞韵》、《禽言》(四首)[①]等,写得生动可读,颇有农家趣味。试看梅尧臣原作《田家》其四与茅元仪的和作:

田家·其四

今朝田事毕,野老立门前。拊颈望飞鸟,负暄话余年。自从备丁壮,及此常苦煎。卒岁岂堪念,鹑衣着更穿。(梅尧臣《宛陵集》卷一)

四时田家乐,追和梅圣俞韵·其四

妇女对我嬉,童稚舞我前。俱云田事毕,可以乐余年。余年诚可乐,闲饱翻心煎。编茨苟已竣,弗忘新渠穿。[②]

诗歌描写田家农事忙完,得以安闲度年之乐。梅尧臣之诗刻画老农形象,写得古朴浅淡。茅元仪之诗则取妇女、儿童欢快之景象,写得活泼生动。

晚年,茅元仪追和陆游之作颇多,如《陆放翁有"一任痴顽不识愁"句,赴狱时为足成二绝》、《幽居,追次陆放翁韵》(五首)、《陆放翁有句云"亦悟百穷缘肮脏,终羞万事学低摧",偶感,演呈季父孝若先生》、《夏夜追次放翁韵》

---

① 以上三题分别见[明]茅元仪:《石民江村集》卷三、卷五、卷十九。
② [明]茅元仪:《石民江村集》卷三。

（四首）、《放翁以"窗里人将老，门前树欲秋"为韵作小诗，病中有感戏和之》（十首）①等。陆游一生爱国，主张抗金杀敌，收复中原。中年投笔从戎，入蜀抗金。晚年乡居山阴（今属浙江绍兴），仍时时不忘收复失地。茅元仪屡遭打击后，从陆游身上找到精神共鸣。同样希望为国杀敌，同是文人从戎，同是抑郁不得志，诸多共同点，让元仪屡屡命笔和作。试比较陆游《露坐》与茅元仪《次放翁露坐诗韵》：

露　坐

此手乃可怜，经月不把酒。著书又苦晚，何以图不朽。空庭坐三更，磊落垂北斗。向来历关河，万里空回首。岂知三十年，竟作越中叟。后生虽满眼，非复旧交友。形体迫衰谢，妻子亦何有。怅望怀古人，吞声死农亩。（陆游《剑南诗稿》卷三十）

次放翁露坐诗韵

少小欲有为，经年绝卯酒。迩来差可闲，酒肠先已朽。当时甲马意，亦岂在升斗。昨夕看除书，矫矫腾龙首。此身既不用，四十便成叟。途衰怀旧切，无复平生友。故物止参篇，弃置亦何有。县官掷东陲，老夫保南亩。②

陆游之诗抒写自己一生戎马倥偬，然而转眼成老叟。旧友凋零，妻子亡故，自身也已衰老。欲著书以不朽，却苦年岁已大。衰然老翁，面对已逝岁月，颓然而叹。崇祯六年癸酉（1633），茅元仪困居江南，处境、心态与晚年陆游十分相似。此诗亦是感叹岁月流逝，有为少年蹉跎成衰翁之颓然境况。茅元仪年少时，锐意进取，不沾卯酒。转眼四十成老叟，人生不得意，壮志未

---

① 以上首题见［明］茅元仪：《石民江村集》卷十六，第二、三题见《石民横塘集》卷七，第四、五题见《石民又岘集》卷一、卷二。

② ［明］茅元仪：《石民横塘集》卷九。

酬,友朋凋零,徒叹光阴虚掷。诗情真切感人,不输原作。

再看陆游《幽居》其一与茅元仪和作:

幽居·其一

穷老苦畏事,雅意在丘壑。结茆镜湖上,卒岁安寂寞。有门常懒开,壁间挂双屐。犹恨未远人,静夜闻城角。(陆游《剑南诗稿》卷二十八)

幽居,追次陆放翁韵·其一

盗贼满天下,我身闲一壑。可怜马上儿,犹笑我寂寞。昨有巢栖者,寄我双木屐。将无青城近,尚闻鼓与角。①

陆游《幽居》其一表达其晚年结茅镜湖,寂寞闲居之态。末句"静夜闻城角",透露其关切国事之情怀。诗歌写得幽静闲澹。茅元仪之诗首联写明廷内外交困之危急,自己却只能困居江南之残山剩水。欲抒写幽居寂寞之怀,却无寂寞闲澹之心境。故诗虽名为"幽居",诗歌却写得嘎嘎不平,呈现出与原作完全不同的气象。

第五节　纪梦诗

据笔者统计,茅元仪现存诗集中共有84题92首纪梦诗,相对两千多首的诗歌总数而言,所占比重并不大,但是"纪梦诗"这一形式和其承载的内容却颇值得注意。梦是心灵的思想,是人类情感的秘境。茅元仪的纪梦诗同样承载着其最隐秘的思想和最深沉的感情。茅元仪的纪梦诗抒写于不同的

---

① 〔明〕茅元仪:《石民横塘集》卷七。

人生阶段,所记录的梦亦千奇百怪,不过总体上可归结为三个主题:怀念亲人好友、忧虑晚明战事、抒写隐居之夙愿。

一

　　第一类纪梦诗是为怀念亲人好友而作。这类纪梦诗数量最多,且创作时间持续一生。如:《石民赏心集》有《下第后梦费元朗》(卷三)、《梦董遐周》(卷四)、《梦王子云》(卷六);《石民渝水集》有《甲子正月初三夜宿中前所,梦王季木》(卷二)、《宁远梦谭友夏》(卷二)、《宁远梦夏长卿得"词微涕泪交"句,寤而成之》(卷二)、《梦楚生病时》(卷四);《石民西崦集》有《梦沙宛在》(卷一)、《梦王十七考功因寄》二首(卷二)、《梦过鹿伯顺枢曹田间》(卷二);《石民江村集》有《己巳二月念七早梦黄贞父先生命和古刹诗,得霜老二句,寤而成之》(卷三)、《梦弟》(卷五)、《昼寝梦闵昭余督府过先人于草堂,小子同缮部伯兄迎侍》(卷六)、《梦远士》二首(卷八)、《梦阮寄卿》(卷八)、《梦见王子云于孙启泰所,握手号泣,被内人推觉。因感鹿伯顺昨年梦别》三首(卷十五)、《梦远士草堂有虬松数十株,手自删洗为赋一律,觉而忘之,乃补作》(卷十八)、《梦倩公》(卷十八)、《梦先友范东生,借先友邹彦吉家乐宴集》(卷十九)、《梦先友何玉长,抚枕作短歌》(卷十九);《石民横塘集》有《述连夕梦见亡友傅远度》(卷三)、《梦过鹿伯顺江村草堂》(卷三)、《舟中梦在都下与曹元父、宋献孺极饮,因议招马时良、梅季豹明会崇国寺。觉时,手削犹在目也》(卷三)、《梦高阳公》(卷三)、《梦倩公》(四首)、《梦同曹能始观察及三山宾从饮徐兴公家,甚乐也。起而怅然,遂成长律》(卷六)、《壬申十月廿四夜,梦江村诸故人》(卷七)。再如:《石民又峣集》有《舟中昼寝,梦亡友宋云公待诏》(卷一);《石民甲戌集》有《梦稽湛侯》(卷四)、《述梦高阳公》(卷四)、《梦谭友夏》(卷五)等。上述所列众多梦亲友之诗,透露出茅元仪内心情感的丰富,以及他对亲人、朋友的重视。

　　茅元仪的爱妾陶楚生早亡,其倩影令茅元仪魂牵梦萦、追思不已。他作

有《梦楚生病时》、《梦倩公》、《梦倩公》(四首)①等梦陶楚生之诗,试看其中二首:

梦楚生病时

萧瑟罗帏黯淡衾,无言无泪意深深。分明十二年前事,梦到而今恨到今。②

梦倩公·其一

梦见分明酒散时,旁人私拟结缡期。霜亭雪驿三千里,呜咽明珠寄恐迟。③

《梦楚生病时》作于天启五年乙丑(1625)春夏之交,茅元仪入幕征辽之时。十二年前,茅元仪年仅二十。当时陶楚生病重于金陵,他正带着杨宛回归安探视母亲丁氏,未得陪伴在楚生身旁。因此,楚生病亡,茅元仪满怀愧疚。梦中,楚生病体怏怏,柔弱不堪,尽管无言无泪,却能让元仪感受到她的深情。"分明十二年前事,梦到而今恨到今",可见元仪内心对楚生的愧疚未曾释怀。《梦倩公》(四首)作于崇祯五年壬申(1632)秋,元仪因"海运案"困顿江南时。倩公④,即楚生。元仪因思念而梦,梦觉后再述相思之情。此诗所梦即万历三十八年庚戌(1610)冬,两人西湖相聚相守之情景。二人情投意合,柔情蜜意,羡煞旁人。只是岁月徒逝,佳人不再,惟有一腔遗憾聚结心中。元仪另有《傲湖上楼久之,悟庚戌冬,曾同西玄人住此,时壬申首春也》一诗,曰:"下地上天无觅处,残山剩水宛如前。半生弹指成何事,徒忆旬郎

---

① 以上三题分别见[明]茅元仪:《石民渝水集》卷四、《石民江村集》卷十八、《石民横塘集》卷六。
② [明]茅元仪:《石民渝水集》卷四。
③ [明]茅元仪:《石民横塘集》卷六。
④ 茅元仪《携家至闽》一诗曰:"犹慊长沙盼淮海(诗注:指倩公),不堪其雨怨朝阳(诗注:指宛叔。用用修黄夫人事)。"可知茅元仪称楚生为"倩公"。见《石民江村集》卷二十。

一恫然。"①把这种时光消逝、物是人非的忧伤表达得淋漓尽致。

茅元仪在为其母丁氏守孝期间墨縗赴军，因此对她怀有抹不去的愧疚。试看《梦后作》一诗：

> 平生缺欠事，不在奇行间。将母终不遑，两穴成流泉。昨宵忆
> 母老，鼎养将无年。弃笈谢徒侣，决策归东田。致君付公等，隐约
> 心旷然。母颜安且愉，志足欲飞骞。畴知终天恨，即在短檠前。②

梦中，茅元仪迎养老母，使其得以安享晚年。此梦说明现实中，元仪对不能亲养母亲，令其安度晚年而感到自责、遗憾，因此取偿于梦境。元仪诗中屡称自己"负母"，自责甚严，如"一剑酬君日，三年负母身"③、"只恐负亲兼负主"④、"未得酬君先负母，何心报国复封侯"⑤、"羡君独不负君亲"⑥等。

此外，茅元仪对谭元春、傅汝舟、王一翥等友人亦时有纪梦之作，如《宁远梦谭友夏》《述连夕梦见亡友傅远度》《梦王子云》⑦，对他们思念甚深，诗作感情真挚。

二

第二类纪梦诗的主题为忧虑晚明国势、战事。如：《石民渝水集》有《五月初七夜，梦有金牌之事，一恸而寤，述以识妄》（卷四）、《梦念三日督三军毕渡三岔》（卷五）；《石民横塘集》有《梦于京师见杨修龄少保被逮，至晤语寰

---

① ［明］茅元仪：《石民横塘集》卷四。
② ［明］茅元仪：《石民横塘集》卷六。
③ ［明］茅元仪：《赴军》（二首其一），《石民渝水集》卷四。
④ ［明］茅元仪：《简鹿伯顺职方》，《石民渝水集》卷五。
⑤ ［明］茅元仪：《募楼船，暂省先墓。与弟远士一握手耳，诗以别之》，《石民渝水集》卷三。
⑥ ［明］茅元仪：《清源逢宋献孺，时同为督师幕僚。余以督楼船戎车墨縗赴军，献孺新闻讣归，盖甲子九月也》（二首其一），《石民渝水集》卷四。
⑦ 以上三题分别见［明］茅元仪：《石民渝水集》卷二、《石民横塘集》卷三、《石民赏心集》卷六。

瘳。少保以秦寇逮,度此时已对簿矣》(卷三)、《二月念八日昼卧,梦徐兼虞中丞问平齐寇策,援笔答之,投笔而寤》(卷四)、《七月初三日假寐,见孙启泰貂帽狐裘驰马野外,颇疑北耗,怆成短歌》(卷五)、《七月十五夜梦孤城,忽报虏围,诀妻孥,易急装,携东便门匕首以登城指麾》(卷六);《石民又岘集》有《梦高阳公集诸将校射》(卷三)、《梦前辽师赵明吾》(卷二)。晚明战火四起,形势危急,茅元仪对国事忧心如焚。所谓"日有所思,夜有所梦",正是平日对战事的关注、积累,使其晚上频频有"铁马冰河入梦来"之奇伟梦境。

试看《七月十五夜梦孤城,忽报虏围,诀妻孥,易急装,携东便门匕首以登城指麾》一诗:

> 白沙直千里,孤城如夜光。依草聊自适,群儿奔仓皇。团围会妻子,传觞分炙羊。角声迸地起,甲士纷趋跄。犬羊辇冲车,鲸鲵凌子墙。我亦携健剑,麾叱气洋洋。回头语妻子,胜负未可量。与子从此诀,积草塞户阳。贼退合笙歌,治酒乐中堂。万一或差跌,枕死亮何妨。我剑誓不辱,紫电烨秋霜。自出东便门,身已付封疆。今日亦后矣,生死盖寻常。慷慨儿女事,从戎易戎装。抚枕三太息,痼癖此痴肠。不悟成败后,谩口俱沸扬。①

此诗作于崇祯五年壬申(1632)。此年,战事更频繁,国势更危急。后金军紧逼不放,农民起义之火遍地燃烧,又逢孔有德、耿仲明等叛将大乱山东,明廷已经疲于应付。茅元仪困居江南,报国无门,沮丧万分。他在现实中碰壁,却在梦中实现了保家卫国之愿望。诗歌描述了清晰的梦境:敌人围城,众人仓皇,甲士急起御敌,形势十分之紧急。元仪携健剑,着戎装,辞别妻子,登城指挥,誓死抗虏。梦醒后,知道仅是自己的一片痴心,不禁抚枕三叹。此类纪梦诗透露出茅元仪强烈的忧国之情及热切的用世之心。

---

① [明]茅元仪:《石民横塘集》卷六。

三

第三类纪梦诗抒写个人隐居之夙愿,如《梦天台》《述梦》《记八月十一日梦》《梦虚白道人》《纪舟中梦》①等。此类诗歌尽管数量不多,却为我们打开了茅元仪的另一个精神世界。元仪渴望建功立业,显名于时,是一个积极入世之人。这几首诗却让我们发现其内心深处对隐逸生活的渴望与向往。

试看《梦天台》《述梦》二诗:

梦天台

宿生殊不忘,曾隐天台间。片席坐十载,一壁隔万山。继而诛茅构,斗室层峰环。恍恍如有得,忽堕仙官班。……于今三十载,时梦旧隐闲。昨夕军书急,假寐度重关。忽复携妻子,登摄绝援攀。上有阁与榭,缘壁苔纹斑。下有洞流响,中立一白鹇。如客归吾庐,呼童辟草菅。高咏谢尘世,孤榻对潺湲。方为终焉计,梦觉徒潸潸。②

述梦

昨夕梦胡僧,自矜相人术。云我似陶潜,千年形影一。起视漉酒巾,湿如柴桑日。再顾床头琴,无弦亦相匹。折腰稍愈之,三径同萧瑟。独称晋处士,令我心魂逸。③

《梦天台》作于茅元仪征辽之时。诗歌描绘天台山之景色与诗人隐逸之情怀,十分高逸出世。末以追求隐逸而不得之遗憾作结,点出在仕隐问题上茅

---

①　以上五题分别见[明]茅元仪:《石民渝水集》卷四,《石民西崦集》卷一,《石民江村集》卷十三,《石民又岘集》卷一、卷二。

②　[明]茅元仪:《石民渝水集》卷四。

③　[明]茅元仪:《石民西崦集》卷一。

元仪内心的冲突。《述梦》作于元仪隐居西崦石址山之时，梦境奇特。此诗可见茅元仪对千古隐逸诗人陶渊明之推崇，以及其对高蹈隐逸生活之向往。

第六节　时事诗

时事诗，顾名思义，是记录国家社会所发生之重大事件的诗。茅元仪一生关心边事，亲历战场，忧心国难，创作了许多时事诗。这些诗或述辽东局势，或言魏珰祸害，或焦虑"登莱之变"，或担忧农民起义军之破坏。如：《石民渝水集》卷五有《十三山》（有序）、《于子章》、《马家湖》，卷六有《闻觉华岛破》《泇口纪梦》《泇口纪事》；《石民江村集》卷一有《丁卯贺长至，是日闻区处逆珰之报。追忆昨年此日，因次前韵》、《闻诛逆珰》、《阜城谣》（有序），卷二有《范阳三烈士咏》（有序），卷四有《二十八忠诗》（有序，二十八首）、《三奇诗》（有序，三首），卷七有《闻东帅不赴调，至烦督府渡海》，卷十一有《闻督师戮东帅》，卷十五有《闻黔捷闽警》，卷十六有《解兵柄后闻岛变》；《石民横塘集》卷三有《纪何将军事》，卷四有《登州变，寄张文寺》，卷六有《阅邸抄，见吴大将军襄已自戍籍起，辗然成此》《闻东师大捷，喜甚，戏成二绝，寄吴大将军襄》，卷七有《闻中原盗贼围怀庆甚急，怀尹星麓使君》，卷八有《闻台警》；《石民又岘集》卷二有《闻孔有德引虏破旅顺，黄大将军龙死之，恸哭成此》《寇虏并急，病榻怅然》《夜泛吴门，时方有义兴之变》《阊阖城下闻鸡荒》，卷三有《闻虏警》（二首）等。

天启七年丁卯（1627），思宗即位，迅速铲除魏忠贤及其党徒，举国欢腾。茅元仪深受魏忠贤迫害，闻及此事，心情非常激动。试读两诗：

丁卯贺长至，是日闻区处逆珰之报。追忆昨年此日，因次前韵

率土欢呼万岁觞，荔衣也换拜新皇。栅鸡笠豕今朝放，自此方

知化日长。①

闻诛逆珰

诛莽新纶下九阍,儿童也解贺蓬门。笑歌只与平常似,枕畔朝来无泪痕。②

这两首诗均表达了魏忠贤被铲除后茅元仪内心的狂喜。通过对老百姓、儿童、家禽的描写,描绘出铲除魏忠贤后,普天同庆的喜悦。

魏忠贤被诛后,人们开始为魏忠贤乱政期间遭到迫害的朝臣士子平反。茅元仪追和孙承宗《三十五忠诗》,作《二十八忠诗》,追悼二十八位遭魏忠贤毒手的正直士大夫,如万璟、杨涟、左光斗、魏大中、周顺昌等。试读《万郎中璟》:

自杨副院以二十四罪首攻珰,举朝和之。相广征辈劝以杀止攻,然珰未敢也。适君疏上,责以闲曹干誉,遂杖死阙下。举朝之攻不戒而寂。珰始信其言可底行。屠戮之祸始此矣。

要人犹畏谏官侪,先借郎中试玉阶。万口噤声君死后,始知脆骨任安排。③

诗歌写得激愤不平,奇气盎然,既对万璟表达敬仰悼念之情,同时又狠狠地批判了朝官的畏缩、无能。

崇祯二年己巳(1629),督师袁崇焕擅杀岛帅毛文龙。茅元仪深感震惊,作诗《闻督师戮东帅》:

---

① [明]茅元仪:《石民江村集》卷一。
② [明]茅元仪:《石民江村集》卷一。
③ [明]茅元仪:《石民江村集》卷四。

> 东来消息渐闻真,可为吞胡志欲申。木叶城边明律令,梨花枪
> 底失精神。九年兴废如痴梦,一日权豪失贡臣。只怪无双称国士,
> 如何借绯饵他人(诗注:督师奏加宋献孺郎中,司河东饷。毛帅因
> 不疑渡海)。①

首句"东来消息渐闻真",点出毛文龙被杀之事完全出人意料。"可为吞胡志欲申",顺着第一句说明袁崇焕抗击后金的决心,虽然为正面肯定之说,言语间却透露出诗人的隐情——并非真正地认同袁崇焕的行为。颔联写袁崇焕杀毛文龙之情景。颈联写毛文龙九年悬身海外,经营皮岛,牵制后金之举。转眼人被杀害,东江被毁,一切灰飞烟灭。尾联批评袁崇焕用计杀毛文龙之举,非君子所为。

通过以上分析,可知茅元仪的时事诗多以国家大事为题材,诗歌风格多高昂激愤,透露出他时刻跳动着为国担忧之雄心。

关于茅元仪的诗歌创作,朱彝尊称:"特下笔未能醇雅。盖竟陵之派方盛,又与友夏矜契,宜其染素为缁矣。"②视他为竟陵中人。事实上,茅元仪歆服谭元春,却并非严冷之人。其诗风或雄浑,或真挚,或清丽,非竟陵诗风所能囊括。而诗风的不同,当归因于茅元仪与竟陵派诗人对诗歌的社会功能在认识上存在的极大差别。

钱谦益对竟陵诗风的评价是"思别出手眼,另立幽深孤峭之宗""以凄声寒魄为致""以噍音促节为能"③。陈广宏认为此评价尽管极端,却非无的放矢。竟陵派诗歌创作确实体现出凄清荒寒之情韵风调。④ 此外,他还认为竟陵派诗人的诗歌创作走的是"隐逸诗人"之路,与正统士大夫要求诗歌承担

---

① [明]茅元仪:《石民江村集》卷十一。
② [清]朱彝尊:《静志居诗话》卷十九《茅元仪》。
③ [清]钱谦益:《列朝诗集小传》下《钟提学惺》,第 570 页。
④ 陈广宏:《竟陵派研究》,复旦大学出版社 2006 年版,第 438 页。

社会功能之追求不同。"像钟惺、谭元春的作品中实际上也不乏关心社会现实的内容。但是,他们的诗集创作在表现'幽情单绪''孤怀孤旨'之趣尚的导引下,距离正统士大夫对诗歌的功用要求还相差太远,他们所走的毕竟是个人全身而退的'隐逸诗人'那一条道路,更多的是自我内心深处隐微的'虚怀''幽愿'之呈露,体现的是衰飒、凉薄的生命精神征象,对于这样一种'性情'表现,那些主张诗歌须忧时托志、助宣政化的士人必然会提出质问。"[①]

显然,茅元仪并非走"隐逸诗人"路线,他认同"诗言志",主张诗歌应该担负社会责任,这点可从他的诗歌创作中看出。如其《二十八忠诗》序称:"其人各有小序,间自叙交情,亦或稍补遗事,总以备掌故云尔。"如他在《哀客部》序中亦称:"他日采风者,或有及焉。"此类诗歌甚多,不一一列举。由此可知,茅元仪在诗歌创作上,主张诗歌承担社会责任的意识很明确。同时,茅元仪的诗歌有很多时事题材,这也说明他主动关心政治、回应社会,这样的行为也非"隐逸诗人"所有。

---

① 　陈广宏:《竟陵派研究》,复旦大学出版社 2006 年版,第 486 页。

第四章　茅元仪散文研究

　　茅元仪著述宏富,曾自述四十岁之前著有诗文外集三百卷,其中诗集五十二卷、文集一百四十八卷、杂著等外集一百余卷①。现存文集有《石民未出集》《石民四十集》两种,是本章研究重点。其他杂著如《督师纪略》《平巢事迹考》《青油史漫》等十余种作品,以文献价值和史学价值见长,留待日后研究。

　　《石民未出集》三种二十卷,包括《冒言》四卷、《霍谋》十三卷、《靖草》三卷,著于茅元仪未出仕之前,即他三十岁之前。《冒言》讨论如何增加边饷收入的十八条举措,《霍谋》《靖草》是阐发军事思想和干谒用世的书信集,均刊刻于天启七年(1627)。崇祯六年(1633)茅元仪刊刻《石民四十集》时,将《石民未出集》内容悉数收入,其中《冒言》仍独立成卷,《霍谋》《靖草》各篇分散归入"书"体,不再保留原貌。因此,茅元仪散文研究以《石民四十集》为主要研究对象。

　　《石民四十集》共九十八卷,四十五万余字,汇集茅元仪四十岁之前所著文章,是考察茅元仪一生行藏、军事政治韬略和文学思想最重要的作品。茅元仪称:"仆十一岁学为制举文,十三四学为古文词,今所存箧中者尚有十八九时作。且行年四十矣,文不加进,岂尤未老耶?……乃汇至四十除而

————————————

① 〔明〕茅元仪:《与潘木公书》,《石民四十集》卷七十七。

止……姑名曰《四十集》。"①

《石民四十集》众体兼备,有疏、上书、序、记、墓志铭、墓表、行状、行实、传、论、策、书、考等十余种体裁;内容广博,既有展现茅元仪文学思想的文序诗序,也有展现他对晚明政局、军事和经济见解的疏、论、尺牍,还有记录日常生活、家庭关系和社会交往的记、传以及其他文体;文风畅达,言之有物,体现了茅元仪经世致用的文风追求,与晚明空疏的文风有很大不同,不少文章写得生动机警,不失为佳构。从后世传播来看,《石民四十集》具备良好的思想价值、文学价值和文献价值。

第一节　茅元仪散文的主要内容

茅元仪《石民四十集》共九十八卷,构成情况如下:疏五卷,皇帝上书一卷,《冒言》三卷,序十三卷,记三卷,墓志铭(表、碑)三卷,传五卷,行状行实五卷,论三卷,《武备志》引文八卷,议六卷,策一卷,书(尺牍)三十九卷,考二卷,志一卷。其内容可大致归纳为五个方面:一是尺牍;二是序体,主要是文序诗序;三是记体,即记事之作;四是传、墓志铭、行状行实等记人之作;五是政论文以及《武备志》引言、《冒言》。本节围绕以上五个方面做分析解读。

一、尺牍

尺牍,作为古人思想情感交流的重要载体,其价值历来受到研究者的重视。《石民四十集》中,尺牍篇幅最大,共 39 卷,收录茅元仪所写书信 237 封。数量众多的尺牍,既有助于了解茅元仪的交游和社会关系,也有助于探究其思想情感。依据尺牍往来对象,可将其大致分为三类。

---

① 〔明〕茅元仪:《四十集序》,《石民四十集》卷首。

（一）与当朝官员的书信往来。茅元仪自幼承袭家学，在军事和历史方面很有造诣，自称以"文学经济名其家"。在三十岁未出山之前，因辽东战事起，特别是万历四十七年（1619）萨尔浒大败，致使朝野震惊，茅元仪感叹"朝野之间莫或知兵"，因此"竟平生之学"，历时三年辑成《武备志》，希望借此加强明朝的军事武备，也希望自己能有机会效力朝廷。其间，他频繁通过书信向当朝官员毛遂自荐，一方面阐述对天下局势特别是辽东战局、白莲教、西南危机的分析，为强兵、强将、裕饷出谋划策，另一方面积极推介所编兵书《武备志》，请求有名望之人作序。这时期的书信汇编而成《藿谋》《靖草》。以"知兵"闻名后，茅元仪在天启三年（1623）后两次赴辽入幕，其间与当朝官员仍有不少书信往来，或答复官员关于边事的咨询，或商量抗金对策，或汇报边关情形，或因受到诬陷牵连请求帮忙等。书信往来的对象包括首辅叶向高、督师孙承宗、蓟辽总督王象乾、兵部尚书阎鸣泰、礼部尚书兼东阁大学士徐光启、吏部尚书孙玮等数十人。

试以与叶向高书信略作分析。天启元年（1621），叶向高第二次任首辅。茅元仪先后与他书信往来十二通。首通书信向叶向高阐述自己对执政之道的见解；第二通书信围绕辽东边防展开；第三通书信阐释应重视西南地区的军事危机；第五通书信向叶毛遂自荐，称自己能"一人以挽天下"；第六通书信对旧京（南京）防务提出建议；第七通书信婉拒叶向高让其入京等待擢用的建议。以上书信都写于他未入仕之前。写第八到十一通书信时，茅元仪已赴辽东入孙承宗幕府，多次向叶向高汇报在孙承宗经营下辽东日渐改观的局势，包括宁远的防御工程、兵力士气、敌我态势以及对将领的评价等。第十二通详细解释孙承宗派遣他下江南募船的目的、困难以及自己的担心等。这些书信成为叶向高了解边务、掌握军情非常重要的渠道。在第十通书信中，茅元仪还恳请叶向高继续留在朝中，让远在边关的孙承宗有所倚靠，过一两年再退隐归田，"督师公所以一意在外者，唯相公主籍是倚。相公明农之兴，再迟一二载，可见故疆尽复，而后问福庐旧隐"。这些书信对于研究晚明辽东局势具有较高的史料价值。

茅元仪写给孙承宗的书信有八通。这些书信把两人由浅到深的关系曲线清晰地勾勒出来。初相识时，茅元仪向孙承宗表达倾慕之情，认为有孙承宗则天下不足忧，并向其献谋国定边之策。有了进一步了解后，孙承宗视茅元仪为"国士"，茅元仪也认为知他最深、信他最笃者是孙督师，愿"效死前驱"为他所用。之后，茅元仪在母亲热孝期间，得到孙承宗起用，他"朝闻命而夕就道"，远赴辽东共图征虏大业。辽东三年相知日深，孙承宗对他充满信任并给予支持，采纳了茅元仪的许多计策；茅元仪则视孙承宗为严师慈父。在被权奸中伤与孙承宗双双离开辽东时，茅元仪充满不舍与失落，"老师未出而元仪望用于人乎？人能用其身，而必不能用其心、用其言"，离群索居之时，写信向孙承宗倾诉私衷，表达不愿轻易为他人所用的想法，并感叹想要渡过辽河、驱逐后金，只能在梦中了。

（二）与朋友的书信往来。茅元仪好交友，自称"仪交天下士众矣"，《石民四十集》中与他有书信往来的朋友有数十位，包括但不限于钱谦益、曹学佺、孙奇逢、陈继儒、谭元春、汤显祖、李维桢、文震孟、邹迪光、傅汝舟、邓镁、鹿善继、屠畯。

这些尺牍的内容非常丰富，有向名望之士表达敬仰之情，希望追随左右的，如《寄汤若士仪部书》《与孙启泰书一》《寄曹学佺观察书一》《寄汤霍林祭酒书》。有交流文学思想和商讨编书刻书事宜的，如：《报朱大复比部书》交流撰写明朝全史的设想；《与邓远游侍御书一》探讨明代诗歌的现状与问题，指出文章与国运相通，应创造出属于明代独特的诗歌风格；《与郁仪宗侯书二》则是为编纂《武备志》向郁仪（朱谋玮）求取《太白阴经》善本；《与孙启泰书二》商量共同研究明代历法。有担忧国势剖析辽东局势的，如《与钱受之编修书》《与宋献孺兵使书二》等。有谋划归隐山林的，如：《与陈眉公书一》谈及在动荡不安的时代，如眉公有山可栖，愿与眉公结伴前往；《与张克嶲兵使书二》《与王子云书》则向友人描绘了归隐山林、以著述为乐的美好愿景。有为亲人争取权益或奔走的，如：《与湖中诸老书》讲述亡姐因无子嗣，死后十余年难以入葬，茅元仪希望族中长辈能主持公道，让其姐得以立嗣安葬；

《与京师当事书五》为季父茅维请求当政宽宥，"元仪虽百其身，可以赎季父且甘之"，愿意牺牲自我来保全茅维。

傅汝舟是茅元仪一生的挚友，他们一起隐居北山，一起作诗赏诗，一起饮酒漫游，茅元仪只向他袒露心底最隐秘的想法。比如在《与傅远度书三》中，茅元仪吐露自己"耻为牛后"，想积极建立功名，但又在意"出处大节"的犹疑矛盾，特意征求傅汝舟的看法。

> 督师枢相又以书见招，欲弟将登莱奇兵，督促就道。夫出关渡海，皆弟本志，更复何让？……但有下部之命，正需部覆，而弟奔命如不及，是弟爱一官也。……其辞有云"仪本以心血报国，反以口舌得官，在朝廷实以寓市骏之权，在人情反似鼹式蛙之意"，远度以其言为然乎否耶？①

曹学佺是茅元仪父亲茅国缙、叔父茅维的朋友，茅元仪被遣戍福建时，就住在曹学佺提供的住所，并得他用心款待、照顾甚周。崇祯五至六年间（1632—1633），茅元仪自闽戍所被逮回偿"海运案"，日困追摄。他给曹学佺写信，想请其为亡姐作传。信中详细提到明末流寇、海盗四处杀戮百姓的悲惨景象：

> 齐寇之患，患在合岛。今岛众思叛，如渴马赴泉，冰泮春融，无不合贼之理。中州流贼，转展将至鲁界，曹濮之间，所谓五寨十八营者，无不人人思合。刘香老一入温州，杀戮便十五万，既去之后，浙中如无其事。恐区区十死不死之身，恶者不能杀，终为乱贼所杀。平生料理此事，亦十得二三，一无所效其力，日拥书抱膝，作书帷小生，一旦同匹夫匹妇，身膏草野，良可痛也！随时补救，一身之

---

① ［明］茅元仪：《与傅远度书三》，《石民四十集》卷七十八。

事，唯有教生者以习饿习走，葬死而未入土者耳。①

齐寇、中州流贼、海盗刘香老等随意杀戮无辜的平民百姓，而当朝者庸溃无所作为，无人能护百姓周全。茅元仪虽几次经历生死，此刻即便未死于敌人之手，也将为乱贼所杀，与平民百姓一样葬身于荒野草莽，这让他心痛不已。但他仍坚韧努力地做力所能及之事，就是教导活着的人忍饥挨饿、练习奔跑，去埋葬死去之人。

（三）与家人的书信往来。《石民四十集》中，茅元仪写给家人的书信有三通，其中给叔父茅维一通，给家弟茅暎两通。《上季父书》写于崇祯二年（1629），是一封长信。当时茅元仪遭遇官场陷害，叔父茅维听到流言来质问茅元仪，茅元仪写信向他澄清自身遭遇、化解误会，表达自己渴望摆脱困境、回归平静生活的愿望，最后他还关切茅维处境，希望他能审时度势做出正确的人生选择。茅元仪指出"今日上书言事，恐非取官之术；屈首举业，亦终迂阔之谈"，叔父以五十六七岁之龄，不宜再表现出"肩负世道"之态为人所看轻，平平实实守好本分才是最佳选择，也希望叔父能汲取自己的前车之鉴。此信内容丰富，情感真挚，反映出晚明复杂的政治斗争和茅氏家族内部的沟通问题，也展现出茅元仪清醒理智和坚韧豁达的一面。

《与弟书一》表达出茅元仪作为兄长，在父亲早丧后，对家弟茅暎成长的关心关怀。信中，茅元仪回顾自父亲去世后家庭面临的诸多变故和磨难，同时表达了对当前局势的担忧，"苟当离乱，出固须才，隐亦须略"，为兄弟俩的前程辗转反侧。又以"祖为名将，父称循吏，祖典文章，父精史学，吾二人能守此四者，危而不堕"，勉励自己与弟弟要传承家学，黾勉自强，方能在乱世中有一方天地。

《与弟书二》作于天启六年（1626）正月初三，茅元仪从辽东返家，于津门度岁。此前不久，茅元仪一手建立的觉华岛水师被破，孙承宗苦心经营三年

---

① ［明］茅元仪：《寄曹能始观察书二》，《石民四十集》卷七十五。

的辽东尽付他人之手，茅元仪心情惨淡。信中回顾多年来的生活遭遇，以年少时父母健在的幸福时刻对比如今过年的穷愁丧苦，以年轻时的酒量饭量惊人对比今日精神萎靡以致饭酒不进。素业耽搁而勋名未建，茅元仪夜夜失眠，难以排遣，遂深夜静坐给茅暎写信剖诉心曲，节录于下：

与弟书二（丙寅）

我本志在山丘，著述聊以自娱，为世所强，遂应征命。然外度国势，内料己宜，不死于贼，必死于法。苟或不死，决志高遁，故濒发之际，欲先诛茅包山，乃事竟不果。今幸得生还，而山居未就，颇往来胸中。使在山数载，著述少有可观，或可消破块垒。今素业耽阁而勋名未建，欲暂纾眉，自非时宜。吾闻：达人终年一百，无累神一日。以此为况，汗欲成雨。然情志绸缪，参于理道，益不可解，固知非冲素之致，亦名理所缠耳。然于时事竟不欲言，虽对妻子、见密友，亦复不吐一语，其神内伤乃更甚矣。尝私念之："我不以不得一命为负亲，而以不得九命为负君，此志此痛，良可分悯。及其衰也，又以幸不得九命为酬亲，而以幸不得一命为酬君，此为堪痛，又复可极。"今病苦有限，而神理索莫，英雄之色虽在眉宇，而挟瑟提壶、横槊据鞍之致，不可复觏。此正未免自笑，何况时辈乎？[①]

通过以上三封家书，以及茅元仪为亡姐争取入嗣安葬、为叔父茅维向京师官员求情宽宥之事，可见茅元仪对亲人深厚的感情和他作为大丈夫的担当。

二、文序诗序

序是一种古老的文学体裁，在古代应用广泛，除著述序言外，还有别序、

---

① ［明］茅元仪：《石民四十集》卷九十五。

寿序、集序等。《石民四十集》中有"序体"十三卷，其中文序诗序十卷、别序寿序三卷。本部分通过对茅元仪文序诗序的分析，了解茅元仪的文学观念。别序寿序，顾名思义以赠别或祝寿为主题，在此不做重点考察。

(一)文序诗序的总体情况

茅元仪的文序诗序大致可归纳为三种类型：为自己作品所作序、为友人作品所作序、为编刊书籍所作序。这些序言有三方面作用：一是有助于考证茅元仪的著述情况；二是有助于研究茅元仪的文学思想；三是有助于了解茅元仪编刊书籍的情况。

第一，为自己作品所作序。有文献记载茅元仪著述宏富达千卷，从他的自序文看，并无夸大。茅元仪的自序文有 30 余篇，包括《武备志序》《史争序》《史眊序》《艺活序》《寿堂私论序》《平巢事迹考序》《青油史漫序》《石民渝牍序》《督师纪略序》《石民赏心集序》《四十集序》等，此处不一一列举，详见"茅元仪著述考"。茅元仪为自己的诗文集所作序，详细交代创作背景、创作意图、主要内容、文学观点等，为研究茅元仪生平和为其作品系年提供了极大帮助。

第二，为友人作品所作序。茅元仪为朋友特别是"诗文同调"作序很多，共有 60 篇，如《三工传序》《批点玉茗堂牡丹亭记序》《范东生诗集序》《吴居士集序》《敷公诗集序》《傅远度诗选序》《文启美秦淮竹枝词序》等。此类文序诗序详细地阐释了茅元仪的文学思想、对明代文坛的看法，以及与"同调"的交往情况和共同文学主张。茅元仪年轻时，着力于诗文创作，常与朋友切磋唱和、探讨文学观点。他在《吴居士集序》中，以与吴凝父对话的方式，交代了与同调的交游情况以及为他们作序的渊源。

> 诗自十年以来，我道始大振，然不转盼间，而吴兴范东生，吴门王亦房、黄伯传，嘉禾费元郎、释道敷俱已谢落。今之人惟曹能始、钟伯敬、董暇周、谭友夏、葛震甫及子与仆在耳。……东生死，吾为

定其诗;伯传死,子为删其诗;元朗、敷公死,我与子传其诗。今亦房死,吾两人又将有事焉。①

茅元仪通过为同调作序,宣扬共同的文学主张,他在《傅远度四部文序》《傅远度诗选序》《范东生诗集序》《吴居士集序》《敷公诗序》等序文中,阐发了追求"深秀""意辞常在先与外"等文学观点。

第三,为编刊书籍所作序。茅元仪赞赏王世贞,刊刻其所编《嘉靖以来首辅传》,认为该书如实记载了嘉靖以来首辅的经历,行文体例仿效《史记·魏其武安侯列传》,褒贬评价介于国史与家乘之间,值得流传后世。茅元仪还借用苏辙名言"权臣,天下不可一日有;重臣,天下不可一日无",对内阁体制和首辅人选的重要性做了深化,进一步凸显编刊此书的重要意义。他为屠隆《古今巨文》作序刊刻,交代了自己年轻时就整理编辑该书准备刊刻,却成多年未果之事。他认为屠隆以一人之力品评天下文章,恐失之偏颇,但转念又想,品评天下文章由屠隆来做有何不可呢? 茅元仪在《报曾棠苻给事书》中,对屠隆做了分析和评价,认为他"特雄于文耳,非能文者也,特豪于学耳,非传学者也"。虽然认为屠隆非"能文之人"、非"传承学问之人",但"雄于文耳",仍充分肯定了屠隆在文学方面的造诣,间接认可了屠隆有品评天下文章的能力。此外,年轻时期的茅元仪积极参加科举考试,肆力于时文创作与研究,编辑刊印了多部文集并为之作序,如《癸丑征变录序》《卯辰程墨干序》《己未开先录序》等,收集不同年份的科考房稿,分析其风格变化,提出了"文章与气运相通"的观点。

(二)文序诗序所反映的文学观点

在茅元仪的文序诗序中,他的文学观点——主要有性情说、文章与气运相通说等,得到比较全面的阐述。这些文学观点受晚明文学思潮影响较大,

---

① [明]茅元仪:《石民四十集》卷十五。

也与当时的政治经济局势有密切关联。试分析如下。

一是性情说。明代诗歌创作中,"主情说"是重要的文学理论,强调诗歌应当以表达情感为核心,反对过分追求形式技巧和空洞的辞藻堆砌。这一理论在明代文学批评中占有重要地位,以李贽、袁宏道、屠隆等为代表人物,对明代诗歌的发展产生了深远影响。茅元仪重视"性情"二字,他认为"诗言性情耳","不因乎性情,则文章穷,不通乎变化,则作者穷",为诗作文都离不开"性情"。何谓"性情"? 他在不同序文中的阐述有所不同。如:在《洪仲韦诗序》中,他认为洪仲韦作诗"直写其胸臆",不攀附于青云之士,保持了独立人格和情感,以我手写我心,性情得到了直观展现;文启美所著《秦淮竹枝词》,"词一出,而唱破乐人之口,士大夫也群而称之",茅元仪认为,其竹枝词风靡如此,"独以得其情性故也。得其性情,虽圣人复起,不能废也"。对于文启美在诗歌中展现的"性情",茅元仪如此解释:

> 而《竹枝词》者,谣之别也……较之他谣之体,易畅而尽,故学士大夫喜为之。然不规于正,则以导淫也,非劝百而讽一,又非风人之体也。不规正则不可以教,失风人之体则不可以传。盖规于正则为性,合风人之体则为得情,非性情而可以播远,道所不载也。①

对于竹枝词这种类似民歌的文学体裁,"规于正则为性,合风人之体则为得情",即创作上既要遵循诗歌创作的规范准则和价值取向,不可过于俚俗、低俗或放纵,保持平衡中正之美,体现"性";又要展现"风人之体",表达真实情感,传达民间心声,不惮劝善讽恶,体现"情"。

在《批点玉茗堂牡丹亭记序》中,茅元仪也表现出对文学创作中情感表达的重视。茅元仪对《牡丹亭》很是赞赏,认为"其播词也,铿锵足以应节,诡

---

① 〔明〕茅元仪:《文启美秦淮竹枝词序》,《石民四十集》卷十六。

丽足以应情,幻特足以应态,自可以变词人抑扬俯仰之常局,而冥符于创源命派之手"。他很认同汤显祖的"至情论"。《牡丹亭》中杜丽娘"生而死、死而生,死者无端,生而死者更无端"的故事,世人不信,汤显祖反诘"第云理之所必无,安知情之所必有耶",即现实中不能发生,不意味着情感世界不会发生。茅元仪认为还可再进一步,"凡意之所可至,必事之所已至也,则死生变幻不足以言其怪",意即文学创作想象得到,必有现实世界作为基础,如此看来死生变幻就不是怪诞之事了。可见,在不同文体创作中,茅元仪对"性情"的重视是一以贯之的。

二是文章与气运相通说。茅元仪在编刊《癸丑征变录序》《卯辰程墨干序》《己未开先录序》等科考房稿时,多次提到"文章与气运相通",并进行辩证地阐释。他认为文章不仅是作者个人才华的体现,更是与时代气运相通的产物。

一方面,茅元仪认为文章气象可以反映时代气运,他在《己未二十房木隼序》写道:

> 文章之运,循环无穷,然要其旨归,则与世上下。举业者,今之文也,故征今者,莫如举业。往在庚戌,词粲而气严。粲者,芜之渐也;严者,迫之枢也。一变为癸丑,而沉雅鲜矣,以灵空胜。再变为丙辰,而雍穆尽矣,以缥缈胜。交于目则有余,咀于中则日浅,吾于是而生衰世之感焉。①

茅元仪认为科举时文是研究时代运势的最佳文本。他分析万历三十八年庚戌(1610)、四十一年癸丑(1613)、四十四年丙辰(1616)三届科举文章,得出明代气运在衰落的结论。他回顾道:庚戌年,文章词藻华丽而气势严谨。华丽是芜杂的开始,严谨是压迫的根源。到了癸丑年,文章的沉雅之气

---

① 〔明〕茅元仪:《石民四十集》卷十八。

逐渐消失,以灵空取胜。再到丙辰年,文章的雍穆之风荡然无存,以缥缈取胜。这些文章看起来华丽,但细细品味却觉日渐浅薄,生出衰世之感。茅元仪敏锐地觉察出文过饰、根日浅的文风是衰世之风,友人却认为浅则"合乎道","人浅则机不深,机不深则风斯淳",文章浅俗化是世风淳朴的征兆。茅元仪很痛心地指出"心浅则植不深,植不深则枝摇,枝摇则天下动;真心浅则旁机深,旁机深则他萌作,他萌作则天下纷矣"。茅元仪以文章之风窥测时局,果然到了万历四十六年戊午(1618),辽东战事起,明朝进入动荡崩败的时期。

另一方面,茅元仪认为文章能反过来影响世运,经世之文可以救治时弊,达到"以征治乱"的目的。在明末战乱频发、党争激烈、宦官专权、吏治腐败等诸多乱象的背后,是"今天下匡济无实学,故朝无相、边无将;天下经术无实学,故整不能驱蒙,异不能驱跳,捷不能驱促"。茅元仪所谓匡济实学,指的是能拯救天下危机的学问,比如兵学、裕饷之策等应用之学;所谓经术实学,指的是宣扬统治思想和价值观念,能正人心、明义理、息邪说的学术理论。因此,要涵养厚植匡济实学、经术实学,充分发挥其经世致用的价值。至此,茅元仪打通了"文章和气运相通"说与"经世致用"之间的关系,"经世致用"也成为他写文章、做学问的最高追求。

三、记体

"记"是古代重要的散文体裁,通常用于记人叙事、写景状物,还可夹叙夹议,写法灵活自由,相当于今人的记叙文体。流传至今的古文名篇不少是记体,如陶渊明《桃花源记》、范仲淹《岳阳楼记》、欧阳修《醉翁亭记》等。因此,记体也是最具文学色彩的体裁之一。

茅元仪作品中,有记体三卷,其中游记一卷,收录"游乌龙潭"三记、《入湖州青塘门记》和《西湖看花记》,以《西湖看花记》为最佳。另有亭台楼阁记两卷,主要分为两类:一是茅元仪寄居定兴江村鹿家时,以记鹿家的屋宇亭台为由,由物及人及事所作记,记载了鹿善继、鹿太公、孙奇逢等的高尚人格和庇护忠良的义举;二是茅元仪为家居时营造的亭台楼阁如"七快堂""九奕亭""三醉台""五畅阁""一啸轩""十二快廊"等所作记,展现他好酒、好读书、好历律卜医星画棋等学问技艺的日常生活和精神志趣。

《西湖看花记》作于万历四十七年(1619),记载万历四十六年冬至次年春,茅元仪在西湖、西溪及周边群山赏花的经历。初赏梅花,足迹从孤山、西溪到佛慧寺、东岳庙、永兴寺,后赏樱花、探杏花、问桃花、观玉兰,直到农历二月底花事结束,试新茶数盏,才结束令人沉醉的赏花之旅。试看一段:

> 时千山缟素,如文君新寡,试以琴心挑之,遂化作阳台云雨。游人有綮点梅者,踪迹其树,杳不可得,何异武林桃花片也。……阴雨积日,小楼一梅斜倚墙外,轻烟时去来,似东家窥宋,虽三年未许,亦不禁魂断也。①

通篇文辞优美,笔触细腻,化用典故浑然如一体,亲切可读。文章还侧面展现了晚明杭州市民探梅赏花的民俗风情,时至今日仍不失为一篇绝佳游记,可供好古之人循迹怀古。

再如《养喜斋记》,展现了茅元仪遇事的坚韧与豁达。养喜斋是茅元仪因"浮谭乱政"待罪定兴江村时的居所,文章生动地展现了茅元仪当时的穷困窘迫:

> 斋在江村草堂之后,而余待罪引愆之地也。固穴衣耇饭,酌泉嚼蔬,穷约无聊之处也。宾客不至,削牍不通,问遗莫及,清玩莫陈,幽郁困迫之区也。妇呻于床,僮僵于庑,枥马嘶饥,峙鸡警寒,

---

① [明]茅元仪:《石民四十集》卷二十三。

悲吟孤啸，天晦地暝之隩也。①

　　居住简陋，穿着破旧，吃糠咽菜，无友朋或书信往来，无消遣之事，妻病仆倒，马饥鸡寒，描述了穷困潦倒、百无聊赖、天昏地暗的困厄处境。但在这样的处境下，茅元仪表现出了智慧和豁达，"固饥饿之所不能摇，病患之所不能夺，祸福之所不能驰，死生之所不能纷，而况于区区之毁誉哉"。饥饿、病痛、祸福甚至死生都不怕，何况"浮谭乱政"的污蔑之语呢？所以他把居所称为"养喜斋"。

四、人物传及墓志铭等

　　中国古代以人物为书写对象的文体，除了人物传，还有纪念表彰逝者的墓志铭、墓表、神道碑、行状、行实等。虽然这些文体的写作目的、格式规范、受众各不相同，但以人物为记述对象是其共同点，因此把这几种文体一并讨论。

　　茅元仪《石民四十集》中，有墓志铭、墓表、神道碑共三卷，传五卷，行状、行实五卷，共十三卷，记载了二十六个人物。这些人物中有朝廷大员、普通官员、下层士人、孝子节妇、百姓布衣以及作者亲人。其中，作者的亲人有父亲茅国缙、母亲定安人、亡姬陶楚生、亡姐董节妇等，朋友有费元朗、宋犀公、汪九睦、杜太公、阮寄卿、邹子尹等，因代人捉笔与应酬等原因而作传的传主有孙奇逢祖父孙臣、礼部尚书赵南星、陕西右布政使王家宾等，孝子节妇有赵孝子、刘娥、吴节妇等。茅元仪的这些文章刻画了晚明不同社会阶层的人生百态，披露了多元的价值取向，如任侠、亲近佛道、贞洁至上等，有益于晚明社会思潮的研究。

　　茅元仪以诸生身份入幕从军，他交往的朋友中有不少科举不顺、困顿诸

---

① ［明］茅元仪：《石民四十集》卷二十四。

生者,反映出晚明吏治败坏背景下,下层士人出路窘迫的现实困境。《宋髯公传》《费元朗传》《诗人汪九睦传》《阮寄卿墓表》的传主,都是多年学习儒学但科考进身无望的下层士人。宋髯公"业儒","尝教授百里外",当过茅元仪和茅暎的数年伴读,后困居乡里而亡。费朗,是茅元仪年轻时引为诗文"同调"之人,志向远大,渴望在乱世中建立功勋,然而"年四十余,困诸生而死"。汪九睦以布衣称诗,年少时攻举业,后来做生意,再而从事堪舆行业,最后改行当诗人,但诗风衰落,再次面临何去何从的困局。茅元仪劝汪九睦"穷则士之常耳",并指出困局之下,朋友们"或淫于书,或逃于禅,或结交契于淮南,怡精神于丛桂而竟无他干者",点明了晚明士人面对人生困局的应对方式——逃禅入道,隐居山林,远离尘嚣和政治纷争,过上清贫但自在的生活。《阮寄卿墓表》不仅刻画了阮寄卿任侠的形象,也道出了他晚年逃禅的选择和觉悟。墓表还记载了茅元仪受崇祯皇帝褒奖得以任用时,阮寄卿写给他的信,原文如下:

> "曩我所语君者若何,今日不急不难,何必子?子休矣。"余未得书久,乞归,而祸已成矣。君既知余中祸,遗书曰:"我穷老垂死,然每一回看,便发大笑。一生忙遽,干着何事,于我身心,一毫何益?足下再来,种子急急逃禅,此后地阔天宽,生死一芥子,况几年得丧,如瞬息阴晴乎!足下不我信,我言不再惜。虚此一生,为人作奴才耳。"①

阮寄卿劝茅元仪赶快回来,政局如此险恶,接受任用不会有好结果,又劝他逃禅,今后将天地宽阔,视生死如芥子般渺小,数年得失无足轻重,不要在意,否则"虚此一生,为人作奴才耳"。由阮寄卿给茅元仪的信,可知晚明科举进身之难,读书人仕途无望、沉沦下僚是普遍现象,也可知面对末世之

---

① [明]茅元仪:《石民四十集》卷二十七。

衰颓,士人们普遍存在人生价值感沦丧、苟活于乱世的灰暗心绪,因此逃禅、遁道成为他们的普遍选择。

茅元仪为亡姬陶楚生所作传,即《亡姬陶楚生传》,共三卷一万八千字,以细腻的笔触,回忆了作者与陶楚生之间曲折动人的爱情故事,也塑造了陶楚生聪慧、深情且具有非凡见识的女子形象。陶楚生是江南名妓,归于茅元仪三年而亡。此传写到陶楚生与客畅谈经世之术、极力劝说茅元仪迎娶杨宛、途中遇盗机智应对等诸多事件,并说"自往古以来,亦未有合才交、情交、名交、意气交、鬼神交,萃而为一者,而姬独兼之",展现了作者理想中近乎完美的爱情模式。陶楚生突然亡故,茅元仪深切悼念,并附会陶楚生为"西玄洞主"的传说,引得"四方之士大夫异其事,相以纪述歌咏之"。

茅元仪又作《西玄青鸟记》,以奇幻的叙事笔法记述陶楚生羽化升仙之事,颇有志怪小说风格。《西玄青鸟记》作于崇祯七年甲戌(1634),从其行文可知,当时茅元仪已遁于道,"余之宿生亦颇自知,无待今日,然于此益决矣。余生无几,唯有沉淫大道,以待鸾骖鹤驭,重晤楚生,于聚生玉笑之间耳"。茅元仪相信前世之说,且表明余生要潜心于修行大道,等待着与陶楚生再次相见。这是茅元仪晚年的心迹,最终他也践行了与友人汪九睦所言"或淫于书,或逃于禅,或遁于道"的命运。

茅元仪刻画了几位孝子节妇的形象,传达出明代官方和民间的道德规范和价值导向。如《赵孝子墓碑》《刘娥传》《吴节妇生传》《黄节妇生传》《侠王二小传》《亡姊董节妇茅硕人行状》,以及为好友孙奇逢所作《孝友堂》等,清晰地展现明代男性以孝为道德准则、女性以贞洁为道德准则的价值取向。如:赵孝子在母亲在世时,对她关怀备至,晨昏定省,在母亲去世后刻木为像,背在身上寸步不离,侍奉一如母亲在世,孝心远扬而被县令褒扬;孙奇逢父母先后逝世,他因连续庐墓六年而被朝廷表彰为"孝廉"。茅元仪为孝子节妇作传,是为颂扬他们的事迹和品行,以达到旌扬美德、树立道德典范的目的。

茅元仪的文章也表现出对女性群体的关照和爱护。明代社会强调妇女要"三从四德",尤其注重女性的贞洁。为了宣扬烈女节妇事迹,引导社会风尚,朝廷采取树立牌坊、载入史册、立祠祭祀、免除徭役等多种激励方式,比如官方史书和地方志中往往设《列女传》记载节烈妇女的事迹,古代留存下来的贞节牌坊、节孝祠等也可为证。茅元仪为之作传的几位女性,以常人难以想象的忍耐和牺牲精神,恪守贞孝节烈的行为准则,上演一幕幕令人叹息的悲剧。如茅元仪亲姐茅硕人,割股为夫治病,夫亡后欲殉节,但为抚养孩子而选择活下去,子亡后又为照顾婆婆而选择活下去,待茅元仪亲姐亡后竟因无子嗣不得入葬,经过十多年几番转折,才得以过继子嗣与夫合葬。再如黄节妇,丈夫死后,为了不使黄家绝后,独立抚养遗腹子,侍奉家翁,左纺右绩地操持着一贫如洗的家,终于把儿子抚养长大并考中举人。再如刘娥,原被选为明太子朱常洛的妃子,因太监进谗言而落选,她以"已备匹至尊,义不降辱",选择终身不嫁,并敲掉自己两颗门牙向父亲表达坚贞之心,至其母亲死后,刘娥亦绝食而亡。这些节妇烈女都是心甘情愿地去捍卫这种观念和制度,在她们身上,行为和观念是自洽的。茅元仪为她们作传,目的是传颂她们的事迹,"以俟采风者"旌扬她们的贞节孝行。

五、政论文章以及《武备志》引、《冒言》

茅元仪《石民四十集》中,有奏疏五卷、皇帝上书一卷、《冒言》三卷、《武备志》引文八卷、议六卷、策一卷、考二卷、《抚夷议志》一卷。这些文章,除少数几篇奏疏是请辞官职或为自己辩污,其余多数都是政论文章,主要内容是论述明末的政治、军事、经济、外交等问题,写作目的是为晚明内交外困的局面出谋划策、纾难解困,具有较强的思想性、实用性和针对性。

具体而言,茅元仪的政论文章大致分为以下三方面内容。

(一)分析边疆局势以及如何经略辽东的文章。明末边疆危机严重,北部蒙古的威胁、东北后金的崛起、西北的农民起义、西南的土司叛乱以及东南沿海郑氏家族的活跃,共同构成了明朝边疆的多重危机。茅元仪忧心国事,写了不少政论文章,分析边疆政局,提出解决方案。比如《乞定庙算规模疏》,指出明末同时面临蒙古、后金、闽贼、黔贼之困,提出了"插酋祸甚于奴酋、闽贼害深于黔贼"的看法,请求崇祯皇帝尽快对以上四处危机做出战略决策,并谏言崇祯皇帝要"圣心坚定",做到"付托既已得人,规模既有成画,虽谤书盈箧而不问,虽小有利钝而不摇",如此则中兴有望。崇祯皇帝生性多疑、急躁刚愎、优柔寡断,茅元仪的谏言不可不谓大胆。

孙承宗督师辽东后,作为孙承宗的幕僚,茅元仪写了不少论述经略辽东的文章,如《海岛情形疏》《辽土辽民疏》《议岛事疏》《简汰官兵疏》等,集中体现了孙承宗集团经略辽东时的方针政策,其中不少策略为历史学家所认可。比如:推行"因辽民以守辽土,因辽土以养辽民",组织辽东流民屯田,从中招募强壮者为兵,既解决了粮草军饷问题,又增强了军队实力;在觉华岛建立水师,与宁远等陆上军事据点相互呼应,形成掎角之势,以牵制后金;反对经略王在晋重关设险的主张,打造坚固的关宁锦防线,增强明军的防御能力,有效抵御后金进攻;主张简汰官兵,"兵不汰其疲残,则精锐之色不露,故用众用寡,俱不可不时为汰",等等。

(二)阐发军事思想的文章,以《武备志》引和六卷"议"为主。《武备志》作为茅元仪纂辑的军事百科全书,多数内容是汇编整理古今军事书籍;少部分内容是茅元仪对所辑内容的点评阐发,体现茅元仪的军事思想,以"志引"的形式,收录于《石民四十集》中。志引主要内容包括《武备志》五大门类"兵诀评""战略考""阵练制""军资乘""占度载"的总论和分说。在"兵诀评"总论中,茅元仪评价"先秦之言兵者六家,前孙子者,《孙子》不遗,后孙子者,不能遗《孙子》",高度肯定《孙子兵法》的地位和价值;在"阵练制"总论中,茅元仪则分述了"练""选士""编伍""悬令""教旗"等诸多具体内容。

"议"体部分,是茅元仪针对晚明军事现状,阐发用兵之道的政论文章,具有很强的针对性和现实意义。比如《留都兵制议》《京营议》《蓟镇战车战马议》《四卫进兵议》《辽东车营规制议》《自造神火轻车议》《自练海舟轻车议》等,对于如何组建军营和兵种、操练军队等都有详尽论述。茅元仪主张建立水师,后为孙承宗所采纳,建立龙武营水师,并由茅元仪领导。

(三)阐发如何增加军队粮饷、富国裕民的经济之策,以《冒言》为主。茅元仪在《冒言序》中交代,该书的写作背景是辽东军事胶结,国库空虚,朝廷"搜刮借劝之诏日下"。茅元仪发奋而作"裕饷佐国"之策十八条①,包括总序、屯辽、人运、钱法、屯田、盐法、税契、度牒、榷茶、榷酒、市舶、肆税、芦洲、内供、宗禄、驿递、总论等,展现了经世之才。《冒言》之名,取自"以大丈夫之事而位卑者言之,罪也","冒天下之罪而言之,而其利益亦足以冒天下"。正是《冒言》和《武备志》,让茅元仪迅速以知兵闻名,受到多方举荐。《冒言》中,茅元仪的不少观点颇为犀利。比如在《冒言·屯田》中,面对屯田大面积减少以致屯粮不足的问题,茅元仪指出,纠正屯法之弊面临着"疆界难清、豪强难抑、征催难整"三大困难,他提出:清疆界要做到"严丈量、寸壤不可隐";抑豪强莫过于"抚贫弱,夺不应得者与应得之人";整催征最好是"调屯官,分调贤能,置之重典",则人人不敢刁钻恣意了。又如在《冒言·宗禄》中,茅元仪直言不讳地指出,明朝传至万历三十二年(1604)左右,宗室人口达到四十万人,明王朝给宗室的优厚待遇,给国家财政带来沉重负担,成为明朝社会发展的一个重要问题。"今多设蕃封之地,岁与官司争禄,官不得已而应之,剥军削民",明朝宗室与地方政府争禄,与地方军民争利,造成很坏的社会影响,天下有识之士却不敢多言,茅元仪一举道破,颇具胆识。

第二节　茅元仪散文的主要特点

对于茅元仪的诗文创作,明末大学者钱谦益、朱彝尊都有评价。钱谦益《列朝诗集小传》曰:"止生为诗文,才气蜂涌,摇笔数千言,倚待而就。而其大志之所存者,则在乎筹进取,论匡复,画地聚米,决策制胜。"指出了茅元仪

---

① 根据现存《冒言》文本,只有十七条,而非十八条。

才气纵横、学殖深厚,诗文创作迅捷且丰富,且他意在以文为刀为剑,追求文章的经世致用。朱彝尊称茅元仪"著述宏富","特下笔未能醇雅,盖竟陵之派方盛,又与友夏矜契,宜其染素为缁矣",指出茅元仪诗文创作不够醇雅,文章的语言、格调沾染了竟陵派的幽深孤峭,在言辞优美凝练、格调高雅冲淡和韵味含蓄悠远等方面做得不够。从茅元仪的散文来看,两位学者的评价比较贴切。综合两位学者的评价也可看出,茅元仪并不愿当一味寻章摘句的腐儒,他的散文追求匡时救弊、经世致用,因此文风畅达、言之有物,不少作品写得清丽可爱,这也是显而易见的。

通过分析《石民四十集》,笔者发现茅元仪的散文表现为以下三个特点。

一、践行经世致用的文学追求

茅元仪用世心切,辽东战事开始之后,尤其是万历四十七年(1619)萨尔浒失败以后,朝野震惊,茅元仪也深受震动。他在《与梅惠连书》中说:"不谓两年来,羽书旁午,土崩之事在于睫下。嗟嗟,惠连,我与足下,世荷国宠,使非肝脑涂地,率九族为天下先,便无以见先人于地下。此岂悠悠静养、课文讲业时耶!"这场战役不仅改变了明朝与后金的力量对比,也改变了茅元仪的思想认识和人生轨迹,他认为此刻不再是安静读书的时候了。他向具有同窗之谊的顾锡畴表达了忧虑和恐惧,《与顾九畴庶常书五》云:

> 天子穆穆,群公嚣嚣,四海之内,忠者不敢暴其悃,勇者不敢效其力,奴虽至庸至懦,亦岂失此千载一时?举天下之大,万姓之命,而俱藉福于杳杳冥冥之天地祖宗之灵,此不肖弟之披衣独坐,不寒而栗栗者也。[①]

---

① 　[明]茅元仪:《石民四十集》卷八十。

茅元仪认为,天子庄重肃穆却可能不了解实际情况,诸位公卿大臣吵吵嚷嚷却未必能提出切实可行的良策。四海之内,他虽然平庸怯懦,又怎能错过这千载难逢的报效国家的机会呢?把整个天下和万千百姓的性命,寄希望于渺茫难测的天地神灵和祖宗的庇佑,这种做法让他觉得不寒而栗。于是他退而辑《武备志》二百四十卷,"欲以兵家实学,阴益捍护社稷人之智虑"①。他开始摒弃当时文学之士的追求做派,讲求实学,以图匡救时弊。《武备志》《冒言》《藿谋》《靖草》以及一些策、议、奏疏等经世致用之文先后问世。

与此同时,他的文学追求开始转向,不再如年轻时"欲在诗文创作上自立眉目"。他认为"今当尽铲文士之习,一意匡济实用"②,转而追求经世致用之文章。

对于什么样的文章是经世致用之文,他也有明确的阐释:

> 今天下敝极矣,皇皇求将不可得。仪以当即于文人中求之,文人绘句饰字、镂月雕云者,其无当于文也。苟能条理通达、深宏矫逸,则声其心、表其衷,不是之求,安可得哉? 以如此之人,方当为天下求而用之,安可避其未同,而不以一言通左右哉?③

他认为那些只知道雕饰字句的文人,如同镂刻月亮、雕琢云彩,做的是华而不实之事,是不符合文章的真正要义的。如果能够做到条理清晰、通达事理,见解深刻宏大、风格刚健俊逸,进而表达作者的心声,这样有内涵、有深度的文章,才是真正的好文章。

茅元仪还以徐光启的奏疏为例,进一步对经世致用之文的含义做了阐释:

---

① [明]茅元仪:《上世父大同郡丞书二(辛酉)》,《石民四十集》卷九十五。
② [明]茅元仪:《与顾九畴进士书一(己未)》,《石民四十集》卷八十。
③ [明]茅元仪:《与魏合虚大行书一》,《石民四十集》卷九十四。

以仪之愚，则近日公车之疏，无如徐赞善第三疏之深切有益也。若能如其疏而行之，国家虽危，犹可复安。何也？以其言皆事事实际，亦条条妥当，泛视之亦平平无奇，实按之则无迂疏之病，亦无空谈之弊。料事度时，定不出此。朝廷养士二百五十年，而无一留心边计之臣，一旦仓卒，如群盲辨色，各以意逆，虽灼灼可听，终为明眼人所笑。今幸得此一人，不竭力荐之，使尽破资格，授以本兵，责以成效，则天下事岂尚可为乎？"[①]

经世致用之文，不仅在文风上条理清晰、通达事理，更重要的是论事务实、建议妥当，没有迂腐不切实际的毛病，也没有空洞说教的弊端，具有极强的现实指导价值。同时茅元仪认为，能作这样文章的人才，应当全天下去寻找并重用。

二、题材涉猎多元广泛

茅元仪性好读史，称"行年三十八，于二十一史朱黄点窜已七竟矣"，他涉猎广泛，"古兵戎、屯田、漕运、职官、刑法、礼乐，私自增损，欲成一家"[②]。同时茅元仪酷好兵学，称在家中接受的教诲和在私塾学习的内容主要是军事谋略，"天下皆知仆家三世为文士，以残篇断简取当时之谬誉，而不知其庭授塾习率在韬钤"[③]。辽东事起，他"缉先宪副之遗书，收天下之秘录，辑为《武备志》一书，以为兵家大观"[④]。此外，他的祖父茅坤藏书富甲海内，称"九学十部"，即一经学、二史学、三文学、四说学、五小学、六兵学、七类学、八数学、九外学，再加世学。深厚的家学和个人志趣让他博古通今、智周万物。除了读万卷书，茅元仪还两次征辽、三次戍闽，坎坷的人生经历进一步陶铸

---

① ［明］茅元仪：《与孙潇湘侍御书（己未）》，《石民四十集》卷八十三。
② ［明］茅元仪：《史眊序》，《石民四十集》卷十三。
③ ［明］茅元仪：《报樊山王书一（庚申）》，《石民四十集》卷九十。
④ ［明］茅元仪：《与韩公子书（庚申）》，《石民四十集》卷八十九。

了他的视野和人生体验,因此他的散文突破了传统的文人视角,写作题材非常广泛,主要分为以下五类。

一是政治军事题材。明朝末年,边患频繁、战事不断,茅元仪的文章常涉及军事战略、兵法解读、战争局势、周边国家形势、经略辽东等内容,体现其对国家安危的深切忧虑。如:他对辽东战事保持关注并进行探讨,相关文章载录于《霍谋》《靖草》;在孙承宗幕府中,他详细记载了督理辽东军务的十八条举措;他关注边疆与海外,对边疆的北虏、女直、朵颜三卫、哈密,以及日本、安南、朝鲜等海外诸国等做了探讨和近事考证。

二是经济题材。晚明因战事频繁,国库空虚,军饷开支一直左支右绌、难以维持,"裕饷"成了朝廷内外广泛关注的问题。茅元仪以"裕饷佐国"为题作《冒言》,条陈包括屯田、运费、钱法、盐法、税契等十八事,展现了经世之才。《冒言》刊印出来时,北京达官之家几乎每家一册。

三是诗文评序。茅元仪十一岁学为制举文,十三四岁学为古文词,先后参加四次科举考试。年轻时,他对诗歌、时文颇为用心。《石民四十集》中为数不少的诗序文序,集中地展现出茅元仪的文学观点,包括文章与国势相通说、性情论等。

四是交游酬唱题材。茅元仪年轻时有过一段鲜衣怒马的生活,意气风发、豪迈奔放,与友人交往漫游、酬唱宴集,好不欢乐。这些内容在其诗歌中表现突出,相关散文则以"游乌龙潭"三记、《西湖看花记》为代表,成为文人雅士的互动记录。

五是社会民生题材。茅元仪关注社会民生,具有强烈的社会责任感。他十五岁时,家乡发大洪水,他曾散家粟万担赈荒。他关注到军民矛盾,在讨论屯法时指出,"易欺者民,则倍征而不以为苛;难制者军,遂弃置而不敢问",认为"抑豪强莫如抚贫弱,夺不应得者与应得之人,则众心得而祸不可煽"[①]。他为不同身份地位的人撰写传记或寿序、墓志铭等,所涉人物包括官

---

① [明]茅元仪:《冒言二》,《石民四十集》卷八。

员、文人以至普通百姓,展现各阶层人物的生平事迹、品德风范,反映当时社会的众生相。

茅元仪的散文广泛涉猎文学、经济、军事、政治、民生等题材,不仅体现了作者宽广的知识体系和深厚的学养,也全面反映了明末的政局、文坛、社会风貌以及人们的思想情感,具有较高的文献价值。

三、文风畅达、善砭时弊

茅坤作为明朝"唐宋派"代表人物,推崇韩、柳、欧、苏等唐宋古文大家。茅元仪在散文创作上与祖父茅坤、父亲茅国缙一脉相承,他称茅坤"宗欧祖马,得文章正法眼,以领袖本朝学者",称茅国缙"传其家学,一出于简峻,以班佐马,以王补欧"。茅元仪很好地承袭了祖父辈的文学主张,反对前后七子崇古拟古习气,主张以辞写意,具有良好的文学艺术修养。加上他务求实学、讲求经世致用的文学理念,因此他的散文表现出文风畅达、言之有物、善于说理、针砭时弊等鲜明特点,有别于晚明空疏浅近的文风。

首先,茅元仪的散文具有晓畅通达、言之有物的特点。其中不少文章写得生动形象、亲切可读,表现出良好的文学艺术性。比如篇幅短小的序体,夹叙夹议、叙议结合,每一篇都值得细读揣摩,体会其中精妙。试赏析两篇文章的片段。

戍楼闲话序

茅子十年戍楼矣,不俟今日戍始也。但前此则入参虎幄、出御龙骧,军书旁午,每一夕十起,战血未干,裹创复出,不得时作闲话,坐啸如平生耳。今以诸公贵人之灵远戍南服,身贱责轻,战则两臂之外无所用其力,守则五人一雉,功罪不过在一武之地,虽致死效命轻重不殊。而心闲神适,得时与伍中侪辈市酤摘蔬,为竟日之话，间次旧闻，以资鼓掌。①

此文作于崇祯四年（1631）茅元仪第一次戍闽期间，当时他的心境颇为放松闲适。此文写得诙谐幽默，语言生动有表现力。征戍辽东时，他参赞军机，军书傍午、一夕十起，紧张且繁忙，没有时间作闲话；首次戍闽时，身贱责轻、心闲神适。"战则两臂之外无所用其力，守则五人一雉，功罪不过在一武之地"，"得时与伍中侪辈市酤摘蔬，为竟日之话"，这两句把"身贱责轻、心闲神适"表现得淋漓尽致。两段戍边经历形成鲜明对比，透露出茅元仪对朝中诸公贵人让他"远戍南服"的调侃与不满。

三工传序

……今天下汹汹，野火之起若云烟，虎豺之噪若雷霆，而疆无死节之士，朝有死党之人，奸慝在肘腋而人不问。于是，吾友梅子庚辑《三工传》。三工者，死节之乐工雷海青，不刻党碑之石工安民，忍死触奸之漆工杨贤也。呜呼，使三工者寄百里、托六尺，忍使今之天下如此哉！然而以玄宗之明哲、英宗之精爽，犹不能拔三工于贱技之中，况纷纷绍述之时乎？……英宗而下，百有五十年，虽无李文达诸贤在于上，岂无如杨贤一人者在于末流下伍？而举世惘惘，独使子庚低徊于尚论之余，嗟乎，殆哉！……是故贤圣说于世而不得行其道，此夷齐诸子所以终于逸也。异日者求之逸，则天下犹有人也。若三工者，以言事显于朝，故名传于后世，附青云而声施，类如此矣。②

这是一篇借古讽今的文章。文中"三工"指的是乐工雷海青、石工安民

---

① ［明］茅元仪：《石民四十集》卷十四。
② ［明］茅元仪：《石民四十集》卷十一。

和漆工杨贤。乐工雷海青在安史之乱中宁死不屈，表现出极高的气节；石工安民拒绝刻写党碑，坚守原则不为权势所屈；漆工杨贤忍辱负重，最终揭露奸佞，表现出极大的勇气和智慧。茅元仪通过对三位工匠的赞颂，表达了对忠贞节义之士的赞扬，也对当时社会的腐败和堕落提出尖锐的批评。整篇文章情感充沛，笔锋矫健，批评晚明"疆无死节之士，朝有死党之人，奸慝在肘腋而人不问"，朝廷中充斥着结党营私之人，真正的忠良却被埋没，以致有天下无人可用的悲叹。世道不明，德贤之人难以出头，所以隐逸以独善其身。文章肯定了梅子庚的良苦用心，也表达了茅元仪的深切忧虑。

其次，茅元仪的散文表现出论证严谨、善于说理的特点。茅元仪在阐述观点时，无论是政论、尺牍还是诗序文序，都能做到论证严谨、条分缕析、熔铸古今、深入透彻。比如他为督师孙承宗起草《督理军务事宜》，全面梳理了十八务三十一则，包括总务、将务、兵务、关务、辽务、战务、守务、款务、操务、马务、饷务、草务、屯务、营务、拊务、学务、储务、用务等，并详述如此排布的考虑："臣惟军务实繁，首先简将，其次唯兵。兵将列而信地可明，故先守关以为基，后恢辽以图进，有信地而后可审机宜，然战不克则守不固，守不固则款不成。若无兵无马，亦不足以赴机，故操次之，马又次之……"①犹如将军点兵一般，逻辑清晰地将军务谋划得周全详备。

再如茅元仪的《医论序》，很好地展现了善于说理的特点，文曰：

> 医之道，皆上古圣人言之，尧以下以至周孔，不能赞一词矣。秦汉以还，张仲景诸氏始言之。非尧以下不能言，而仲景辈能之也。世日降，则精微之旨日晦，无以阐之，则意泯于玄。唐宋以来，其能言者皆名士也。浸久以大道为小术，术未有不由于道者，卜筮占察之类是也。至人之生死寄于医，而亦降之为术，谓之术，则工术者专之，而举世生死皆听于不知道之人。夫道以生天地，天地以

---

① ［明］茅元仪：《督理军务事宜引》，《石民四十集》卷四十七。

生万物,物之最为人,人之所以生死,则非道者主之,可胜惋哉!究其故,则以习仲景诸氏之论,而不知古圣人灵素之经旨。①

此文论述上古以降,医术发展源流以及道术分离的原因。上古医道完备,到秦汉张仲景等辈有新的论述,是因为时代变化导致医道精微晦涩。唐宋之后,医道被降为小术,人们重术轻道,导致医者不通医道真义,掌控生死却不知其道。最后,作者点明其根源在于医者没有追根溯源,不习《灵枢》《素问》等古圣经典经旨。全文行文逻辑缜密,环环相扣,层层深入,从现象到本质,逐步揭示问题核心,使读者能清晰理解作者的观点,具有很强的说服力。

此外,茅元仪的散文还表现出敢于针砭时弊、富有创见的特点。茅元仪性好谈兵、论天下事,通过对时局的分析和对历史的反思,常提出独特的见解,让人耳目一新,展现其敏锐的洞察力和深刻的思考力。比如在《朝鲜考》一文中,茅元仪对朝鲜的历史和当下局势做了分析,提醒统治者要保持警惕。在明朝面临后金威胁的情况下,朝鲜的地理位置使其在明朝和后金的关系中处于重要位置,其态度和行为对明朝边疆局势有着不可忽视的影响。茅元仪引用朱元璋的话,认为朝鲜"知其弱则不能守,不能守则唯强者是附,唯强者是附则不可责以忠义、望其图报矣","今礼义修于外,观望存于中,我恃其服,彼恣其慢,异日隐忧,恐有不出高皇豫料者,可不戒哉",提醒统治者,朝鲜素有依附强者的秉性,且曾与后金有过来往,如今虽然表面上尊崇明王朝,实则内心仍在观望,需要引起警惕。茅元仪对于边疆局势的了解和娴熟可见一斑。

概而言之,茅元仪的散文不仅具有重要的文学价值,还为研究晚明政治、军事、社会提供了丰富的史料。他通过散文表达了对时局的关切和对经世致用的追求,展现了其在文学、军事、经济、历史等领域的深厚造诣和个人的独特魅力。

---

① [明]茅元仪:《石民四十集》卷十二。

第五章　茅元仪著述考

钱谦益《列朝诗集小传》曰："止生为诗文,才气蜂涌,摇笔数千言,倚待而就。而其大志之所存者,则在乎筹进取,论匡复,画地聚米,决策制胜。"①的为确论。茅元仪好谈兵谈史,除了《武备志》这部军事巨著,他还有很多针砭历史、匡论国势的文集笔记。其诗歌亦多反映时政,关注边事。他是一个尚气负勇之人,同时也是个著述宏富的学者、诗人。目前学界对茅元仪著述做相关研究的文章有任道斌先生《茅元仪著述知见录》《茅元仪生平、著述初探》、臧嵘先生《〈平巢事迹考〉为茅元仪所著考——兼及茅元仪著作》、台湾丁原基女士《茅元仪著作考略》等。

茅元仪的作品流传情况复杂。根据光绪《归安县志·艺文志》载,茅元仪作品有三十四种。而据茅元仪《石民四十集》所载,其著述、编纂作品共达四十九种,并且有些晚年作品没算在内。据姚觐元《清代禁毁书目》载,茅元仪作品被禁毁达三十种。藏书家们零散记载,尚发现有前三种所缺载的。著述如此宏富,笔者比对不同文献记载,发现或有重复之作,或有将他人作品归于其名下者,或有原为单行本,后重新命名集结刊刻的。现按经、史、子、集四类,逐一梳理茅元仪著述。

---

① ［清］钱谦益:《列朝诗集小传》下,第 591 页。

第一节　经部

《律古词曲赋叶韵统》,十二卷。明程元初撰,茅元仪注考。崇祯五年刻本。《四库存目丛书·经部》第 211 册收入。

第二节　史部

一、《督师纪略》,十三卷。述孙承宗第一次督师辽东之事。崇祯六年刻,清代遭禁毁。《四库禁毁书丛刊·史部》第 36 册所收为北京图书馆藏。据任道斌先生文,此书尚有清初抄本,作十六卷,章炳麟跋,称此书可纠《明史·孙承宗传》诬其"经略(辽东)阙略不周"之谬①。

二、《青油史漫》,二卷。天启三年癸亥至四年甲子(1623—1624)间,茅元仪追随孙承宗经略辽东,军务之暇,夜间在青油灯下与门人论史而成此书。刻于崇祯六年癸酉(1633)。清代遭禁毁。《四库存目丛书·史部》第 288 册所收为上海图书馆藏清抄本。台湾中央图书馆有明崇祯刻本。

三、《辽事砭呓》,又名《复辽砭呓》,六卷。清代遭禁毁。《四库禁毁书丛刊补编》第 22 册所收为北京大学图书馆藏清抄本。

四、《平巢事迹考》,一卷。记唐末黄巢起义被镇压事。清代遭禁。《石民四十集》卷十三有《平巢事迹序》。现存清初抄本,藏于国家图书馆,无序,后有李文田跋语。《四库存目丛书·史部》第 55 册所收为国家图书馆藏清初

---

① 任道斌:《茅元仪生平、著述初探》,中国社会科学院历史研究所明史研究室编:《明史研究论丛》第三辑,第 247 页。

抄本。臧嵘先生《〈平巢事迹考〉为茅元仪所著考——兼及茅元仪著作》①详述了此书的流传情况。

　　五、《史争》,二百二十卷。光绪《归安县志》卷二十一载。茅元仪有《史争序》一文,称不满意撰史之人"以吻传吻,折衷是非于其笔"的态度,故"余每读史,意有所触,恶执笔之昧心,痛万世之长恨,愤然投袂,思与一争,不自知其千古之遐隔也"②。因此取名为《史争》。茅元仪酷好历史,深究历史,有修百代之史的宏志③,故他说:"世综史学,身备史官,曾不得十年之暇,成百代之史,以质往征来,而徒以口舌笔札争其一二,可耻也。"④亡佚。

　　六、《史眊》,二百卷。光绪《归安县志》卷二十一载。崇祯四年辛未(1631)戍闽所作。茅元仪以"时限境逼,忧思难忘,非有所寄,必难永年"⑤,故寄托于史书。日夜阅读,有所怀则书于旁,积累而成。亡佚。

　　七、《史快》,二百六十卷。光绪《归安县志》卷二十一载。茅元仪在《与潘木公书》⑥中提及有《史快略》一书,当时茅元仪欲刻四十岁前所著诗文杂记共三百卷,而《史争》《史眊》尚未完成,暂不付梓。并说《史快略》《永叹录》《征异录》《寻山志》《书辅臣谟》五种,约略千卷,也不付刻。笔者推测《史快略》与《史快》当为一书。亡佚。

　　八、《永叹记》,八十六卷。光绪《归安县志》卷二十一载。茅元仪称:"余尝披览古今,至于伟异奇卓之士,每志不胜时,才不胜算,未尝不掩卷沾襟,喟然而永叹也。"⑦故推断此书为历史人物传记集。现存《永叹记序》于《石民

---

①　臧嵘:《〈平巢事迹考〉为茅元仪所著考——兼及茅元仪著作》,《文献》1982年第1期,第145—154页。

②　[明]茅元仪:《石民四十集》卷十三。

③　茅元仪《与潘木公书》称:"平生尝曰不愿有诗笔,愿文笔。不愿有文笔,愿史笔。故十七八以来,即欲捐一生精力为本朝成信史,为马迁续史记。"见《石民四十集》卷七十七。潘木公,名潘一桂,丹徒人,有《潘木公集》六卷。

④　[明]茅元仪:《与潘木公书》,《石民四十集》卷七十七。

⑤　[明]茅元仪:《史眊序》,《石民四十集》卷十三。

⑥　[明]茅元仪:《石民四十集》卷七十七。

⑦　[明]茅元仪:《永叹记序》,《石民四十集》卷十三。

四十集》卷十三。亡佚。

九、《征异录》,四十九卷。光绪《归安县志》卷二十一载。作于崇祯四、五年间,即茅元仪第一次戍闽时。有《征异录序》存《石民四十集》卷十三。亡佚。

第三节 子部

一

《武备志》,又名《武备全书》,二百四十卷,文二百余万字,图七百三十八幅,是中国古代字数最多的一部综合性兵书。卷首有李维桢、顾起元、张师绎、朗文焕、宋献、傅汝舟诸序。宋献序曰:"其所采之书二千余种,而秘图写本不与焉。破先人之藏书垂万卷,而四方之搜讨传借不与焉。其为日凡十五年,而毕志一虑,则始于万历己未(万历四十七年,1619),竟于天启辛酉(天启元年,1621)。"[①]全书分五门:《兵诀评》十八卷、《战略考》三十三卷、《阵练制》四十一卷、《军资乘》五十五卷、《占度载》九十三卷。五门又分为一百八十六个子目,纲目明晰。此书自成体系地对中国军事理论进行集大成式的总结,特别是对当时的国防形势做了较详细的介绍,对后人研究明代后期的交通、地理、兵力、武器、海外关系等均有很大的参考价值,被誉为"军事百科全书"。

根据刘鲁民主编《中国兵书集成》[②]对《武备志》版本的介绍,以及美国国会图书馆亚洲部研究员潘铭燊撰写的《美国国会图书馆所藏〈武备志〉在郑和研究上的价值》、任道斌的《茅元仪生平、著述初探》等,总结《武备志》版本

---

① [明]宋献:《武备志序》,[明]茅元仪:《武备志》卷首。
② 刘鲁民:《中国兵书集成》,北京解放军出版社 1989 年版。

和流传情况如下。

《武备志》有六种版本。

(一)天启元年辛酉(1621)刻本,此为茅元仪初刻本。天启元年刻本由于"多悖碍字句",在清代流传不广。此版本最为珍贵,现有国家图书馆、北京大学图书馆、中国科学院图书馆、南京大学图书馆、暨南大学图书馆收藏此版本。《续修四库全书》第 963—966 册、《四库禁毁书丛刊·子部》第 23—26 册、《中国兵书集成》所收均是此版本。

(二)莲溪草堂本。天启元年所刻版片,被钱塘人汪允文(室名莲溪草堂)所收藏。汪允文在清朝初年把这些版片内一些违碍的文字挖改修补,然后重印。因书名页下印有"莲溪草堂藏板",故称为"莲溪草堂本"。

(三)清初刻本。据明本(初刻本)复刻而有改动。清人入关初期,朝廷暂时无暇顾及禁书,《武备志》出现了一种据明本复刻的版本。由于没有注明刻书名氏和年代,往往使人误以为是明刻本。这个版本为避清讳,对序文和正文都略有改动,和原刻有别。此本和莲溪草堂本未知孰先孰后。美国国会图书馆有藏。

(四)日本宽文四年(1664)刻本,亦称"和刻本"。日本须原屋茂兵卫据明本复刻,石斋鹈子直训点。清乾隆年间,统治者为了加强思想统治,禁毁《武备志》,不得流传。当时的日本人看重此书军事价值,予以翻刻。宽文刻本根据明本复刻,一字不易,只增刻日文假名训点,可以说是保存了明本原貌。美国国会图书馆藏。一九七四年,日本"古典研究会"影印出版。

(五)清道光年间木活字本。道光年间已开书禁,《武备志》得以公开印行。这个印本是据清初刻本排印的木活字本,有些字词做了更动。书前增收了《明史节录》和《茅待诏小传》。美国国会图书馆藏。

(六)清末湖南刻本。用日本宽文刻本为底本复刻而成。清朝末期,湖南重印《武备志》,当时能找到的与原本最接近的就是日本宽文刻本,于是以此为底本,复刻了《武备志》。

综上所述,《武备志》的版本有三个系统。(一)天启原刻系统。莲溪草堂本、《四库禁毁书丛刊》、《续修四库全书》、《中国兵书集成》所收属于这个系统。(二)日本宽文刻本系统。清末湖南刻本、日本"古典研究会"影印本属于这个系统。(三)清初刻本系统。道光木活字本属于这个系统。据潘铭燊先生撰写的《美国国会图书馆所藏〈武备志〉在郑和研究上的价值》知,台湾有三部《武备志》,分别为台北图书馆、台湾大学图书馆、台湾大学中西交通史方杰人教授所有,可惜不知属于哪个系统。潘铭燊先生对各种版本的《武备志》做了如下评价:在这三个系统诸多版本中,最有价值的无疑是天启元年辛酉(1621)茅元仪的初刻本,其次是日本宽文本。从印书史角度来看,莲溪草堂本和清初刻本都有研究价值,因为它们反映了书籍禁毁和避讳改版的历史片段。至于道光年间的木活字本,也让我们看到大部头书籍采用活字排印的情况。

《武备志》版本情况复杂,除上述各种版本外,还有截取若干卷内容出版的。根据任道斌先生《茅元仪生平、著述初探》整理,兹列各种版本如下。

(一)《少林棍谱》,二卷。署"程宗猷编,茅元仪辑",实即《武备志》卷八十八、八十九。抄本现存中国科学院图书馆。

(二)《蒙汉译语》,不分卷。日本旧刻本。凡分天文、地理、时令、任务、珍宝等共十七类。所载蒙古语,可资研究参考。内容即是《武备志》卷二百二十七《四夷考之一》。

(三)《战略考》,三十一卷。清咸丰十年庚申(1860)江宁潘氏刊本,即《武备志·战略考》,杂以潘铎评语。刻本现存中国科学院图书馆。

(四)《廿一史战略考》,三十三卷。光绪二十五年己亥(1899)成都志古堂刊,实即《武备志·战略考》。黎庶昌在序言中称此书为"兵家之椎轮"。刻本今存中国科学院图书馆。

(五)《辽东》,一卷。"是书记辽东建置及建夷部族颇详细,附辽东边图,乾隆间入《禁书总目》”，即《武备志》卷二百〇五《占度载》十七《镇戍》二。[1]

<h1 style="text-align:center">二</h1>

（一）《青光》，十卷。当是记载奇闻异事之作。《青光序》曰："书何得异？当偶不为人常见耳。耳目之际，亦有幽微当其略，置涸于芜熟，忽拾而咀烂，简中青光一缕矣。"[2]可知，作者意在搜集幽微异事，集为"异书"。刻于崇祯六年癸酉（1633），清代遭禁毁。现存亡不明。

（二）《六月谭》，十卷。自序云："崇祯元年夏，仪以浮谭罢，缄口思过，时方六月也。散发箕踞于柳荫桔槔声中，又不能无所谭，然不敢谭今而谭古，客录之成帙，曰《六月谭》。"刻于崇祯六年癸酉（1633）。清代遭禁毁。《中国善本书目》载，明崇祯刻本，存五卷，藏于国家图书馆。

（三）《掌记》，六卷。崇祯元年戊辰（1628）在江村所作，多述明代政事。因虑忤时，仅记之于掌。以为"握之则妻子不能见，舒之则运天下如反"[3]，因名。崇祯六年癸酉（1633）刻，清代遭禁毁。《中国善本书目》载，明崇祯刻本，藏于国家图书馆。《四库禁毁书丛刊·集部》第 110 册收入。

（四）《暇老斋杂记》，三十二卷。亦称《杂记》。崇祯元年戊辰（1628）冬作，是时茅元仪待罪江村，徒逝岁月，因名书斋为"暇老"，并以之名书。崇祯六年癸酉（1633）刻，清代遭禁毁。现存清光绪李文田家抄本（据明刊抄），藏于国家图书馆，收于《四库禁毁书丛刊·子部》第 29 册、《续修四库全书》第 1133 册。姚觐元《清代禁毁书目》中所录《暇老斋笔记》《石民暇老斋记》《暇老斋笔意》，还有《明史·艺文志》所载《杂记》，当为同一本书。

（五）《福堂寺贝余》，五卷。作于崇祯三年庚午（1630），当时茅元仪因兵

---

① 　任道斌：《茅元仪生平、著述初探》，中国社会科学院历史研究所明史研究室编：《明史研究论丛》第三辑，第 239—264 页。

② 　[明]茅元仪：《石民四十集》卷十四。

③ 　[明]茅元仪：《掌记序》，《石民四十集》卷十四。

晔被逮于福堂寺,诵读佛寺藏书,有所感则记于贝页,积少成多,故集之。崇祯六年癸酉(1633)刻,清代遭禁毁。存台湾图书馆。

(六)《戍楼闲话》,四卷。崇祯四年辛未(1631)第一次戍闽时作,多记征战辽东经历。刻于崇祯六年癸酉(1633),清代遭禁毁。《四库禁毁书丛刊补编》第34册所收为湖北省图书馆藏清抄本。

(七)《澄水帛》,十三卷。崇祯五年壬申(1632),茅元仪因"海运案"自闽戍所被召回,日困追摄,居于湖州白萍洲。时在酷暑,"敝舍如斗大,彻夜觅凉风如下第举子重觅主司。及甫曙,而东窗日窥人,又似恶豹之在林也"①,极其苦热。茅元仪以著述来抵挡酷热,遂名之为"澄水帛"。崇祯六年癸酉(1633)刻,清代遭禁毁。现存华东师范大学图书馆。

(八)《天上坐》,六卷。作于崇祯六年癸酉(1633)。此时茅元仪家庐田宅俱没,无以为家,遂以"又岘舟"为家,漂泊江浙。取"春水船如天上坐"之意,故名为《天上坐》。内容是野史杂谈、抵掌论证之类。现存亡不明。

(九)《野航史话》,四卷。崇祯七年甲戌(1634)夏,第二次戍闽途中作。为读史杂议,上及春秋,下涉时政,随兴所至,以泄心中郁愤。现存一卷本和四卷本两种。明末刻本为四卷本,有序,藏于国家图书馆,收于《续修四库全书》第1133册。明陶珽《说郛续》所收为一卷本,无序,是对四卷本的选录。收入《续修四库全书》第1192册《说郛续》卷十九。

(十)《西峰淡话》,又名《西峰谈话》,四卷。崇祯七年甲戌(1634),茅元仪第二次戍闽时,作于曹学佺"西峰草堂",多论明末时政。清代遭禁。现存一卷,清顺治三年宛委山堂刻《说郛续》本,首都图书馆藏,收入《四库存目丛书·子部》第244册,后附有《四库全书总目·西峰淡话四卷》提要。另外《续修四库全书》第1192册所收《说郛续》卷十九亦有《西峰淡话》一卷,版本内容与上同。

(十一)《西玄青鸟记》,一卷。茅元仪记其亡姬陶楚生羽化升仙之事,作于崇祯七年甲戌(1634)。收于明陶珽《说郛续》卷四十三。《续修四库全书》

---

① [明]茅元仪:《澄水帛序》,《石民四十集》卷十五。

第 1192 册收入清顺治三年宛委山堂刻本。任道斌先生猜测此文为《石民四十集》卷三十至三十二《亡姬陶楚生传》,误。

(十二)《三戍丛谈》,十三卷。崇祯十年丁丑(1637)秋第三次戍闽时作,多论史事,以喻不遇。《续修四库全书》第 1133 册收入国家图书馆藏明崇祯间刻本。

第四节 集部

一、《石民赏心集》,八卷。诗集,收诗约三百六十首,均为茅元仪十九岁下第京城至三十岁赴召渝水前所作。之所以命名为"赏心集","以所居在其(赏心)亭旁,其诗约略其地所作也。此亭在白门城上"①。白门,即金陵,茅元仪二十岁即定居于金陵。"赏心亭"颇有名气,辛弃疾有词《登建康赏心亭》,苏轼有"江山之胜,倾想平生",均是说此亭。《石民赏心集》是茅元仪最早的一部诗集,是他青年历程的记载。诗集主要内容分为四部分:感兴咏怀之作,友朋宴集与酬唱之作,干谒之作,寄内与艳情之作,其中以友朋宴集与酬唱作品最多。

崇祯六年癸酉(1633)刊行,因茅元仪在序中说"今去此又十年,始以问世",茅元仪三十岁赴召渝水,再过十年即四十岁,为崇祯六年。清代列为禁书。《中国善本书目》"茅元仪"条有载。《四库禁毁书丛刊·集部》第 110 册所收为国家图书馆藏明崇祯刻本。

二、《石民渝水集》,六卷。诗集,收诗约三百一十首,是作者自天启三年癸亥(1623)五月赴召渝水,至天启六年丙寅(1626)八月以忤珰罢为氓,归金陵期间所作,即第一次征辽时的作品。是时茅元仪追随督师孙承宗督边,主要活动在渝关(山海关)一带,遂以为名。诗集内容主要有两部分:以次韵酬

---

① [明]茅元仪:《石民赏心集序》,《石民赏心集》卷首。

唱为形式的边塞诗;以思乡怀友为主的咏怀诗。此诗集中,有数量众多的次韵孙承宗之作。清代遭禁毁。《中国善本书目》有载。《四库禁毁书丛刊·集部》第 110 册所收为国家图书馆藏明崇祯刻本。

三、《小草草》,二卷。诗集。茅元仪《小草草序》言:"小草草者,汇小草时之诗若词也。始于癸亥(天启三年,1623)五月奉征书,终于丙寅(天启六年,1626)六月罢归里。诗凡百八十首,词凡二首。诗词不尽于此,而止于此者,以非关出处之概,经略之迹,则不入也。文不载者,以所言深而东事未竟,不可传也。"①可知《小草草》仅收入"关乎出处,经略之迹"的诗歌,其他内容的诗歌、文章不在收录之列。集名"小草草",取意于《世说新语》远志与小草的典故。茅元仪此时远征辽东,自认为是出山的小草。《小草草序》引了部分诗句,如"元老不输西夏绩,幕僚犹欠蔡州碑""两旬待诏三升恋,一日明农万斛空"。笔者检阅《石民渝水集》,发现以上诗句均在此诗集中。如"元老"二句出自卷五《道中别鹿伯顺》其一;"两旬待诏"二句出自卷六《蒙恩允抚军之请,以翰林待诏督觉华岛水军,旋枢部以赞画辽东副大将军。请恩放归农,承钱明录副大将军以诗赠别,答之,因述乙丑之事》。卷六还有《予归农也,郭子綦自津门送之德州,写小草诗似之,因题一绝》,言:"莫言小草轻三载,往事唯存数首诗。"故,笔者推断《小草草》是在《石民渝水集》基础上选编的另一个诗集。另见载于光绪《归安县志》卷二十一。

四、《石民西崦集》,三卷。诗集,收诗共一百零四首。天启七年丁卯(1627),茅元仪以忤珰放归氓,此集是其隐于苏州西崦石址山时所作。诗集以友朋唱和之作为主。清代遭禁毁。《中国善本书目》有载。现存明末刻本,藏于中国社会科学院文学研究所,收入《四库禁毁丛刊补编》第 73 册。

五、《石民江村集》,二十卷。诗集,收诗约八百首。多为茅元仪自崇祯元年戊辰(1628)以"浮谭乱政"待罪河北定兴县江村,至崇祯四年辛未(1631)以"兵哗"而遭戍漳浦期间所作。茅元仪因逗留江村时间很久,并深

---

① [明]茅元仪:《小草草序》,《石民四十集》卷十七。

受江村鹿善继照顾，故名集为"江村"，以志不忘。其中，卷一收录天启七年丁卯（1627）所作诗歌。诗集内容主要为咏物诗、咏史诗、咏怀诗及友朋酬唱之作。盖因茅元仪在江村，乡居生活贫乏且单调，故咏物咏史诗特多。清代遭禁毁。《中国善本书目》载国家图书馆藏有明崇祯刻本。《四库禁毁书丛刊·集部》第 70 册所收为北京大学图书馆藏明末刻本。

六、《在禁诗》，一卷。诗集。崇祯三年庚午（1630），茅元仪因"兵哗"被逮入狱，狱中所作结为此集。其《在禁诗序》云："予以傲下狱，指我所傲者皆未知诗之人，平生不忍傲以言以色，况以诗乎？幸其略于诗，亦未尝谓我以诗傲之，余又何靳于诗。但高垣小巷，苦无发我诗肠者，仅得如干首，题曰《在禁诗》。"①茅元仪崇祯六年癸酉（1633）刊刻四十岁之前诗文集时，称"诗五十二卷"，并无《在禁诗》，故疑此诗集已汇入《石民江村集》。

七、《石民横塘集》，十卷。诗集，收诗约二百三十首。作于崇祯四年辛未（1631）至六年癸酉（1633），即茅元仪第一次戍闽及被追摄回湖州期间。茅元仪戍闽时，借住于福州曹学佺浮山堂，所住之地称为"洪塘"，也称"横塘"。回湖州后，茅元仪日夜徘徊于父亲曾住过的旧房子，那里亦称"横塘"。故集以"横塘"为名，兼有怀念曹学佺、追念亡父茅国缙之意。诗集主要以友朋宴集唱和之作为主，兼有少数咏史咏怀之作。清代遭禁毁。《中国善本书目》有载。现存明崇祯刻本，藏于国家图书馆，收入《四库禁毁书丛刊·集部》第 110 册。

八、《石民又岘集》，五卷。诗集，收诗约二百五十首。作者崇祯六年癸酉（1633）因"海运案"被牵连，家宅田庐被索赔殆尽，仅留旧舟"又岘"，遂以"又岘舟"为安身之处，漂泊江南，故名之。茅元仪泛舟江南，所到之处与友朋宴集唱和，其间纪行纪事作品汇为此集。清代遭禁毁。《中国善本书目》有载，明崇祯刻本，藏于国家图书馆，收入《四库禁毁书丛刊·集部》第 110 册。

九、《石民甲戌集》，存五卷。诗集，所存诗共一百三十首，为崇祯七年甲

---

① ［明］茅元仪：《在禁诗序》，《石民四十集》卷十七。

戌(1634)茅元仪在江浙所作,以友朋酬唱之作为主。《中国善本书目》有载,卷数不明,现存第一至五卷。明崇祯刻本,藏于国家图书馆。

十、《石民乙亥集丙子集丁丑集戊寅集》,诗集。见于姚觐元《清代禁毁书目四种》"军机处奏准全毁书目"。茅元仪在《石民甲戌集序》云:"石民刻诗以甲戌名,盖自此欲以岁纪其诗也。"由此知他晚年的诗集均以岁命名。乙亥、丙子、丁丑、戊寅即是甲戌年(崇祯七年,1634)之后的崇祯八年、九年、十年、十一年。可惜此诗集仅见载于《清代禁毁书目四种》。在清人徐乾学《传是楼书目》中,记载茅元仪有《石民戊寅集》四卷。可惜均已亡佚。

十一、《石民四十集》,九十八卷。文集。汇集茅元仪四十岁前所著文章,包括疏、序、记、行状、墓志铭、书等各种文体,另外还收入《冒言》《武备志·引》等独自结集的文章。名为"四十",即取四十岁之意。这是考察茅元仪生平非常重要的文集。清代遭禁毁。《四库禁毁书丛刊·集部》第109—110册、《续修四库全书》第1386—1387册均收入,影印国家图书馆藏明崇祯刻本。

十二、《石民集》,三百零五卷。诗文合集,徐乾学《传是楼书目》有载。茅元仪崇祯六年癸酉(1633)有《与潘木公书》一通。书言自己欲把四十岁之前所有著述付刻:"得诗五十二卷,文一百四十八卷。他说家者流《青光》十卷,《青油史漫》二卷,《六月谭》十卷,《掌记》六卷,《督师纪略》十三卷,《暇老斋杂记》三十二卷,《福堂寺贝余》五卷,《戍楼闲话》四卷,《澄水帛》十三卷,《艺活甲编》五卷,共诗文外集三百卷。已忍汗付木矣。未竟者,为《易会》《史争》《史眊》凡三种。编辑者自《武备志》二百四十卷行世。外尚有《史快略》《书辅臣谟》《寻山志》《永叹录》《征异录》等略约千余卷,不与焉。"[1]在与《谭友夏书二》[2]中,茅元仪也谈及自己三百卷诗文杂著将付梓。茅元仪自称有三百卷,徐乾学所言为三百零五卷,稍有出入。

十三、《石民未出集》,三种,二十卷,分为《冒言》四卷、《霍谋》十三卷、

---

① [明]茅元仪:《石民四十集》卷七十七。
② [明]茅元仪:《石民四十集》卷七十七。

《靖草》三卷。著于茅元仪未出山前,即三十岁前,因名以"未出集"。《冒言》作于万历四十六年戊午(1618)冬,"以大夫之事而位卑者言之罪也",取冒昧进言之意。所论之事为战争粮食问题:"盖是时军兴费繁,县官未患弱先患贫,贫则弱矣。有天下而患贫哉。故仰屋窃筹裕国而无病民之术也。"①《霍谋》与《靖草》均为书信集,"盖东西事起,公卿大夫虚怀下询,故承问出位而答之者也"②,即茅元仪回答朝廷官员询问用兵事宜的书信。《霍谋》所集书信均作于天启二年壬戌(1622)冬之前,前有傅汝舟序。万历末年,后金崛起、白莲教兴,故《靖草》专门讨论剿灭后金和白莲教之事。《石民未出集》刊行于天启七年丁卯(1627)。崇祯六年癸酉(1633)《石民四十集》刊刻时,再次收录此三部分,其中《冒言》独立成卷,《霍谋》《靖草》则打乱在"书"中,不再按照原来顺序排列。《中国善本书目》载,天启七年刻本,藏于国家图书馆。《四库禁毁丛刊补编》第73册收入。

十四、《艺活甲编》,五卷。光绪《归安县志》卷二十一称,此书皆"评诗论文之语",并言明此书创作背景:"当嘉靖中,元仪祖坤与王世贞争名相轧。坤作《史记钞》,世贞未见其书即先断其必不解。又世贞题《归有光集》,诋坤《八家文钞》右永叔而左昌黎。元仪修先世之憾,故此书大旨主于排斥世贞。"读茅元仪《艺活序》,可知大抵不错。茅元仪称:"抨弹击射,本非大雅。而辞生于愤,旨发于俳,又不自禁。至其南辕北辙,异途而同趋;分门别户,墨守而输攻。苟了彻于大通,自可息喙于稷下。若尺地而胡汉分疆,同胞而跞惠异行。"因此他主张"故合而剂之,膺而一之"。此书刻于崇祯六年癸酉(1633),清初遭禁毁。现存亡不明。

十五、《石民渝牍集》。作于征辽期间。茅元仪《石民渝水集序》称:"其间得诗六卷,文于莲幕使公车牍为多,别有集。"可知,第一次征辽期间诗歌集为《石民渝水集》,文章则另集为《石民渝牍集》,可惜现已亡佚。

---

① ［明］茅元仪:《石民未出集序》,《石民四十集》卷十七。
② ［明］茅元仪:《石民未出集序》,《石民四十集》卷十七。

附录　茅元仪年谱

明神宗万历二十二年甲午(1594)　一岁

秋,八月初四,茅元仪出生。

茅元仪《石民赏心集序》称"年三十赴召渝水",《石民渝水集序》称"天启癸亥奉征书起家",可知奉征书赴渝水在天启三年癸亥(1623),茅元仪三十岁时。逆推知茅元仪生于万历二十二年甲午(1594)。关于生日,茅元仪有《辛未初度,曹能始丈人开社三山荷亭,集同孙子长学使、陈泰始京兆、郑汝交刺史、安尽卿都护、陈叔度山人、林懋礼文学、陈昌基孝廉,为余举觞,次能始丈人韵》一题,曹学佺有《仲秋四日社集荷亭,为止生赋》一题,可知茅元仪生日在八月初四。此日,曹学佺为他社集荷亭庆贺。

万历二十八年庚子(1600)　七岁

庶兄茅元璘夭折,年仅九岁。

《石民四十集》卷三十八《先妣累敕封丁安人行实》:"是岁庶兄与孤俱病,孤几死而苏,庶兄竟以殇。"

学作诗,为父亲茅国缙赏。

《石民赏心集序》:"余生七岁学为诗,尝有句云'斗酒犹不醉,兴来嘘天风',大人赏之。"

158

好读史。

《石民四十集》卷十三《史眄序》："余性好读史,七八岁,时先大夫年垂五十。每夕与宾客小饮,必清酒三升始罢。罢犹竟史一帙,方就枕。余从童子师竟课,入必咿唔竟两帙,始就大夫脚后,大夫怜之。每呵禁,然不能止也。昼则阴计古兵戎、屯田、漕运、职官、刑法、礼乐,私自增损,欲成一家。虽料事不中,然鳃鳃不能休。"

万历二十九年辛丑(1601)　八岁

从祖父茅坤学经。

《石民横塘集》卷八《示登儿》："九十传经及汝躬,墨耘四世岂无功。"即指茅坤传经之事。

冬,茅坤卒,享年九十。

《石民四十集》卷三十六《先考工部都水司郎中二岑府君行实》上:"辛丑春,大父政九十。府君乃群子弟中外孙,支辈几百人,班舞称觞,亦日击鲜饷客。客各征诗歌文章以前寿,并海内名流。府君顾此极喜。然亡何时,而茕然读礼矣。"

是年,从兄茅瑞徵举进士。

茅瑞徵,字伯符,号苕上愚父,又号澹泊居士。见潘荣胜《明清进士录》。

万历三十二年甲辰(1604)　十一岁

学作制举文。

《石民四十集序》:"仆十一岁学为制举文"。

万历三十三年乙巳（1605）　十二岁

沉迷史学。茅国缙督令他专心学经，禁止他读史书，茅元仪便私下偷读。

《石民四十集》卷十三《史眎序》："至十二三，大夫遂督令一意于经。然私从典书者阴规一帙以乙代甲，使大夫不觉也。已而觉之，谓曰不能夺汝笃好，任恣所猎，无自苦也。"

万历三十四年丙午（1606）　十三岁

学作古文词。

《石民四十集序》："十三四学为古文词"。

夏，在杭州参加童子试。

《石民四十集》卷二十三《西湖看花记》："余堕地十三年，始以童子试过武林。"

八月，初游西湖。

《西湖看花集》："八月罢试归，令客引之。自钱塘过断桥，坐西泠，遥望长公堤而返。"

是年，考取诸生。

《石民四十集》卷一《辞召用疏》："臣十三为诸生，卒业太学。"

万历三十五年丁未（1607）　十四岁

闰六月十三日，父亲茅国缙卒。

《石民四十集》卷三十六《先考工部都水司郎中二岑府君行实》："是为万历丁未闰六月十三日未时也，距生嘉靖乙卯八月初四日寅时，享年五十有三。"

万历三十六年戊申（1608） 十五岁

结交宋辈公，在家乡吟咏数年，后一起漫游南北。宋辈公，年长元仪二十五岁，生于隆庆三年己巳（1569），亡于天启年间。

《石民四十集》卷二十九《宋辈公传》："是时余年十五，谓辈曰：'交臂而相失，恨不独在我也。'辈笑不答，遂不复出游，与余共吟咏者数年。余负笈北游，辈时读礼。太夫人以余少，欲辈夹之行。辈亦欣然往。""余流浪十数载，辈倦游遂归。而与余弟同吟咏，时而治桑麻以自聊。终以郁愤病，病瘥愈郁愤，遂纵酒近色死。死之年，余方欲引之军中，不及矣。"

吴兴大祲，茅元仪赈粟万石，遭宗老巨室忌恨。

《石民四十集》卷二十九《宋辈公传》："独忆岁戊申，余始与辈交。时大祲，巨室竞闭籴匿粟。余奉先水部治命，倾储得粟七千石，太夫人又脱簪珥籴三千石以为赈。宗老忿忿，宾客避匿，臧获寒栗。阖户作奏记告公府。"

再游西湖。

《西湖看花记》："十五始再过，时《蓼莪》在咏，一徙倚枯柳边即掩袂去。"此时丧父之恸未愈，故作此言。

万历三十七年己酉（1609） 十六岁

是年，读书孤山快雪堂。

《西湖看花记》："十六……读书孤山快雪堂。"

初见陶楚生。

《石民四十集》卷三十《亡姬陶楚生传上》："余忆去年己酉，曾与友人坐，与楚生一揖而别。"

万历三十八年庚戌(1610)　十七岁

是年,读书金车山(在今湖州德清),开始存录其所作诗歌。

《石民赏心集序》:"满年十七,读书金车山。时命侍史录所作,然随录随毁。"

春,至杭州访友。是日,陶楚生欲拜访茅元仪而不得。茅元仪当夕回归安,卧病累月。

《亡姬陶楚生传上》:"是年春,余以赴戒公之约至湖上。""陶楚生雅慕君,欲相访,已命肩舆为人邀于道。今且不及,特走侍儿相报,幸无即行,迟两日可一晤也。""夫余且忘楚生,楚生又安能识余乎?终自疑。遂于是夕返棹。及抵家,以乡里小儿交构,不胜郁郁,卧病者累月。"

戒公为何人,不详。

深秋,至杭州访汪汝谦。得见陶楚生,并私定约期。

《亡姬陶楚生传上》:"及深秋,访友人汪然明,复至湖上。""嗟哉!我几负卿,卿欲以身相许,恐谫劣之质终相负,不敢即承命。然卿以心知我,我可不以心报卿乎!"姬曰:"虽然度此生之行,将在岁暮秋冬之际。君尚来相探,我欲与君言。"

汪汝谦,字然明,歙县人。移居杭州,富商。为茅元仪和陶楚生穿针引线,使他们有情人终成眷属。茅元仪《石民甲戌集》卷五有《贻倩生次汪然明韵》一诗:"梦断春风已几年,江东谁唱想夫怜。纵横万里欣初月,绮旎双襟隔暮烟。夜雨梨花前日恨,新晴玉芷此时缘。湿红泥絮都休说,烧却空山定后禅。"作于崇祯七年甲戌(1634)。

深秋,自杭州回归安,陪母亲丁氏侫佛名山。

《亡姬陶楚生传上》:"是日奉太夫人命,将修吊问之事于戚属,遂急归。归则日奉太夫人侫佛于诸名山。"

冬,受宗人攻讦,避难至金陵。

《亡姬陶楚生传上》:"太夫人呼而语之曰:'儿无自苦,尔父以十四弃汝,汝幸有成。宗人几欲甘心，以莫可乘，故无哗者。今假事以相侮，儿当无损，众怒不可犯也，勿与争其促。往留都探戚属某，与之谋，居且与留都士大夫定交以归。我当为儿治装，儿且为金陵游，苟不贵无归也。'余长跽受命。"

在金陵，戚属为茅元仪接风洗尘，大宴宾客。

《亡姬陶楚生传上》："留都之戚属，故久客于此者也，遍识长干诸名姬，于是大会宾客。与余初定交而非冠盖，可以为狭邪游者，无不召。"

夜宿句曲（今江苏句曲县），梦羽衣者引楚生相托。

《石民四十集》卷三十一《亡姬陶楚生传中》："是夕，宿于句曲。……羽衣者曰：'未遑及他，此子欲暂相托，烦我为客一言，客无拒也。'余惊视之，恍然如姬。"

七日后，自金陵抵归安家中，复辞家趋杭州。

见《亡姬陶楚生传中》。

十二月十三日，践约趋杭州。几番辗转，终与陶楚生情意拳拳，悠游西湖。

见《亡姬陶楚生传中》。

除夕夜，与楚生散步西湖。

见《亡姬陶楚生传中》。

万历三十九年辛亥（1611）　十八岁

正月初一日，与楚生至杭州天竺寺问卜，遇张懋官。懋官为元仪、楚生作媒。

见《亡姬陶楚生传中》。

张懋官，字德懋。元仪曾作《怀亡友诗》三首，其二为《张德懋懋官》，见《石民又岘集》卷四。

正月十一日，母亲丁氏亲往杭州，为元仪、楚生主婚。

见《亡姬陶楚生传中》。

婚后，归家读书，准备秋闱。汪汝谦杭州送行。

《亡姬陶楚生传中》："客曰：'虽然无为人所中。今当归，闭户著书，塞耳不纳烦聒。稍需数月，即可策蹇长安道矣，何用遨游两都。'为余感其言，遂受命。""将戒行，忽见一客携卮酒来，追至，则然明也。然明曰：'知郎君、娘子必有今日，向所欲迟以相见者，亦恐贪天之功耳。'因相笑而别。"

张懋官病亡。

《亡姬陶楚生传中》："未几，德懋曰：'我姑归而谋之。'无何，讣音至。余趋武林赴之。其家人述曰：'易箦无一语，但言负茅生。'"

七月二十一日，离开归安。金陵度中秋后，北上京城参加秋闱。

见《亡姬陶楚生传中》。

秋，途经睢阳，夜遇盗贼。陶楚生智勇兼备，安全避贼。

见《石民四十集》卷三十二《亡姬陶楚生传下》。

经过泗上（今属江苏徐州），祭拜茅国缙祠。

《亡姬陶楚生传下》："余至泗上，谒先大夫祠，复改繇漕渠。"

茅国缙曾官泗上，政声斐然。亡故后，当地父老建祠堂以纪念他。元仪往返于南北京城，路过必往祭拜。

在京结交费朗，共同切磋诗艺。

《石民四十集》卷十五《玉碎集序》："仆辛亥始交元朗。"

费朗，本名慧，字元朗，嘉兴人。万历四十三年乙卯（1615）落第后，更名为"朗"。四十余岁困诸生而卒。亡后，元仪为其刻《玉碎集》并序行世，作《费元朗传》（见《石民四十集》卷二十九）。

在京缔交宋献。

《石民江村集》卷三《春曲次宋郎其武韵》序曰："岁在辛亥，余缔交平陵宋献孺，是时献孺年四十，余十八。"

宋献，字献孺，平陵（今属江苏溧阳）人，与茅元仪为忘年交。

万历四十年壬子(1612) 十九岁

三月,在京城,陶楚生流产。

《亡姬陶楚生传下》:"初春深,姬已娠,余甚喜。三月而堕,余复甚恚。"

夏,得热疾。陶楚生尽心侍夫。

《亡姬陶楚生传下》:"至夏季,余得热疾,不汗几死。姬日夜祷请以身代,侍汤药惟谨,无负太夫人托。"

秋,乡试落第,心情失落。陶楚生安排他散心香山,日夕相慰。

《亡姬陶楚生传下》:"余谬为同侪所推,兼以先进饰誉,自度一第必可得。及遭刖,方不胜愤懑。非姬日夕相慰,几于赋鹏。""策蹇踞香山碧云间,听松风如涛。"

秋,读书北京西郊极乐寺。

《亡姬陶楚生传下》:"余因读书于西郊之极乐寺。"

明人刘侗、于奕正撰《帝京景物略》载:"距西直门外高梁桥西可三里,为极乐寺址。寺天启初年犹未毁也。"可知极乐寺所在地。

秋,送友人宋彦叔、夏长卿南归。

《石民赏心集》卷一有《宋彦叔将别有感》、《送夏长卿南归》(二首)。

宋彦叔,吴兴(今属湖州)人。宋彦叔亡后,天启七年丁卯(1627),元仪曾过其家,作《过亡友宋彦叔居》,诗曰:"空堂来故人,卷破一帘尘。犹是高歌地,怜余感慨身。稚儿初解读,孀妇已谙贫。昔讣还逢梦,而今始恨真。"描写孤儿寡母的心酸,颇为之感慨。诗见《石民西崦集》卷一。夏长卿待考。

冬,自京城归。作《留别长安诸子》《留别长安诸姬》。

诗见《石民赏心集》卷一。

南归途中,陶楚生广陵祭母。

《亡姬陶楚生传下》:"泊广陵,则故余所言胜不胜为姬访家处也。留一日,即得其踪迹,则已先一岁殁矣。姬大恸,遂哭于墓上,自为文以祭。"

归后,定居金陵。

《石民赏心集序》："年十九下第长安,遂居白门。"白门,即金陵。

路途劳累,与陶楚生双双病倒。

《亡姬陶楚生传下》："余至金陵,亦以不胜劳苦,日呻吟绳床上。两病者皆对白日为无光。"

岁末,初见杨宛。不久后,杨宛即归茅元仪。

《亡姬陶楚生传下》："向所定交之士大夫,时有就余谈者,或言长于杨宛叔,清才颖质,不下古人。""及将度岁,余强起,姬亦免盥栉。谓余曰:'无以破寂寥。向客所言杨宛叔者,君试致之来。儿将与之谭。'余诺。……来则大喜曰:'我固善相人,姝亦不负我,此即向者所言之杨媚生也。今已长。'及询之,则宛叔,犹以小字行。……遂欢会而罢。"陶楚生以不孕为由,屡次欲为茅元仪纳妾,每为所阻。此次推荐杨宛,终得颔首。

是年,结交傅汝舟。

《石民四十集》卷十五《傅远度诗选序》："傅子汝舟年二十九交茅子元仪,次年有《七幅庵集》,未几有《步天》,有《唾心》,有《英雄失路》,有《拔剑》,有《筌筷》,有《藏楼》,有《鸳鸯回文》,是为傅子八集。而是时傅子已年三十八矣。又六年,天启丙寅,火火其箧中之诗,而板行八集则自行于世。又次年,乃属茅子选而传焉。"可知,天启丙寅傅汝舟四十三岁。汝舟二十九岁时,元仪十九岁。

万历四十一年癸丑(1613)　二十岁

春,带陶楚生遍游金陵美景。

《亡姬陶楚生传下》："(陶楚生)因日与余登临,乌傍燕矶、莫愁雨花、秦淮诸名胜。喟然曰:'平生慕建业山水,今得纵观,我志毕矣。'"

春,携杨宛回归安探望母亲丁氏。

见《亡姬陶楚生传下》。

夏,四月廿七日,陶楚生卒。文人士子风闻,作悼亡诗者众。

《亡姬陶楚生传下》："甫暮而南中之讣音至矣，是为癸丑夏四月之廿七日也。"陶楚生卒时仅二十一岁。"今已卜地于黄鹤山，其山颠可望湖，当以葬姬。因自为生圹题曰：'布衣茅止生之墓'，于愿足矣。""姬幸四方之士大夫异其事，相以纪述歌咏之，至倾天下，则亦千古悼亡之一胜也。"

夏，开始浪游江南。游杭州西湖，有《六桥坐雨》《夜泛湖上》二题。

见《石民赏心集》卷一。

夏，至嘉兴，游鸳湖（今嘉兴平湖）。

《石民赏心集》卷一有《夜泊鸳湖》《柬招费元朗》《寄赵文度》三诗。

费朗，字元朗，嘉兴人。与茅元仪为挚友。困诸生而卒。

赵左，字文度，华亭（今上海松江）人，为"苏松画派"代表画家之一。

夏，至苏州。与郑琰枫江送别，有《送郑翰卿游鲁》三首。

《石民赏心集》卷一："只因别正枫江上，前路吴歈不奈闻。"

郑琰，字翰卿，闽县（今属福建福州）人。

夏，苏州挽王稚登，有《王百谷征君挽歌》一诗。

见《石民赏心集》卷一。

秋，无锡拜访邹迪光。

《石民赏心集》卷一有《赠邹彦吉学使》四首。

邹迪光《石语斋集》卷二十《陶姬传》："茅君止生世禄由礼……恨把臂之晚。酒半，察其眉宇小有不豫，问之，具为予言亡妾陶姬事，泣数行下，且愿得一言以传不朽。"陶楚生卒于此年四月。

邹迪光，字彦吉，号愚公，江苏无锡人。万历二年甲戌（1574）进士。传见钱谦益《列朝诗集小传》丁集下《邹提学迪光》。

秋，无锡遇宋献。

见《石民赏心集》卷一《梁溪逢宋献孺》。

梁溪，无锡的别名，因梁溪河而得名。

秋，回金陵。

《石民赏心集序》："年十九下第长安，遂居白门。次年游吴越，秋复归焉。自此构茅迎养。"

秋，八月初四生日。作《癸丑初度》一诗。

见《石民赏心集》卷一。

秋，迎娶杨宛。

《石民赏心集》卷一有《迎宛叔催妆诗》五首、《宛叔九月望初度，是年初归于余》二题。

秋，与费朗研习切磋诗歌，期欲自立眉目。

《石民四十集》卷十五《玉碎集序》："癸丑秋，仆始削故稿，妄口语，标同调，抑时喙。""自是两人日称诗。其诗之相知，更深于向所上下异同者也。"

是秋，与金陵友人颇多宴集。

《石民赏心集》卷一、卷二有《同宋献孺、费元朗、杜士良登木末亭》《坐唐宜之水亭，读谭友夏诗却寄》《秋日，邀同吴叔嘉、魏考叔、和叔、许士衡、魏毕大、费元朗、杜士良、王相如、吴相如夜集秦淮，分赋秋雁，得十三元》《九日，同李本宁太史、喻叔虞、傅远度、费元朗诸子社集清凉山》《再过木末亭，同罗玄甫、王永启、唐宜之》《同喻叔虞、费元朗诸子偶集妓馆》等题。

秋，送吴鼎芳归洞庭，作《送吴凝甫归洞庭》。

见《石民赏心集》卷一。

吴鼎芳，字凝父，吴（今江苏苏州）人。传见《列朝诗集小传》丁集下《吴居士鼎芳》。

秋，送郭昭至庐江（今安徽庐江县），有《送郭伏生之庐江》一诗。

见《石民赏心集》卷二。

郭昭，字伏生，江西南昌人。传见钱谦益《列朝诗集小传》丁集上《郭比丘昭》。

是年，通过刘叔夏，寄赠汤显祖、邓渼诗文。

《石民四十集》卷七十五有《与汤若士仪部书》一通，信尾称："因建武刘叔夏之便，草附一言，并呈芜辞，以抒积思不罄之衷。当俟病间，其长跽以请益。"《石民赏心集》卷二有《寄赠汤若士丈人》二首。可知，借刘叔夏往江西之便,茅元仪寄诗、书给汤显祖,请求指导。同时,他也寄诗、书给邓渼。《石民四十集》卷七十六有《与邓远游侍御书》,信尾称:"因叔夏之归,草率附陈,并寄二诗以写我怀。仰唯达者鉴于形骸之外而已。"另有《寄赠邓远游侍御》二首,收于《石民赏心集》卷二。因与邓渼的书信所注年份为"癸丑",即此年。与汤显祖、邓渼二人之诗收于《石民赏心集》卷二,年份亦在癸丑年。故虽然与汤显祖书信标注时间为"甲寅",但笔者认为此事当发生在癸丑年。

汤显祖,字义仍,号若士,江西临川(今属抚州)人。万历十一年癸未(1583)进士。著有"临川四梦",享誉文坛。传见《列朝诗集小传》丁集中《汤遂昌显祖》与徐庶方先生《汤显祖年谱》。

邓渼,字远游,号萧曲山人,江西新城人。万历二十六年戊戌(1598)进士。传见《列朝诗集小传》丁集下《邓金都渼》。

刘叔夏,待考。

冬,同王士昌集湖舫饮酒。

见《石民赏心集》卷二《雪夜同王永叔丈人集湖舫得长字》。

王士昌,字永叔,号十溟,浙江临海人。万历十四年丙戌(1586)进士。传见潘荣胜《明清进士录》。

除夕,作《癸丑除夕》。

见《石民赏心集》卷二。

万历四十二年甲寅(1614)　二十一岁

春,拜访宋献,登其"松下阁",并作《清瑶吟》(有序)。

诗见《石民赏心集》卷二。序称:"登宋献孺松下阁作也。阁颜清瑶,故以名诗。"

春,寒山访问赵宦光不遇。

《石民赏心集》卷二有《访赵凡夫不值》一诗。茅元仪在《石民江村集》卷七《先友七子诗》序中称:"二十始识李本宁、邹彦吉、冯元成三先生。次年访赵凡夫于寒山不值,明年始定交。"可知茅元仪二十一岁寒山访问赵宧光不遇,二十二岁始定交。

赵宧光,字凡夫,吴郡(今江苏苏州)人。有泉石之癖,隐居于寒山。

春,金陵送别黄汝亨、王留。

《石民赏心集》卷二有《送黄贞父丈人》《白下送王亦房北游》二诗。

黄汝亨,字贞父,号泊玄居士,另号寓林居士,仁和(今属浙江杭州)人。万历二十六年戊戌(1598)进士。传见潘荣胜《明清进士录》。茅国缙与黄汝亨交好,茅元仪较早结识黄汝亨。《石民江村集》卷七《先友七子诗》序称:"余年十五,得以先人之故,与黄贞父丈人游。"

王留,字亦房,王稚登少子。传见《列朝诗集小传》丁集下《王秀才留》。

是年,访傅汝舟于北山,作《北山云》。

诗见《石民赏心集》卷二。

北山,南京钟山的别名。

是年,与友人游牛首山。

《石民渝水集》卷二《渝关酒残忆旧京》:"牛首酒人今哪在(诗注:甲寅在牛首为竹林之游,俱一时名彦)。"

是年,与费朗共同编刻《尚书文苑》。

《石民四十集》卷十九《尚书文苑序》:"癸丑甲寅间,茅子与费子大抵游长干。云长干虽多名山水,然畅者不聚,幽者不远,游屐所至辄一览而意尽,故所患在精神无所寄,遂共商尚书文苑之役。""刻既峻,将布之天下,茅子复高咏袁粲之诗曰:'老夫亦何寄,之子照清襟。'"

万历四十三年乙卯(1615)　二十二岁

秋,应试秋闱,落第京城。

《石民赏心集》卷二《忆截雨》序曰:"乙卯下第后,取道东归,重过濑上作。"此外有《初出国门,月下寄登第诸君》《次韵酬宋明府见慰下第之作》《下第后梦费元朗》《下第归》等题。

秋，杭州同费朗游。

《石民赏心集》卷三有《同费元朗携妓南屏看枫叶》。

初冬，访费朗，道遇范沨、吴鼎芳。

《石民赏心集》卷三有《初冬访元朗，濒行，月下忽逢东生、凝父》。

冬，与赵宧光定交。

《石民赏心集》卷三有《寒山道中怀内》（诗题注：赵凡夫、赵陆卿偕隐处）。

《石民江村集》卷七《先友七子诗》序曰："二十始识李本宁、邹彦吉、冯元成三先生。次年访赵凡夫于寒山不值，明年始定交。"

是年，娶燕雪。

《石民赏心集》卷三有《燕雪新归，携之白下示宛叔、修微》。

是年，选《子丑征变录》。

《石民四十集》卷十八《己未开先录序》曰："乙卯选《子丑征变录》。"

万历四十四年丙辰（1616）　二十三岁

努尔哈赤自立为汗，国号"金"，史称"后金"，定都赫图阿拉。年号"天命"。

万历四十五年丁巳（1617）　二十四岁

是年，更名为"恪"。

《三戌丛谈》卷七："余于丁巳已更名为恪。戊午、辛酉两应试矣。但酬应未改耳。此举子旧例也。"

秋，同张世调、俞彦直游西湖。

《石民四十集》卷二十三《西湖看花记》："丁巳与张世调、俞彦直沐浴秋山间。"

张世调、俞彦直待考。

万历四十六年戊午（1618） 二十五岁

春，雪中访李流芳。

《石民江村集》卷十二有《闻李长蘅讣，余于戊午春雪中自海上访君，已十二年矣》。

李流芳（1575—1629），字长蘅，歙县（今属安徽）人，侨居嘉定（今属上海市）。与娄坚、程嘉燧、唐时升合称"嘉定四先生"。

秋，再次落第。

《三成丛谈》卷七："余于丁巳已更名为恪。戊午、辛酉两应试矣。"可知，此年茅元仪再次参加科举，再次落第。

是冬，《冒言》成。

《石民四十集》卷十四《冒言序》："故书成于戊午冬，再刻于丁卯（天启七年，1627）夏。"

冬，再游西湖，迫除始还。

《石民四十集》卷二十三《西湖看花记》："至戊午季冬，始再过之。溪口树下，老渔父慨焉叹余老。余欣然答以诗，且曰：'天公应不妒花时矣。'……迫除，始回棹度岁。"其答诗即《石民赏心集》卷四《经岁不至湖上，渔父叹其顿老》，另有《月下看梅》《途中看月》，皆作于此时此地。

万历四十七年己未（1619） 二十六岁

元日，再回西湖。逗留至暮春始还金陵。

《西湖看花记》："朝即放维，待西子新妆矣。"

人日，散步孤山。

《西湖看花记》："人日稍晴,散步孤山。"

正月十四日,携客游西溪赏梅。

《西湖看花记》："十四日稍霁,即期僧携客入西溪矣。……又六里许为永兴寺。寺以梅为径,有两绿萼覆广庭,世莫之京,所谓西溪梅也。其脂泽辉鲜,枝条伸屈,俨然贵人妆。"

正月廿四日,晤王留于佛慧寺,并寻落梅。

《西湖看花记》："念四日,王亦房在佛慧约晤。重寻旧径,残香零落矣。独樱桃花数十树,窈窕若沉香亭畔人。此日梅妃虽欲受琲珠,亦无奈颜面何自。"

另《石民赏心集》卷四有《与王亦房步湖上》《重过法华山晤王亦房,因寻落梅》二题,可知此间茅元仪与王留数次会面。

二月初,先后与金季真、宋似祈赏杏花。

《西湖看花记》："仲春之日,金季真期饮舟中。自片石居放船孤山,见杏树一枝,半倚水傍,条枝盘郁,朵蕊丽繁。……停棹尽百厄,渐若花神醉矣。""诘朝,天露曙痕。即拉宋似祁往,踞倚其下。朝霞叠彩,与杏色相发。北山滴翠,如诸女阿姨为整容晞发。堤畔弱柳,如小姑絮絮弄轻妆。若夫短枝残干,又似明皇宫人为贵妃争价也。"

宋似祈,宋献父亲。《石民四十集》卷十九《宋和孺选义序》："吾友宋和孺,弟献孺,而父似祁。"可知,茅元仪与宋献一家往来密切。《石民横塘集》卷八有《寄怀宋似祈》一诗。金季真,待考。

二月十二日,定香桥看玉兰。

《西湖看花记》："遂至定香桥下看玉兰树。亭立古墓侧,花可万余朵,周湖十里皆可望之。藐姑仙不屑瑶台会耳,解衣质酒醉,宿其下。"

二月十三日,买舟看桃花。

《西湖看花记》："明早雨甚,复买舟看桃花。"此后数日,晴日、雨天、月下、暝晨、夕照、舟中、车上、山巅尽赏桃花娇姿美态。直至"二十一日,委红满地,新绿将层,当别易肺肠领略,遂入灵峰高卧"。另《石民赏心集》卷四有

《径山道中》《登凌霄峰》,皆作于此时。

春,宋献会试下第,元仪有《闻宋献孺下第》一诗。

《石民赏心集》卷四。

春,洞庭湖访葛一龙。

《石民赏心集》卷四有《过洞庭访葛震甫不值,存诗见慰赋答》。葛一龙《葛震甫诗集》之《修竹篇》亦有《茅止生携僧携妓访予湖上。时予客游他郡,越一年未报。今复出山,寄怀以诗》。

暮春始还家。

《石民赏心集》卷五有《春暮还家,句容道中寄宛叔》一诗。

夏,送徐𤊹隐支提山。

《石民赏心集》卷五有《送兴公渡海隐支提山》。

徐𤊹,字惟起,又字兴公。博学工文,善草隶书,万历间与曹学佺主持闽中诗坛,后进皆称"兴公诗派"。传见《列朝诗集小传》丁集下《徐布衣𤊹》。

支提山,被佛教徒视为天冠菩萨讲经说法之道场,且有"不到支提枉为僧"之说。地址在今福建省宁德市境内。

夏,与潘之恒、葛一龙、宋珏雨夜泛秦淮河。

《石民赏心集》卷五有《与潘景升、葛震甫、宋比玉雨夜泛秦淮》。

夏,作《四吊诗》,追悼"萨尔浒之战"阵亡将领杜松、刘挺、乔一琦、潘宗颜。

诗见《石民赏心集》卷五。"萨尔浒之战",发生于此年春天。经略杨镐主张兵分四路出击后金。战略冒险,一路失利,明朝大败,京师震动。杜松、刘挺、乔一琦等众多大将丧命。

端午节,茅元仪举办秦淮大社集,编《秦淮大社集》并作序。

茅元仪应钟惺、潘之恒、吴鼎芳、谭元春提倡,于端午节发起秦淮大社集。这是一次规模宏大、影响广泛的社集活动。《石民四十集》卷十三《秦淮大社集序》:"于是,客于金陵而称诗者靡不赴。其人则自卿公大夫以至有道都讲、隐流游士、禅伯女彦,其地则自吴、越、闽、楚以至土著之俊,其年则自

八十、九十以至八岁之神童,靡不操牍而至。其命题则以五日秦淮社集,而兼赋投诗赠汨罗,其限体则以五字,而曰古、曰律、曰长律,兼举、分举者听。"文人雅士们同题唱和,茅元仪汇集诸作,编成《秦淮大社集》,并作序。另《石民赏心集》卷五有《五日秦淮开社,赋得投诗赠汨罗》《代女郎五日秦淮大社,赋得投诗赠汨罗》。谭元春、释读彻也有同题诗作。

王留去世,年未四十。茅元仪有诗哭之。

《石民赏心集》卷五有《哭王亦房十六韵》。

夏,与吴鼎芳诸子泛秦淮唱和。

《石民四十集》卷五有《与廖季符、吴凝父、来与问、朱景周、朱季宣、刘玄度、黄沽之泛秦淮,分得风字》。

七月,茅元仪在乌龙潭筑新居。与谭元春、宋献、傅汝舟、钟惺等好友多次宴集于此。

详见第二章第一节"与江浙文人的交游"。

中秋节,同谭元春、吴鼎芳、王一翥游金陵栖霞寺。

《石民赏心集》卷五有《宿栖霞寺》。谭元春有《中秋栖霞作》(诗题注:同吴凝父、王子云、茅止生、张午卿)①。

十月十五日,茅元仪独酌乌龙潭,怀念钟惺、谭元春。

《石民赏心集》卷五有《十月望,独酌潭上,怀伯敬、友夏》。

冬,送王一翥归楚。

《石民赏心集》卷五有《送王子云归楚》《怀王子云兼示傅远度》二题。

冬,沈汝兴亡,有诗哭之。

《石民赏心集》卷五有《雪中哭沈汝兴》。

冬,访赵宦光。

《石民赏心集》卷五有《雪后访赵凡夫》。

除夕,作《己未除夕》。

---

① ［明］谭元春:《谭元春集》,陈杏珍标校,第263页。

见《石民赏心集》卷五。诗中透露出岁月飞逝、时不我待的焦虑。

是年,选《己未开先录》《己未二十房木鹤》等。

见《石民四十集》卷十八《己未开先录序》《己未二十房木鹤序》。

泰昌元年庚申(1620) 二十七岁

元日,作《庚申元日迎春》。

见《石民赏心集》卷六。

春,为姚希孟母亲祝寿。

《石民赏心集》卷六有《赋得曲昭母》《赋得刘真长母》《赋得吕荣公母》《赋得义成夫人》四题。

姚希孟,字孟长,号现闻,吴县(今属江苏苏州)人。万历四十七年己未(1619)进士。传见潘荣胜《明清进士录》。

春,闽人何璧亡,有诗吊之。

《石民赏心集》卷六有《闻何玉长讣》一诗。崇祯四年辛未(1631),茅元仪戍闽途中,梦见何璧,有《梦先友何玉长,抚枕作短歌》一诗,见《石民江村集》卷十九。诗歌回忆何璧生前身后事,历历在目。

何璧,字玉长,福建莆田人。

春,数与亲友唱和。

《石民赏心集》卷六有《和宛叔见亡姬镜》《和宋献孺种松示儿作次韵》《和吴居士相思曲》等。

春,侍儿湘莲亡,为作墓志铭,并诗哭之。

《石民四十集》卷二十六有《侍儿湘云墓志铭》。另《石民赏心集》卷六有《哭家婢》一诗。

春,钟佺卒,哭之。

《石民赏心集》卷六有《哭钟叔静》。

钟佺,字叔静,钟惺弟。

夏,同傅汝舟饮乌龙潭。

《石民赏心集》卷六有《月下同傅远度饮潭上》。

夏,饮于沈雨若蒋榭。

《石民赏心集》卷六有《饮沈雨若蒋榭》。

沈雨若,嘉兴人。为钟惺赏识。与谭元春、宋珏多有来往。生日在重阳后二日。

七夕,与宋珏等友人泛舟乌龙潭。

《石民赏心集》卷六有《七夕泛潭上,与宋比玉、沈雨若、钱时将、钱仲侯》。

七月初八日,再泛乌龙潭。

《石民赏心集》卷六有《七夕后一日,立秋前一日泛潭上。与曾波臣、洪仲韦、杨敏修、张隆父、张问夫、屠瑞之、葛茂永》。

十一月十五日,同吴鼎芳等友人集木鹤居。

《石民赏心集》卷六有《仲冬望,招朱咸一、朱景周、汪侨孙三子,同吴凝父、李莘父集木鹤居,时三子将别》。

冬,送别钱时将。

《石民赏心集》卷六有《送钱时将往芜阴》。

钱时将,待考。

天启元年辛酉(1621)　二十八岁

春,看牡丹联句。

《石民赏心集》卷七有《禊日看牡丹,同宋彦叔、屠瑞之、舍弟远士、舍甥钱玄晖联句》。

春,送别杨嘉祚。

《石民赏心集》卷七有《送杨邦隆守维扬》(二首)。

杨嘉祚,字邦隆,号寨云,江西泰和人。万历四十四年丙辰(1616)进士,官至广西副使。工书,喜画墨竹。传见潘荣胜《明清进士录》。

初夏,辞家赴京应试。途经安徽灵璧、河北任丘。

《石民赏心集》卷七有《别内曲》。诗云:"自言一意报明主,斩蛟捕豹啖貔貅""情根种在雄心里,红染荷花终不分"。另同卷有《次宛叔临别再题襟上韵》(三首)、《七夕任丘道中寄内》、《道中作》、《过灵璧题虞姬墓》。

夏,《武备志》成。

茅元仪《武备志》卷首宋献《武备志序》:"其为日凡十五年而毕。志一虑则始于万历己未,竟于天启辛酉。"有李维桢、顾起元、张师绎、郎文焕、宋献、傅汝舟为作序,并自序共七篇序文。见《武备志》卷首。

秋,第四次落第。

《石民赏心集》卷七有《下第》十首。此组诗写得尤其出色,悲痛郁塞,长歌当哭,宣泄其屡屡落第的伤痛。

是年,京城初见鹿善继,心窃引为知己。

茅元仪《鹿忠节公集序》:"往余落拓长安酒人中,时天下新有大故,士大夫以及五侯七贵竞向余问兵。时杨都尉之子允谐亦时相过从。一日,诣其家,遇一老先生,布袍苍黜如穷措大,举动朴直如田间父。迫视之,精光炯炯,非韦布中人也。徐讯之,知为伯顺。后再遇之张太常榻前,见其谈边事侃侃无所避,遂与心盟。"

秋,自京城游塞外。

《石民赏心集》卷七有《塞上,偶忆唐人句"小胆空房怯,长眉满镜愁。为传儿女意,不用远封侯",因代内子各成一绝》(四首)、《家兄彦先为留司光禄,闻予出塞,以诗见勉。归途得之,赋答十五韵》。

冬,辞荐南归,谋划隐居。

《石民赏心集》卷七《出都门》:"从今高卧空山去,留住朝朝出岫云。"表白心迹,愿隐居高山,看朝云出岫。另有《道中柬长安诸子》《道中先寄傅远度》《辞荐初归寄弟》等。

除夕,清源度岁。

《石民赏心集》卷七《清源除夕》:"谁逢除夕清源路,半岁长安长醉人。眼见东西交警日,犹然南北往来身。雍雍紫绶朝如蚁,莽莽黄沙将作尘。晓起定忘今岁事,只怜辜负故园春。"眼见国家危机四起,朝廷却群臣庸碌。自己空有抱负却报国无门。诗歌充满失意、愁闷,以及对朝廷尖锐的批判。

天启二年壬戌(1622)　二十九岁

春,途经黄河、江苏徐州,渡淮河,抵达金陵。

《石民赏心集》卷八有《子房祠》(三首)、《黄河道中》、《渡淮始见纸鸢》。

春,同傅汝舟归隐钟山。

《石民赏心集》卷八有《归隐北山示内》《柬远度》。

北山,南京钟山之别名。

春,潘之恒卒,有诗挽之。

《石民赏心集》卷八有《挽潘景升》。

春,又与王象春、傅汝舟计划隐居玄武湖。

《石民赏心集》卷八有《同季木、远度卜隐居玄武湖上》。

王象春,字季木,山东新城(今桓台县新城镇)人。万历三十八年庚戌(1610)进士,官至南京吏部考功郎中。传见《列朝诗集小传》丁集下《王考功象春》、潘荣胜《明清进士录》。

春,王新伯、沈农长访茅元仪于钟山。

《石民赏心集》卷八有《王新伯、沈农长见访》。另茅元仪《石民四十集》卷七十《寄李本宁太常书五》作于此年,书称:"仪虽在深山大泽,安得半夕宁处乎?王新伯之归也,聊附一函,至其衷曲,未敢寄他鸿也。"可知,茅元仪虽隐于钟山,却不忘给李维桢上书。此次王新伯过访,就顺便为他带信了。

春,登舟漫游,拜访亲朋。

《石民赏心集》卷八有《孤泊漫兴》、《春日舟中》、《姑苏访钱时将不遇》、《过季父孝若先生洁溪山居,同得归字》、《与舍弟溪上论史》、《还山酬舍弟作次来韵》(二首)等。

　　春夏,隐于钟山,屡屡上书叶向高、孙承宗自荐。

　　《石民四十集》卷五十九《上叶福清相公书六》:"今归隐钟山。幸老母健饭,敝居未圮,先人之书日以加富,庶几一家言以仰报知遇。"另有《上叶福清相公书七》《上孙高阳相公书二》《上孙高阳相公书三》《上孙高阳相公书四》等。

　　是年,举荐者甚多,朝廷亦频下征书。

　　《石民四十集》卷一《辞召用疏》:"今制臣王象乾辟臣,欲以臣为赞画,为大将。臣以处非其据,力辞,得允。东西事急,又误蒙中外大僚、南北台省李宗延、吴之皞、杨维新、王允成等累疏交荐,屡奉明旨科抄聘取,其他私辟汇荐者不一。"《石民四十集》卷十三《逸邻附诗序》:"时为天启壬戌,征书屡下。"

　　冬,接受南冢宰孙玮举荐,在留都料理新营事务。

　　《石民四十集》卷五十九《上叶福清相公书七》:"冬春之间,所为料理新营之事,已可有次第足备缓急,亦足以仰报冢宰之知遇。"

　　冬,母亲丁氏卒。

　　《石民四十集》卷三十八《先妣累敕封丁安人行实》:"卒于天启壬戌之十一月五日,盖历四朝而其享年仅五十四岁。"

天启三年癸亥(1623)　三十岁

　　五月,赴召入山海关。

　　《石民四十集》卷十七《小草草序》:"始于癸亥五月奉征书,终于丙寅六月罢归里。"《石民渝水集序》:"天启癸亥奉征书起家。"《石民赏心集序》:"年三十赴召渝水。"

　　渝水,即渝关,山海关。

　　九月,入孙承宗幕。九月八日,随孙承宗东巡,所巡营所有前屯、中后所、中右所、觉华岛、宁远、罩笠山、广宁、锦义等。

《石民四十集》卷十四《青油史漫序》："熹庙癸亥九月,余始入督师相公幕。不数日即从巡宁远,穷觉华、灰杏、罩笠、葫芦之区。"《石民四十集》卷五十九《上叶福清相公书九》："向在督师公幕中,九月八日,从之东巡。一出关,而兵马气色迥异于关。盖死地之兵将,皆百自奋,古人不欺我也。七十里而抵前屯,新城岿然,高坚可倚。田禾被野,约可三万计,居然重镇矣。又三十里,至中后所,屯与城俱前屯之亚也。又五十里,至中右所,则其城之大、屋之全、民人之众,又逾于前屯。一苇渡觉华,海面十八里,顷刻而到。又自宁远东巡五十里至罩笠山,则广宁、锦义几在望矣。"

秋,再遇鹿善继于孙承宗幕,遂结为至交。

《鹿忠节公集》卷首茅元仪《鹿忠节公集序》："又二年,奉命参高阳公军事。入幕见同舍生,则伯顺也。自此则天幕地席,霜袍雨骑,无不与共。如此两载余而别。"

"河西之役",守将罗一桂、监军高廷佐战死。茅元仪同傅汝舟、马文治祭奠。

"天启三年,河西之役,守将罗一桂、监军高廷佐暨高之仆夫永阶死之。生与平湖马文治、武康茅元仪,为位于清溪黄侍中祠内,各为祭文,奠而哭之,酹酒哀恸,感恸路人。"见《列朝诗集小传》丁集下《傅秀才汝舟》。

天启四年甲子(1624)　三十一岁

早春,宁远城竣工。初七,随孙承宗移镇宁远。

《石民渝水集》卷二有《新辟宁远,人日随高阳公移镇》、《和高阳公人日抵宁远有作,示同行幕僚次韵》(四首)。

正月十五日,作《宁远上元》。

见《石民渝水集》卷二。

春,大凌河捷,有诗。

《石民渝水集》卷二有《闻大凌河捷,次高阳公韵》(五首)。

春,奉孙承宗命,往江南募战船。出色完成任务后,以副将督理觉华岛水军。

《石民四十集》卷五十九《上叶福清相公书十二》:"督师公去年忽题仪募船。"另,《石民渝水集》卷三有《募楼船暂省先墓,与弟远士一握手耳,诗以别之》(二首)。《石民四十集》卷六十二《上孙高阳相公书七》:"及艨艟既集,募士亦合,老师便欲以蟠龙战袍使当一面。仪亦承受,不敢推逊。诚亦度一片痴胆,颇在诸人之上。"

募船期间,曾得周起元帮助。《石民江村集》卷四《周中丞起元》:"余督艨艟水犀于江南北,君实助余。"

春,自关外入,沿途皆有所纪。

《石民渝水集》卷三有《初入渝关》《自关外至潞河》《关外来始见杏花》《关外来始雨》《东阿道中即事》《红心道中》《池河日暮,系马道旁,同二三子小酌》等。

夏,至金陵,有诗寄傅汝舟、朱枝昌。

《石民渝水集》卷三有《塞上还至白下,示远度》、《送朱枝昌广陵采诗》(二首)。

夏,往海陵(今江苏泰州),募集沙船。完成任务后,送水师先发。

《石民渝水集》卷三有《奉使至海陵,寓醒园。贻周伯二刺史。刺史蜀人也,时已擢冬曹郎》(二首)、《题海陵陈氏醒园》、《送乔将军定侯将水师先发》。

七夕,自海上还金陵。

《石民渝水集》卷三有《海上还,七夕抵家示内》。

秋,回湖州祭拜亡母。

《石民渝水集》卷三有《募楼船,暂省先墓。与弟远士一握手耳,诗以别之》,诗云:"未得酬君先负母,何心报国复封侯""不待蓼莪三复罢,几行血泪洒征裘",对自己热孝赴军,迫不得已之处境充满伤感。

秋,自秦淮启程赴渝关。

《石民渝水集》卷三有《赴塞月夜过淮上,示同行诸子》。

九月,与宋献相遇清源。

《石民渝水集》卷四有《清源逢宋献孺。时同为督师幕僚,余以督楼船戎车,墨缞赴军。献孺新闻讣归,盖甲子九月也》(二首)。

冬,途经池河,寄书家兄茅瑞徵。

《石民渝水集》卷四有《寄彦先家兄,时为留京光禄》。

茅瑞徵,字伯符,号苕上愚公,元仪从兄。万历二十九年辛丑(1601)进士,知泗水,曾任南京光禄寺卿,有“廉吏”之名。传见潘荣胜《明清进士录》。

池河,今安徽省境内。

冬,行至天津,与缪昌期相别。

《石民江村集》卷四《缪宫谕昌期》序曰:“君以杨副院疏疑出君手被逮逐归。余尚将水师于津门,与君泣别也。”

津门,天津别名。

冬,天津过访郭子綦。

《石民渝水集》卷四有《过郭子綦田舍》。

郭子綦,茅元仪中表兄弟。

是年,钟惺卒,享年五十一。

天启五年乙丑(1625)　三十二岁

元日,作《乙丑元日试笔》。

见《石民渝水集》卷五。

端午节,随孙承宗东巡宁远。是日,鹿善继病重。

《石民渝水集》卷四有《乙丑五日,从督师相公东巡道中》(二首)、《石民横塘集》卷五有《壬申五日忆乙丑是日,同鹿伯顺赴宁远,伯顺病暍几殆》。

九月,发生“柳河之败”。魏忠贤借机对孙承宗大加中伤。十月,孙承宗被罢,茅元仪亦以病离开辽东。

夏燮《明通鉴》卷七十九"天启五年":"九月,壬子,辽东总兵官马世龙误信降人刘伯漒言,遣前锋副将鲁之甲、参将李承先袭取耀州,败于柳河,皆死之。""冬,十月……戊寅,大学士孙承宗罢。……会九月世龙柳河之败,死者四百余人,于是台、省劾世龙,并及承宗,章疏数十上,成长求去益力,遂许之。"①

《石民四十集》卷十七《石民又岘集》:"天启乙丑,珰祸始炽,举朝击之章疏格不达,高阳公行边至蓟请朝,长至将为上言委折。讹者谓'以甲十万,清君侧'。元仪为军锋,几不免。已而稍解,终不许将大军捣河东,遂以病去。明年削为氓。"

冬,离开渝关时,与鹿善继道别。

《石民渝水集》卷五有《去渝关》、《乞还山》、《道中别鹿伯顺》(二首)。

冬,觉华岛破。

《石民渝水集》卷六《闻觉华岛破》:"三年心血咸阳炬,省得余灰漾碧霄。"觉华岛水师是茅元仪一手创建的,他一离任,转眼就被攻破。茅元仪对此感到非常痛心。

天启六年丙寅(1626)　三十三岁

寒食节,作《丙寅寒食》。

见《石民渝水集》卷六。

六月,以忤珰罢,削籍为氓。京城与钱明录相别,详述自身遭遇。

《石民四十集》卷十七《石民江村集序》:"珰祸作,仪同伯顺病免,继而仪削籍为氓。"《石民四十集》卷十七《小草草序》:"始于癸亥五月奉征书,终于丙寅六月罢归里。"可知,六月,元仪被削籍为氓,罢归。《石民渝水集》卷六

---

① 〔清〕:夏燮《明通鉴》,岳麓书社1999年,第2218—2219页。

《蒙恩允抚军之请,以翰林待诏督觉华水军。旋枢部以赞画辽东副大将军请恩放归农。承钱明录副大将军以诗赠别,答之,因述乙丑之事》:"两旬待诏三升恋,一日明农万斛空。"诗中颇有自嘲味道。

夏,天津与郭子綦相别。

《石民渝水集》卷六有《予归农也,郭子綦自津门送之德州,写小草诗似之,因题一绝》《酬别郭子綦》二题。

途中,得张晴华帮助,搭便车南归。

《石民江村集》卷十有《丙寅罢归,是年闰六,张晴华初拜分司右军,比避嫌衅,使得附载而南。今年己巳闰四,余尚待罪郊外,君亦留滞南中,戏寄》。

张晴华,待考。

八月,抵达金陵,结束渝水之役。

《石民渝水集序》:"恢辽西四百里,而始以忤珰罢。罢之岁为丙寅。至八月抵旧京私第,始卒渝水之役。"

第一次征辽期间,作《石民渝水集》六卷。

《石民渝水集序》:"其间得诗六卷……题曰《渝水集》。"

八月初四日生日,作《丙寅初度示内》(二首)。

见《石民西崦集》卷一。

中秋日,作《丙寅中秋》。

见《石民西崦集》卷一。诗曰:"昨岁辽西月满裾,壮心方咽酒偏无。如今凄雨中秋夜,正是人间酿热初。"今昔对比,颇为愁苦。

秋,携碧耐隐居于苏州西崦石址山。

《石民四十集》卷十七《石民西崦集序》:"天启丙寅,既得齿为编氓,思所以自老之地。往余之将出也,先营包山焉,久而为人夺去。乃寻求吴越之间,最后得石址,顾而乐之。……遂挈一病姬,称寓公于斯。"《石民西崦集》卷一有《江夜携病姬碧耐东下》。知此病姬即碧耐。

赵宦光卒,哭之。

《石民西崦集》卷一有《哭寒山赵凡夫》。

冬,回湖州归安,与亲人、朋友相聚。

《石民西峰集》卷一有《到家述怀三十韵》《冬日同周石甫、赵佩之诸子、家弟远士饮菽园。次远士韵,时有侍儿弹拨》《瑞之、如公、远士俱有喜余隐石址山之作,次原韵》等。

赵佩之,会稽(今浙江绍兴)人。家穷,年五十未娶。茅国缙赠婢女给他,方有后代。叶向高《苍霞草》卷十六《明工部都水司郎中二岑茅公墓志铭》:"会稽赵佩之逾五十,公赠之婢,乃举子。"

冬,探望亡友宋彦叔妻小,有作。

《石民西峰集》卷一有《过亡友宋彦叔居》。

除夕,作《丙寅除夕》。

见《石民西峰集》卷一。诗曰:"竹襄着罢等春风,三寸消磨八石弓。纵断名根杯酒里,那堪往事此宵中。生余死后宁羞老,闲在明时岂是穷。别有无端惆怅处,他年白发拥群红。"

天启七年丁卯(1627)　三十四岁

初春,回西峰石址山。

《石民西峰集》卷二有《春日虎山桥》一诗。虎山桥是石址山景致。

春,江西郭昭造访西峰。

《石民西峰集》卷二有《郭伏生以诗访余山中,次韵为酬》(四首)。

春,数与友人相约看石址山梅花,然或雨或雪或病或友人爽约,皆不得行。

《石民西峰集》卷二有《以花事留山,匝月苦雨禁花,及天晴花发,余病不能看矣。口占榻上》、《期赵灵均花时过山堂,余以病不能从游》、《初入山,王孟礼自阊门携诗过访,为期花时,竟以病负》、《远士期过山中,匝月无耗》、《酬姚孟长内翰雪阻看梅,见寄》、《文文起殿撰初期梅时,过山中不至,寄之》(二首)等。

春，病愈后，至金陵游春访友。

《石民西崦集》卷二有《白下游春口号》、《与傅远度剧饮至晓》、《过老友阮寄卿莲花峰山居》、《和傅远度十六艳次韵》（十六首）、《永兴寺示刘肆夏塞上诗》、《示汪遗民索亡友马仲良遗稿》、《重过乌龙潭卧园》、《同傅远度、刘肆夏永兴寺夜坐》（二首）等。

秋，"又岘舟"造成。

《石民西崦集》卷三有《侍姬青绡往荷眉公征君赠诗二十一首，今为余得。"又岘"初成，载之出泛，偶简重阅，因倚韵寄眉公》。《石民又岘集序》："明年（天启六年，1626）削为氓，较事者踵之。不暂释，不敢见人。人亦畏其居于此，遂谋治一舟为泛宅焉，颜之曰'又岘'。"

秋，屠泠玄过访。

《石民西崦集》卷三有《秋日屠泠玄过石址台有赋，倚韵答之》。

屠泠玄，待考。

八月，熹宗卒。信王朱由检即位，即思宗。一即位即着手铲除魏忠贤，重立朝纲。为众多遭魏忠贤陷害的官员平反。茅元仪也因此得释，不再为氓。

《石民又岘集序》："明年削为氓……幸不一年珰败，得释。"

是年，为傅汝舟选刻诗集。并称天启诗坛唯有茅、傅，口气很大。

《石民四十集》卷十五《傅远度诗选序》："傅子汝舟年二十九交茅子元仪，次年有《七幅庵集》，未几有《步天》，有《唾心》，有《英雄失路》，有《拔剑》，有《箑篌》，有《藏楼》，有《鸳鸯回文》，是为傅子八集。而是时傅子已年三十八矣。又六年，天启丙寅，火火其箧中之诗，而板行八集则自行于世。又次年，乃属茅子选而传焉。……乃镌刻峻斧为诗三百篇。"可知，此年茅元仪为傅汝舟选刻诗集。《石民四十集》卷十五《傅远度诗选序》："茅子与傅子方成诗于天启纪年之时。诗之格，有称建安者、正始者、太康者、元嘉者、永明者、元和者、大历者、元佑者，而明实阙焉。……元和之诗为元白，大历之诗为十才子，元佑之诗为苏黄，天启之诗为茅傅。"

冬,计划游粤,傅汝舟送行。

《石民江村集》卷一有《次韵酬傅远度雪中送余粤游》。

除夕,守岁池河有作。

《石民江村集》卷一有《丁卯除夕》《守岁池河,因忆应召征辽时,家兄广居,奉敕备预于此,曾过宿焉》。

崇祯元年戊辰(1628)　三十五岁

春,茅元仪改辙北游。

《石民江村集》卷一《途中寄傅远度》:"本为罗浮游,改辙从蓟门。"另有《长途》(二首)、《感兴》(二十首),均途中作。

春,茅元仪环召入朝,恢复原官职,并奉诏令进呈《武备志》。

《石民四十集》卷一有《环召谢恩疏》《遵旨进书,并辞都督疏》两文,详述茅元仪自征辽、忤珰被罢、环召、进书等事。

夏,在京城,参加池上社集。

《石民江村集》卷一有《初夏,长安诸子社集池上,同用池字,同集者为张同父、李五卿、姚园客、江靖侯、项不损、吴国华、王巢父、谢长秋、恽道生、张尔唯、杨雨新、陈祗若、胡公占、王天乐、阚褐公、于司直、温与恕》。

夏,因上《闽贼害甚黔贼疏》而遭到权臣弹劾,以"浮谭乱政"之名,待罪江村。

《掌记》卷四"抚海盗失策"条曰:"今年春,余上《闽贼害甚黔贼疏》,言其必突浙直。往见相君张瑞图,以其闽人也。张相君曰:'承兄过虑,敝乡贼已一抚可了矣。'遂临去复上请抚。疏后,人遂论余浮谭乱政。相君杨景臣遂力主逐余,票拟着即回籍,不准推用。"另《石民四十集》卷十四《六月谭序》:"崇祯元年夏,仪以浮谭罢,缄口思过,时方六月也。"《石民江村集》卷二有《三黜》。

夏,作《六月谭》。

《石民四十集》卷十四《六月谭序》："崇祯元年夏,仪以浮谭罢,缄口思过,时方六月也。散发箕踞于柳阴桔槔声中,又不能无所谭,然不敢谭今而谭古。客录之成帙,或曰谭此,庶几寡过乎? ……我终用我浮也,可浮不浮亦姑置之。幸得褫衣解带,息此六月,谓之曰《六月谭》。"

八月初四,生日有作。

《石民江村集》卷二有《戊辰初度,柬孔茂才索酒》。可知,茅元仪罢黜江村,生活较为穷落。

冬,送刘善同之金陵。

《石民江村集》卷二有《送刘善同参加之官旧都,兼简张晴华参军》。

冬,孙奇逢以"孝"诏旌,茅元仪为作《维春之什》。

《石民江村集》卷二《维春之什》："维春为诏旌孝廉孙奇逢孝子作也。奇逢字启泰,燕容城人。一介不取,六年庐墓。天子旌之。人曰'真孝廉',故作此也。"

孙奇逢,字启泰,号夏峰,河北容城人。一代儒学宗师,与黄宗羲、李颙并称"三大儒"。

冬,作《掌记》六卷。

《石民四十集》卷十四《掌记序》："茅子既废之四月,感于客之言,阖口不谭古矣。……仅记之于掌,以掌我之掌也。握之,则妻子不能见;舒之,则运天下如反。然其事亦碎矣,以我之掌小不能及大也。"

冬,作《暇老斋杂记》三十二卷。

《石民四十集》卷十四《暇老斋杂记序》："余今非恶我者之我逐,则北当虏,南当海寇矣,岂暇老乎? 今日以后皆暇老之始也,故以名我斋,即以其时所记者名曰'杂记'。时在戊辰之冬,《掌记》既成之后。"

崇祯二年己巳(1629)　三十六岁

元日,亲调菜羹为食。

《石民江村集》卷三有《己巳元日,亲调菜羹》。

春,鹿化麟过访。

《石民江村集》卷三有《次韵酬鹿石卿过借闲阁,见余壁字有作》。

借闲阁是茅元仪的书斋。

鹿化麟,字石卿,鹿善继子。举天启元年辛酉(1621)乡试第一。

三月廿五日,杜太公招赏花,有作。

《石民江村集》卷三有《己巳三月念五日,杜太公招看花。是日始行春耳》《梨花》《苹果花》。

春,作《二十八忠诗》《三奇诗》,悼念遭魏忠贤迫害而死的文人士大夫。

见《石民江村集》卷四。

夏,孙奇逢过访江村。

《石民江村集》卷六有《孙启泰过江村夜话,因呈近稿》。

夏,阮寄卿亡,有诗哭之。

《石民江村集》卷七有《哭阮寄卿十韵》。另《石民四十集》卷二十七有《阮寄卿墓表》。

夏,家中绝粮,有作。

《石民江村集》卷八有《诠次江村诸稿,自去年五月至今五月,得杂文诗赋可二十卷,他著述五种可八十卷,编辑者不与焉。是日,庖人告绝粮,遂兀坐至晚,书此以谢家人》、《绝粮,追和苏子瞻韵》(二首)。

夏,女儿鹿儿夭折,作诗哭之。

《石民江村集》卷十有《殇鹿儿》。另《石民四十集》卷二十六《鹿儿埋铭》:"余自丙寅夏谪,丁卯夏乃始举子。至今才两年耳,去始谪亦三年耳。凡五举子,三男两女,竟无一育者。"可知,茅元仪儿女多夭折。

夏,鹿善继升为太常寺少卿,茅元仪有诗贺之。

《石民江村集》卷十有《徐明衡受知领铨部,首推鹿伯顺,以太常少卿领光禄丞》《杜集美和予喜鹿伯顺以太常少卿领光禄丞作,复次其韵》。

秋,鹿正招同里诸子饮酒。

《石民江村集》卷十有《雨后新秋，鹿太公招同里中诸子剧饮席上，戏呈》。

鹿正，鹿善继父亲。与孙奇逢、张果中因营救魏大中等遭魏忠贤迫害之士大夫，被称为"范阳三烈士"。

秋，钱谦益枚卜罢归，茅元仪相送于潞河，并作有诸多诗作。

《石民江村集》卷十一有《次韵牧斋老人，追和朽庵和尚乐归田园十咏》（有序）、《晶晶之什，送钱受之侍郎谴归》、《潞河风雨，与受之夜坐》、《次韵受之见酬》、《与受之别后，再叠前韵》。钱谦益有《潞河舟中夜坐，答茅止生见赠》一诗，见《牧斋初学集》卷八。

秋，袁崇焕计杀岛帅毛文龙，举朝震惊。茅元仪作《闻督师戮东帅》。

诗见《石民江村集》卷十一。

秋，怀念弟茅暎，有《寄远士》一诗。

见《石民江村集》卷十一。诗曰："三径荒芜羞对客，十年衰老愧称兄。"

秋，作《十五风》，历数诗歌发展源流，是茅元仪论诗的重要文献。

见《石民江村集》卷十二。

秋，在江村送别葛茂永。

《石民江村集》卷十二有《送葛茂永入长安》。

葛茂永，待考。

秋，穷郊无事，作诗自遣，或借书消磨时光。

《石民江村集》卷十二《闲居》："良辰胜友两无缘，直北荒原涨野烟。蜡屐出游惟垄畔，邀人剧话只耕田。残书既束仍抽读，旧稿重删无剩篇。漫说数诗穷鬼饷，未知将达是何年。"形象描绘出其江村生活。同卷有《穷郊无事，藉鹿石卿藏书可借耳，今亦出游三月矣，块居成此》《次韵鹿石卿见酬借书之作》等。

茅元仪读陶渊明、柳宗元、梅尧臣、苏轼、陆游、王世贞等人作品，创作了很多和古诗。如《石民江村集》卷三有《饮酒，追和柳子厚韵》《读书，追和柳子厚韵》《觉衰追和柳子厚韵》，卷五有《禽言六首，前四首追和梅圣俞韵》《罪出,追和赵子昂韵》等。

秋,全家病痛。幽居江村,百无聊赖,惟作诗以遣怀。

《石民江村集》卷十三有《病躯》《病妾》《病仆》《病马》四诗。同卷《八月朔日随笔》曰:"一室病完还及马,连朝炊冷又枯泉。"抒发无聊情绪的诗歌有《宫怨》《无事》《己巳初度寄内》《喜鹿石卿归》等。

秋,至容城访友。

《石民江村集》卷十四有《秋日过孙启泰》《秋日饮孙楚唯别业》《同郭扶摇、孙楚唯、孙鲁章较书郭外,次日鲁章不至》。孙楚唯、孙鲁章是孙承宗的儿子。孙奇逢《夏峰先生集》卷八有《孙鲁章传》。

九月九日,与孙奇逢、鹿化麟、杜集美登容城永宁寺台,谒元代诗人刘因墓,并追和刘因《九日九饮》。

刘因(1249—1293),字梦吉,号静修,谥号"文靖",河北容城人。茅元仪《石民江村集》卷十四有《九日同孙启泰、鹿石卿及江东诸杜谒刘静修墓》、《九日同启泰、石卿、诸杜登永宁寺台》、《九日登永宁寺台谒刘静修墓,后复同诸子剧饮田翁草堂》、《九日饮刘梦吉墓下,因追和其九日九饮,首句皆用原倡》(九首)、《同诸子谒刘静修墓,因议创祠墓侧》。孙奇逢《夏峰先生集》卷十四有《九日同止生、仁卿、集美饮静修墓下,追和九饮歌》。

十月初十,妾碧耐生日,有作。

《石民江村集》卷十五有《十月十日,空斋快雪,值碧耐初度,为余进觞,遂作此诗》。

十月下旬,皇太极率后金军绕过锦宁防线,从辽西蓟门一带防线薄弱处突破,直逼京师。朝野震惊,京师戒严。茅元仪危难时刻接受托付,保护鹿善继、孙奇逢、刘善同各家老小南下避难。

《石民四十集》卷十四《石民渝牍序》:"仆患难委、顿寄人庑下者逾两载,人以患难相托,义可奈何。"他招募兵士二十人,佩带武器,率牛车数百,南行至保定县城,先把各家老小安顿在安全之地。

十一月,孙承宗再度督师,坐镇通州。茅元仪以二十四骑夜出东便门,一路保护督师,战功累牍。

《石民四十集》卷十四《东便门本末序》:"仪于十八日以二十四骑从高阳公自东便门出,乘间入守之,凡十八日。而又迎房锋西追东师,裹创百战。幸五城复,首房六千余,功牍如山。"在孙承宗、袁崇焕、满桂、祖大寿等将领的尽力保卫下,皇太极终于逃遁。这场战争被称为"己巳之役"。

崇祯三年庚午(1630)　三十七岁

因"己巳之役"有功,茅元仪追随孙承宗再度征辽,领龙武营事。后遭陷害,以"兵哗"被解兵柄,离开渝关。行至潞河被逮捕入狱。后奉诏遣戍福建漳浦。南下戍闽路线为:通州、范阳、山东、金陵、虞山、苏州石址山、杭州、兰溪、建州、福州。

三月,恢复副总兵的职位,奉旨领渝关龙武营事。

《石民四十集》卷二《辩诬疏》:"荷蒙圣恩,使以原官领龙武营事。"

四月,因"兵哗"被解兵柄,不久后离开渝关。

《石民四十集》卷二《辩诬疏》:"于四月初四日,奉委署镇。初六日,誓师登舟。兵历过,正二三月饷未发。臣以兵无饷必哗,破面求道臣王楫借发,以致负傲岸之嫌。至初十日晚,饷始俱到营。而猾役二十一人是夜劫众为哗,执词以饷到不发。"另《石民江村集》卷十六有《解兵柄后闻岛变》《再去渝关》等题。

夏,傅汝舟卒,作诗哭之。次年回到金陵,墓冢凭吊,并集结刊刻其诗文。

《石民江村集》卷十六《哭傅远度,次远度与黎无求韵》:"天涯马背哭君时,纵死犹还只我知。"另《石民江村集》卷十八有《拜傅远度墓》一题。《石民四十集》卷十五有《傅远度四部文序》《傅远度鱼蓝集序》,均作于傅汝舟亡故后。

夏,行至潞河被逮,心情激愤,作诗甚多。

《石民江村集》卷十六有《过潞河有感》、《被逮》、《被逮途中作》(三十二首)、《赴逮寄内》、《赴狱旅中示客》、《赴司败过通州》(二首)。

被逮期间,作《福堂寺贝余》。

《石民四十集》卷十四《福堂寺贝余序》:"(崇祯)三年余守大将军,以傲罢为头陀于其寺。……乃间抽其闲帙以当禅诵,有所感则识之贝,久而成帙,曰《福堂寺贝余》云。"

冬,奉诏戍闽。

《石民江村集》卷十七有《奉诏依拟戍边》(三首)、《酬越卓凡,余与卓凡俱以勤王远戍,卓凡已再戍矣》(二首)、《出系,送钱尔先戍闽》。

冬,回定兴与诸友相别。定兴友人真挚相送。

《石民江村集》卷十七、十八有《归范阳》、《别鹿伯顺奉常》、《别孙启泰徵君》、《寄上高阳公》(十二首)、《杜腾江携子集美、从子完自州美、从孙君异相送》(二首)、《鹿太公送至白沟,是早木稼》、《张于度、孔养粹饯别白沟》、《雄州刘善同携子俦追送至赵堡口》、《酬孙鲁章赠别次韵》(二首)、《次韵孙楚唯见怀》、《次韵酬鹿石卿赠别》(十首)等。

崇祯四年辛未(1631)　三十八岁

元夕,行至清源。

《石民江村集》卷十八有《辛未元夕在清源,壬戌元夕为熊大司马所恶,曾避地于此》。

春,泗上拜祭茅国缙祠。

《石民江村集》卷十八有《泗上拜先公祠》(二首)。

春,过石子冈三姬墓,有作。

《石民江村集》卷十八《过三姬墓》序称:"三姬者,燕雪、少绪、燕如也,辛酉同葬于石子冈。辛未赴闽春时过之,为赋长律。"三姬均是元仪小妾。

春,金陵拜祭傅汝舟墓。

《石民江村集》卷十八有《拜傅远度墓》。

春,金陵与张文峙见面。

《石民江村集》卷十八有《与张文寺论业》《与张文寺叙战》二题。

张文峙,原名张可仕,字文寺,又字紫淀,楚人。家金陵,能诗,与傅远度、茅元仪结交。

春,金陵与屠泠玄夜坐该博堂前。

《石民江村集》卷十八有《春夜同屠泠玄于该博堂前坐月》。"该博堂",取思宗褒奖《武备志》为"该博"之意。

春,与宋元孺、朱枝昌送别。

《石民横塘集》卷十八有《宋元孺见饷禁中,又挈艇远送》《次韵酬朱枝昌赠别》。自杭州赴闽,途经钱塘江、富阳、兰溪、越江、江郎山、碧霞关、柘浦、建州、福州。

娶妾新绿。新绿随茅元仪戍闽。

《石民江村集》卷十九有《字姬人晓珠为新绿,戏成》(四首)。

董斯张病亡,作诗哭之。

《石民江村集》卷十九有《哭董遐周》(四首)、《题董遐周墓》(四首)。

端午节,杭州看竞渡。

《石民江村集》卷十九有《辛未五日,同钱青虬、丁介夫于蔡甥尔燕、公晟前山草堂看竞渡》。

中表郭子綦亡,作诗哭之。

《石民江村集》卷十九《哭郭子綦》:"孤亲埋烟埋雨危,提壶呼汝可曾知。……故人尽逐风云去,瞪目披蓑田牧时。"

六月二十日,自杭州赴闽。

《石民江村集》卷十九《偶读放翁诗云"又得今年一夏凉"。余自癸亥牵丝,唯丁卯被斥在白下,差得于淮湄堂中休夏耳。余则显幽夷难,无不劳役于暑月者。今年又六月二十日赴戍,感而有述》:"我昔多暇日,林泉生幽光。邀蝉和弹琴,微言答荷香。孰知小草后,遂致宿赏荒。"

夏,表弟丁介夫送别至江干。

《石民江村集》卷十九有《丁介夫表弟送至江干酬别》(二首)。

赴闽途中生病。卧居清湖寺养病时,遇旧友徐居之,颇多感慨。

《石民江村集》卷十九有《途病》《病枕》《病卧清湖寺,忽逢徐居之》三题。其中《病卧清湖寺,忽逢徐居之》曰:"名场初试心如火,都讲新推士若云。转盼诸公皆将相,只余老大尚从军。"对自己的遭遇颇为不满。

过剑州,受到知府王季常招待。

《石民江村集》卷二十有《过剑州谢王季常太守》。

剑州,即福建南平。

王季常,号称"台翁"。

秋,抵达福州,寓居于曹学佺浮山堂。

《石民横塘集序》:"曹能始观察筑浮山堂于闽会城之郊。……余至闽,能始丈人即授馆其处。"曹学佺《石仓诗稿》卷三十二《西峰集》所收《茅止生过宿浮山》曰:"故人相见历星榆,飘泊何妨一寄孥。研北不知谁是主,宅南相让未为孤。"

秋,初至福州,恰逢唐时罢泉州,多次饯别。

《石民横塘集》卷一有《至闽,适唐宜之罢泉州别驾去》《潘昭度宪长、申青门大参过访,暨唐宜之别驾同集曹能始宪副石仓,次能始韵》(四首)、卷二有《同曹能始二丈饯唐宜之于小金山》。曹学佺《西峰集》有《潘昭度、申青门、唐宜之同过石仓,因访茅止生,同赋》(四首)。

唐时,字宜之,茅元仪金陵旧友。

秋,白鹤滩将军宴集。

《石民横塘集》卷一有《白鹤滩将军宴集》。

八月初四日,元仪初度,曹学佺为之开社三山荷亭。

《石民横塘集》卷一有《辛未初度,曹能始丈人开社三山荷亭,集同孙子长学使、陈泰始京兆、郑汝交刺史、安尽卿都护、陈叔度山人、林懋礼文学、陈昌基孝廉为余举觞,次能始丈人韵》(四首)。曹学佺《西峰集》有《仲秋四日社集荷亭，为止生赋》（四首）。

女儿鼎出生，心情一畅。

《石民横塘集》卷一《生女鼎》："偶然生一女，一笑苏沉疴。虽然不得雄，玉肤殊可摩。行当能笑语，与我相婆娑。自我抗金虎，五年六称爷。仅存此弱息，有如霜后芽。"可知元仪对鼎儿的出生充满欣喜。

中秋夜，曹学佺招饭赏月。饭罢归，又与两姬饮浮山堂。

《石民横塘集》卷一有《中秋，石仓先生招待月，饭罢月出，告归戏作》。同卷有《辛未中秋，两姬侍醉浮山堂》，两姬是新绿、非陵。同卷又有《记中秋诗后》一题，对比今年去年中秋日的不同遭遇，提醒自己应牢记曹学佺的恩情："诗成在此年，南冠须紧记。今年窜七闽，朋游不我弃。奇果兼玉友，相饷无伦次。先人有执友，道南宅相庇。是夕招待月，月偕钟出寺。"

秋，与闽中社子石仓谈艺。

《石民横塘集》卷二有《徐兴公、林懋礼、陈昌基携酒至石仓谈艺》。曹学佺《西峰集》有《徐兴公、林懋礼、陈昌期携樽过访茅止生，同赋古风一首》。

秋，陈鸿过访。

《石民横塘集》卷二《陈叔度过访浮山堂》："瘦筇破雨到江干，若为荆榛隐菽坛。薄有文章时尚外，姑留好丑盖棺看。"

陈鸿，字叔度，闽人。

秋，观谢弘仪家伎演《蝴蝶梦》乐府。

《石民横塘集》卷一有《赠谢简之元戎》，卷二有《次韵酬谢简之元戎见贻，兼致欣慰》《观大将军谢简之家伎演所自述蝴蝶梦乐府》。

谢弘仪，字简之，号寤云，又号镜湖钓碣，会稽（今浙江绍兴）人。万历三十八年（庚戌，1610）武科状元，此时以总兵官任职福州。茅元仪到闽中，与谢弘仪偶有酬唱。

重阳节，同友人荔阁登高。

《石民横塘集》卷二有《辛未九日石仓荔阁登高，同沈钦父、陈陈诗，时钦父挡》。沈钦父、陈陈诗，待考。另《石民横塘集》卷二有《九日怀孙启泰、鹿石卿、杜集美,昔年是日同谒刘梦吉墓,醉宿田家》一诗,回忆前年与定兴友人的重九登高活动。

秋,商家梅过访。

《石民横塘集》卷二有《孟和过浮山堂,因索画》。

商家梅,字孟和,闽人,追随竟陵派诗风,善画。

秋,陈一元开社,观演《李白彩毫记》。

《石民横塘集》卷二有《陈泰始京兆开社观演李白彩毫记,同马季声、徐兴公、郑汝交、倪柯古、陈叔度、高景倩、林懋礼、陈昌基赋,探得四支》。

陈一元,字泰始,闽人。

秋,李玄白过访。

《石民横塘集》卷二有《与李玄白太守》《李玄白过访,因同过石仓之淼轩小坐》。曹学佺《西峰集》有《李玄白、茅止生同到淼轩少坐》一诗。

李玄白,嘉兴王店人。茅元仪《石民四十集》卷八十四有《与李玄白如皋书》一通。

秋,饮孙昌裔山堂。

《石民横塘集》卷二有《饮孙子长学使山堂》。

孙昌裔,字子长,侯官人,万历三十八年庚戌(1610)进士。

秋,送申维烈大参入贺万寿节。

《石民横塘集》卷二有《送申维烈大参入贺万寿节》。曹学佺《西峰集》也有《送申青门参知赍捧北上》。

申维烈,号青门,苏州人。

秋,曹学佺为茅元仪作《名王枕骨杯行》,元仪和之。

曹学佺《西峰集》之《名王枕骨杯行》。

《石民横塘集》卷三有《名王顶骨杯行》(诗题注:曹能始丈人为仪有作,和之)。名王顶骨杯(也作"枕骨杯"),是元仪在战场上所得。

秋,茅元仪自横塘出发,至连江拜访董应举。

《石民横塘集》卷三有《舟行至馆头海岸》(四首),途经馆头、五虎山、长乐、出海口。同卷有《孟溪百洞》。百洞山,又名"青芝山",位于连江县馆头镇境内、闽江口北岸,是福建省六大名山之一,素有"寺产灵芝闻海外,山称百洞重江南"和"武夷九曲溪,青芝百洞山"的说法。同卷又有《访少司徒董公崇相》《访督府参军董庸德》(诗题注:时正督乡兵捍海)。

董应举,字崇相,闽县(今属福建福州)人。万历二十六年戊戌(1598)进士。董庸德,待考。

初冬,茅元仪结束戍闽之役,与闽中诸子多次饯别酬唱。

《石民横塘集》卷三有《酬徐兴公、高景倩、林懋礼携酒邵园同曹能始、陈叔度、叶君节饯别》《郑汝交尝作醉歌行相贻,未能酬也。于余行,复携酒邀徐兴公、陈泰始、高景倩、陈叔度、林懋礼同饯于曹能始丈人石仓。酒余,作曼歌答之》《留别陈泰始京兆次韵》《留别孙子长学使次韵》《留别曹能始丈人次韵》《叠韵呈曹能始丈人》《濒别石仓同曹能始二丈、吴子野郡幕、汪穆如山人过之》《曹能始再饯小金山留别》八题。曹学佺《西峰集》也有《邵园同徐兴公、高景倩、陈叔度、林懋礼、叶君节饯别茅止生,得十一尤》《再送止生》《同吴子野、汪穆如、茅止生到园内,时止生欲行》《江上复送止生》四题。

十月,祖大寿杀副总兵何可纲,降清。

《石民横塘集》卷三有《纪何将军事》(诗题注:名可纲)。事见夏燮《明通鉴》纪八十二。

冬,自闽归越。途经延平、建宁、仙霞岭、江郎山、桐庐。除夕,抵达杭州,居西湖度岁。

《石民横塘集》卷四有《辛未除夕自闽抵江干,时季父羁栖湖上有寄,奉和次韵》(二首)。

性好读史,长年不辍。《史眊》完成于此年。

《石民四十集》卷十三《史眊序》:"余今行年三十八,于《二十一史》朱黄点窜已七竟矣。"

第一次戍闽,作《戍楼闲话》。

《石民四十集》卷十四《天上作序》:"茅子堕地三十七年始坐圜扉,又一

199

年坐戍楼。于圜扉有《福堂寺贝余》,于戍楼有《戍楼闲话》,自有所以坐者弗苦也。"

戍闽期间,结集《三山逸邻》并作序。

《石民四十集》卷十三《三山逸邻序》:"今年谪闽,身庸瘅于道路,心薾簪于衣食,逸斯下矣。而人劳出车,莫歌蔽芾,或借研北之余,或推道南之庇,至于叹相知之聿新,悲别离之何遽,凡讽出芳津皆充符霞,举诚叔季之希声,亦流人之得意也。汇而识之,亦所以敦世晜来耳,无言不酬,附以已作。"

《三山逸邻》是与友朋酬和之作的结集。

崇祯五年壬申(1632) 三十九岁

春,自杭州出游,至扬州、邗江、苏州石址山。夏日羁縻湖州白蘋洲。秋日过常熟、苏州访友。初秋回杭,重阳节回湖州。秋末,至金陵。是冬,归安度岁。

春,寄怀亲友。

《石民横塘集》卷四有《自闽暂还示舍弟,次原柬韵》《壬申元夕怀倩公》《僦湖上楼久之,悟庚戌冬,曾同西玄人住此,时壬申首春也》。

倩公、西玄人,均指陶楚生。旧地重游,倍念旧情。

春,姬人新绿流产。

《石民横塘集》卷四有《闻姬人新绿堕子》。

春,与吴今生饮西湖上。

《石民横塘集》卷四有《吴今生招饮湖上》。

吴今生,待考。

春,孔有德攻陷登州,茅元仪为之中夜踌躇。

《石民横塘集》卷四有《登州变寄张文寺》《二月念八日昼卧,梦徐兼虞中丞问平齐寇策,援笔答之,投笔而寤》二题,均指孔有德叛乱之事。后一题诗云:"房驱身谪久弢弓,寂寞谁知吾道雄。痴梦若还非遽醒,银铛又在风雨中。"可见元仪关心兵事,意欲有所为,奈何为当权所恶,苦闷惆怅。去年闰十一月,孔有德、耿仲明等率部在登州发动武装叛乱,至今春攻陷登州,酿成山东大乱。事见夏燮《明通鉴》纪八十三。

春,吴今生送茅元仪千里镜,为作歌。

《石民横塘集》卷四《千里镜歌,贻吴今生》有序。

千里镜,即望远镜。

春,周虞卿亡,哭之。

《石民横塘集》卷四有《哭周虞卿》。

周虞卿,待考。

春,过先师陆蠡台故居有作。

《石民横塘集》卷四有《过先师陆蠡台先生故居》(二首)。元仪幼时从陆蠡台学经。

春,茅元仪游历至扬州,拜访姚思孝。

《石民横塘集》卷五有《过姚永言庶常》一诗,倍叹国势之苍茫。

姚思孝,字永言,江都(今属江苏扬州)籍歙人。崇祯元年戊辰(1628)进士,改庶吉士,官至大理少卿。传见陈田《明诗纪事》、潘荣胜《明清进士录》。

春,邗江拜访阎含卿。

《石民横塘集》卷五有《重过邗江阎含卿柳下》、《呈阎含卿偈》(二首)。《石民四十集》卷十九有《阎红螺制艺序》《阎含卿酒余序》两文。《石民又岘集》卷三有《怀扬州李汝居、阎含卿》一诗。

阎含卿,号红螺,扬州邗江人。李汝居,扬州人,阎含卿酒友。

春,还旧隐石址山。

《石民横塘集》卷五《还石址山居》:"天与山川使傲人,错将傲骨掷风尘。归来愧悔仍欢洽,织锦诗成见所亲。"既有对仕隐不定的喟叹,又透露出重回旧隐的欢欣。

夏,因海运案被追摄,羁栖白萍洲。

《石民横塘集》卷五有《白萍洲口号》(十二首),序称:"以被追摄还,羁栖郡城白萍洲上,寡客萧闲,率成十二绝。"

白萍洲,在湖州境内。

夏,与李长科饮栖贤山中。

《石民横塘集》卷五《栖贤山中饮李小有,时闻莱师败绩》:"剑老书残笑我曹,庙堂谁使健儿豪。上东门外无人问,洛口仓前已战鏖。犹忍衣冠正涂炭,徒教痛哭满蓬蒿。炙笙卖水纷纷日,且放空山醉眼高。"国势危急,茅元仪欲用事而不得,嘎嘎不平。茅维和之,元仪再叠原韵,作《家季父孝若先生见和饮李小有闻东衄作,再叠原韵》。

李长科,字小有,江苏兴化人。栖贤山,在江西进贤县城东北,因唐代贤士戴叔伦曾隐居此山而得名。

夏,姜神超过访。

《石民横塘集》卷五有《姜神超秘书过访》。

夏,与贺公调夜话。

《石民横塘集》卷五有《与贺公调明府夜话》。

贺公调,湖州武康人。

夏,至佛日院访抡公。

《石民横塘集》卷五有《过佛日院访抡公》。同卷有《回道人赴箕,化白水为酒饮予,作琥珀色,甘香非世味,作此酬之》,言自己本是道人,异日当还。

佛日院,又名"佛日净慧寺",在今杭州市临平区。

夏,作《澄水帛》。

《石民四十集》卷十四《天上坐序》:"至壬申癸酉以追摄羁坐郡舍耳,目渹神明,漫苦矣。然犹间有闲适,追欢树底,永叹水边,故《澄水帛》出焉。"

初秋,茅维岘山宴集,元仪与之。

《石民横塘集》卷五有《初秋风雨,季父宴集李小有、顾端木诸君于岘山,分得闻字。二君俱以宿彦久淹场屋》。

顾端木,名咸正,江苏昆山人,崇祯六年癸酉(1633)举人,崇祯十三年庚辰(1640)以会试副榜除延安府推官。明亡殉国。

岘山,在湖州境内。

初秋,为楚郡丞冯翁祝寿。

《石民横塘集》卷五有《寿楚郡丞冯翁,翁孝丰令君之父》。此诗另出手笔,不同于传统祝寿诗,写解职归乡可淡然处之,直是元仪内心写照。

秋,虞山访友。过访程嘉燧,嘉燧为作秋鹰图。

《石民横塘集》卷六有《程孟阳为画秋鹰戏题》。

程嘉燧(1565—1643),字孟阳,号松圆、偈庵,又号松圆老人。休宁(今属安徽)人,初寓杭州,后居嘉定(今属上海),晚居虞山(位于今江苏常熟)。工诗善画,兼精音律。

秋,过访陈伯玉。

《石民横塘集》卷六有《访陈伯玉解元》。

陈伯玉,常熟人。

秋,访许士柔,士柔赠剑。

《石民横塘集》卷六有《酬许仲嘉侍讲赠剑》一诗。

许士柔,字仲嘉,江苏常熟人。天启二年壬戌(1622)年进士,改庶吉士,授检讨。崇祯初得罪温体仁,出为南京国子监祭酒,进尚宝少卿,卒官。

秋,苏州访徐波。

《石民横塘集》卷六有《访徐元叹山居》《壬申中秋在徐元叹山斋听雨》《徐元叹惠天台木屧》三题。可知在常熟回来,在苏州稍作逗留。中秋夜,与徐波山斋听雨。临别时,徐波送木屧给他,茅元仪称"任它雨泞好披襄"。

秋,回杭。饮酒西湖,友朋酬唱。

《石民横塘集》卷六有《声元弟招饮西湖》《酒斛药王二索赠》《夜坐湖中风雨忽霁》《酒中与戒公》《酬陈则梁次韵》《酬恽道生次韵》等题。

陈梁,字则梁,浙江盐官人,有《苋园集》。传见陈田《明诗纪事》辛签卷二十三。

恽本初(1586—1655),字道生,号香山,江苏武进人。诸生。画家,工山水,学董、巨二家法,有《画旨》四卷。传见卓尔堪《遗民诗》卷七。

重阳节,登湖州横山。

《石民横塘集》卷六有《壬申九日郡南横山登高》,颇有感慨:"廿载故乡风物异,五陵同学半飞蓬。"

秋,虞山遇郑鄤。

《石民横塘集》卷四有《贻郑峚阳庶常》一题,作于年初茅元仪戍闽初回之时。卷六有《虞山遇郑峚阳庶常次见赠韵》。

郑鄤(1594—1639),字谦止,号峚阳,又号天山,江苏武进人。天启二年壬戌(1622)进士,改庶吉士。崇祯初,为温体仁所构陷,污以杖母不孝,磔于西市。传见潘荣胜《明清进士录》。茅元仪与郑鄤同岁,二人同是豪爽尚气之辈,此刻同是闲散自由之身,话语投机。言谈内容,先论国事,后谈文事,文质彬彬。

秋,至金陵。与友朋小聚聚远亭。

《石民横塘集》卷六《同阎含卿、张文寺、傅紫郎在聚远亭看玄武湖,分得何字》:"相逢无奈感心何,急泻鹅黄涕泪多。高帝常悬新日月,江南犹是旧山河。半登鬼录空留版,几作疮除赴逝波。谁记洛阳园不见,轻绡还情付虞螺。"颇有物是人非之感。同卷有《还石城感旧》,回忆年少时金陵追欢的岁月,转眼老大蹉跎,感慨不已。

傅紫郎,傅汝舟之子。

秋,金陵送别张晴华。

《石民横塘集》卷六有《送张晴华相福藩》。

秋,金陵送别张集虚。

《石民横塘集》卷六有《送张集虚豫章谒所知》(二首)。

秋,海贼刘香寇福建。农民起义军陷山西州县,复南进攻河南,围怀庆。国势危如累卵,元仪虽为闲身,却时时忧心国事。

《石民横塘集》卷六有《阅邸抄,见吴大将军襄已自戍籍起,辗然成此》《闻东师大捷,喜甚,戏成二绝,寄吴大将军襄》,卷七有《东欧》《闻中原盗贼围怀庆甚急,怀尹星麓使君》。

吴襄,吴三桂父亲,起为总兵。

是冬,闲居吴兴。扫祖父茅坤墓。

《石民横塘集》卷七有《扫王父鹿门先生墓,示子弟》。

冬,过杭州云栖寺。

《石民横塘集》卷七有《过云栖老人塔院》《少时问法云栖,因缘未契。重过怅然,用壁间纳言毕东郊韵》。诗注:"余参云栖二十三年矣。"

冬,探望吴令公。

《石民横塘集》卷七有《和吴令公病中移居次韵》。

冬,作《埋剑》一诗。

诗见《石民横塘集》卷七。剑是军人的标志,茅元仪诗中屡屡出现"剑"的字眼,表示他对重上战场的期待,此刻把剑埋掉,意味着他放弃为国捐躯的信念。

冬,岘山与茅暎赏雪。

《石民横塘集》卷七有《放舟城南岘山看雪,同远士弟联句》。

冬,登归安学东阁看雪。

《石民横塘集》卷七有《登归安学东阁看雪》。

冬,过董份珠履馆。

《石民横塘集》卷七有《过故大宗伯董公珠履馆》。

董份,茅元仪姑父。董份子董道醇娶茅坤之女;孙董嗣昕娶茅坤之孙女,也即茅元仪的姐姐。

十二月二十二日,茅元仪亡姐茅硕人得以附祠归葬。

《石民横塘集》卷七有《女兄节于董者,祔于梅溪之阡,执绋七日,日赋一绝以侑哭》(七首)。

茅元仪姐嫁董嗣昕。嗣昕,字幼函,董份孙。幼函病,曾为割股疗夫。未几,夫亡,欲殉夫,以子在而不得。未几,子亡,欲殉子而不得,以姑在也。兢兢业业持家凡十五年而亡。亡后,因无子遭宗老反对,不得祔主。历经十三年的努力,终于在此日祔于安吉州昆山之阡,从董嗣昕墓。此前,董斯张为作

《旌志诗》,曹学佺和之,元仪为作《旌志乘序》。归葬后,又作《亡姊董节妇茅硕人行状》,见《石民四十集》卷三十五。

除夕宗祀,祀下度岁。

《石民横塘集》卷七有《壬申除夕,值宗祀,于祀下度岁》。

崇祯六年癸酉(1633)　四十岁

春,往来湖州、杭州二地。春末,坐"又岘舟"出游,路线为嘉兴、常熟、金陵、无锡,再回金陵。五、六月间,因"海运案"被追摄,家产恩禄尽没,遂以"又岘舟"为家,历游金陵、苏州石址山、湖州。秋,养病于湖州家中。

春,宋珏亡,元仪哭之。

《石民横塘集》卷八有《哭宋比玉》五古长篇。

宋珏,字比玉,莆田人。家世世宦,年三十,游金陵,走吴越,遍交其贤大夫。传见《列朝诗集小传》丁集下《宋秀才珏》。

早春,至杭,与弟茅暎相聚。

《石民横塘集》卷八有《早春至西湖上》《次韵答远士》《过远士西楼看梅茗饮而去》。

春,石佛寺访择公。

《石民横塘集》卷八有《石佛寺访择公》。

石佛寺,位于今浙江省绍兴市西北二十千米处的齐贤镇羊山石窟。

春,送夏长卿还朝。

《石民横塘集》卷八有《送夏长卿中舍还朝》。

春,饮瞿式耜西园。

《石民横塘集》卷八有《小饮瞿稼轩西园》。

瞿式耜,字起田,号稼轩。万历四十四年(丙辰,1616)进士,江苏常熟人。崇祯初,擢户科给事中,因会推阁臣事坐贬于家。殉明,谥号"忠宣"。好藏沈周画,宋珏颜其堂曰"耕石"。传见潘荣胜《明清进士录》。

春,祝鼎兆过访。

《石民横塘集》卷八有《祝鼎兆自兰溪过访草堂》。

春,送郁仲开镇粤。

《石民横塘集》卷八有《郁仲开谪粤归,郊居甚适,召还送之》。

寒食节,携登儿扫茅国缙墓。

《石民横塘集》卷八有《寒食携登儿扫大人墓》。同卷有《癸酉寒食上柏扫墓纪事》(有序),纪扫祖先墓事。

茅国缙,墓在吴兴乌程县。

春,遇谭元礼,思忆其兄谭元春。

《石民横塘集》卷八有《与谭服膺明府》、《和燕中诗》(有序,六首)。

谭元礼,字服膺,谭元春六弟,此时官湖州德清。

春,马俊如过访。

《石民横塘集》卷八有《马俊如明府见过》。

春,与兄弟集世殊堂。

《石民横塘集》卷九《群从声元、稚攻、中表介夫、九生偶集世殊堂》:"长年无客发髟髟,手拣旗枪试嫩芽。得意小词忘检谱,偶然快饮不因花。集屏痴燕依依在,趁水狂凫渐渐赊。不分雄襟逐烟霭,共君一笑抚年华。"兄弟难得一聚,转眼都老大不小了,难得的是年轻的感觉还在。

世殊堂,在归安苕上。

春,同屠瑞之、茅暎看牡丹。

《石民横塘集》卷九有《同屠瑞之诸子远士草堂看牡丹,分得人字》。

春,同茅瑞微等兄弟含德堂赏牡丹。

《石民横塘集》卷九《光禄勋伯符兄同群从醉含德堂牡丹》:"半生南北伴狼烟,兄弟看花亦偶然。……诸谢一时闲咏酬,凭添花谱后人传。"长年来各自为仕途奔波,难得一聚。茅家既是仕宦之家,又因茅坤而称文,故茅元仪自称兄弟为"诸谢",颇为自负。

春,谭元礼以兄元春书信示茅元仪,元仪遂作《剪石歌为谭友夏赋》(有序)。

诗见《石民横塘集》卷九。

春,送许誉卿还朝。

《石民横塘集》卷九有《送许霞城给事还朝》一诗,称赞许誉卿勇于直谏。

许誉卿,字公实,号霞城,上海松江人。万历四十四年丙辰(1616)进士,授金华府推官。天启间,为吏科给事中,得罪魏忠贤,去官。崇祯复起。明亡为僧。传见潘荣胜《明清进士录》。

王微,字修微,江都妓,与杨宛为女兄弟,先适茅元仪,后归许誉卿。

春,夜坐沈夏祖斋中忆沈圣岐。

《石民赏心集》卷六有《寄沈千秋太守》(二首),其二云:"许交君独早,十载竟如斯。未必无新识,都能忆旧思。云安天漠漠,风没柳垂垂。正是怀君处,秋棠花自知。"《石民江村集》卷二有《读周瑜传怀亡友沈千秋》。《石民横塘集》卷九有《夜坐沈夏祖斋中怀尊甫千秋丈》。

沈圣岐,字千秋,乌程人。病废,往日风流都尽,"药确残编寄寂寥,歌梁舞馆半沉销。豪华尽是伤心事,沈约于今果细腰"。诗出沈守正《雪草堂》诗集卷一《署中怀人十绝》。沈夏祖,圣岐子。

为林懋礼悼亡。

《石民横塘集》卷九有《为林懋礼悼亡》。

林懋礼,闽中文人。

春末,坐"又岘舟"出游。路线为嘉兴、常熟、金陵、无锡、金陵。

至嘉兴访钱继登。

《石民横塘集》卷九有《题钱尔先畸园》。

钱继登,字尔先,又字龙门,浙江嘉兴人。万历四十四年(丙辰,1616)进士。累官金都御史,巡抚淮阳,矜气亢节,不合于俗。致仕后,精心经史。传见潘荣胜《明清进士录》。

游武塘景德寺,见蜀僧扈芷、画僧懒先。

《石民横塘集》卷九有《武塘遇芷公》、《幽澜泉歌》(有序)、《赠画僧懒先》、《题蜀僧扈芷梅下小照》、《送懒公往参金栗》。

扈芷，诗僧，蜀人，游江南广交士大夫。懒先，工画。

夏，游至常熟。拜宗扬庙。

《石民横塘集》卷十有《宗将军庙歌》七古长篇。

宗礼，又名宗扬，江苏常熟人。少年习武通兵法，善骑马射箭，号称"猿臂王"。明朝嘉靖年间以科举武试第一名，授以游击将军。嘉靖三十五年丙辰（1556），倭寇犯浙江，宗礼率部抗倭殉国。宗扬庙是为纪念宗礼等抗倭将士而建，位于大运河北岸金牛塘口秀溪桥东侧。

夏，道遇忍公，作诗贻之。

《石民横塘集》卷十有《贻忍公》，序详述忍公身世始末。

忍公，吴兴布衣徐尚之子，幼孤，依沈圣岐。圣岐亡后，剃发为僧。

五日，吴地看竞渡。

《石民横塘集》卷十有《吴趋看竞渡，戏简同志》（二首）。

仲夏，过常熟瞿式耜处赏画。

《石民四十集》卷二十五《观瞿稼轩藏画记》称："余友瞿稼轩给事，有画癖，所藏最富于沈石田。亡友宋比玉颜其居，曰耕石。尝期余鉴焉。至癸酉仲夏始克践之。"另《石民横塘集》卷十有《观瞿稼轩所藏沈石田带砺图，戏曰异日以相贺，漫答之》一诗。

程孺文亡，挽之。

《石民横塘集》卷十有《挽程孺文》。

至白门，作《白门感怀》（二首）。

见《石民横塘集》卷十。

夏，往无锡濑上见宋献。

《石民横塘集》卷十有《甲寅往濑上值雨，作截雨诗。癸酉复值雨于此，有感》（二首）、《濑上道中》（二首）、《扶疮过宋献孺》、《濑上归，望见秣陵诸山，去时不觉也》四题。濑上，今无锡溧阳。

夏，挽虞伯醇。

《石民横塘集》卷十有《挽虞伯醇》。《石民四十集》卷十九有《虞伯醇近草序》一文，称"游长安而始交，即得虞子"。可知二人相识在万历四十年左右。

虞伯醇，举人。

夏，再还金陵。

《石民横塘集》卷十《二爱》："旧友闻祸患，匿影如星残。"感慨朋友势利之交。

与吴秋驾期晤长干，秋驾不至。

《石民横塘集》卷十有《吴秋驾期晤长干不至》。

为汪子陶悼亡。

《石民横塘集》卷十有《挽汪子陶后妇杨萤卿》。

夏，抄西汉十九传示子登。

《石民横塘集》卷十有《手抄西汉十九传示子登》（有序，十九首）。

夏，方游金陵，忽有追摄之事，尽没其家财恩禄，遂以"又岘舟"为家，流落江南。

《石民又岘集》卷一《大风变》："癸酉五六月，白夹游白门。诗醉不得醒，兀坐闲心魂。忽闻尺一书，追摄方披根。尽夺所由禄，勿使沾余恩。惶悚束素书，夙夜戒江轮。"以大风突起比喻突遭抄家之厄。

夏，始作《天上坐》。

《石民四十集》卷十四《天上坐序》："及酉（癸酉）之夏秋，飞符忽下，夺督逋者之禄，于是变慈母为严君，吹春霖为飞霰，茅子遂无坐处矣。虽然使不能有所以坐，则圜扉、戍楼、羁舍亦岂一日安之哉，而犹能诵先王之法言，咏先王之遗风耶？但意不自聊愈放言抵掌，只不敢及时耳。书成凡六卷，名之《天上坐》，取'春水船如天上坐'之语也。"

夏，曾鲸在金陵为他画像。

《石民又岘集》卷一有《曾波臣为写照贻之》。

曾鲸，字波臣，画家。

夏，同友人饮曾鲸塘上居。

《石民又岘集》卷一有《同洪仲韦、张集虚诸子饮曾波臣塘上居》。

夏，金陵遇谢长秋。

《石民又岘集》卷一有《夏日遇长安社人谢长秋粤游还》。

谢长秋，崇祯元年戊辰（1628）同参加京城"池上会"者。粤游还，出《桂岭吟》，茅元仪为作序，见《石民四十集》卷十六《谢长秋桂岭吟序》。

以"又岘舟"为家，居无定所。晚泊三山门、燕子矶，简文稿，遇风泊伞山，跌宕落魄。

《石民又岘集》卷一有《三山门晚泊，偶作草书》《泊燕子矶，简次文稿》《大风泊伞山》。

三山门，今称"水西门"。伞山，又名"摄山""栖霞山"，因山形状如伞而名。

舟中昼寝梦宋云公。

《石民又岘集》卷一有《舟中昼寝梦亡友宋云公待诏》。可知，茅元仪与宋云公交往颇深。

夏，自苏州横塘渡、灵岩山行舟至石址山养病。

《石民又岘集》卷一有《自横塘渡沿灵岩诸山至石址感怀》《养疴石址旧隐》二题。横塘渡，位于苏州西南。灵岩山，在今苏州木渎镇。

七夕，石址山中养病。

《石民又岘集》卷一有《癸酉石址病中度七夕》（二首）、《山居》（二首）。

七月，回湖州。

《石民横塘集》卷一有《泊舟东迁》一题。同卷有《菰城》（十首），历数吴兴历史名人掌故。

东迁，今湖州市东迁镇。

菰城，即下菰城，地处湖州城南二十五里的云巢乡窑头村，北依金盖山，南临东苕溪，顺流向北约四十里可达太湖。

八月初一日，作《癸酉八月朔日》，哀叹自己文事、军功俱无，唯赢得老病

211

一身。

《石民又岘集》卷二："秋来病色颇苍苍，道覆馀艎蔽海翔。揽辔未容清宇内，荷戈何计捍吾乡。梦中尚课书生业，醒起疑寻大将章。两事尽非成一笑，方抄药裹满匡床。"

八月初四日，茅元仪初度，国家战乱兼老病及身，心情黯淡。

《石民又岘集》卷二有《四十初度》（二首）、《四十生日后作歌》（七首）、《次韵酬远士四十初度见赠》、《次韵酬吴令公四十初度见赠》（二首）、《次韵酬屠瑞之四十初度见赠》、《次韵酬屠泠玄四十初度见赠》。"更叹干戈方满目，昔人疆仕我高眠"，充满报国无门的无奈。

八月十四日，辞西湖避月。

《石民又岘集》卷二《八月十四日辞西湖》："去年中秋月避我，今年中秋我避月。病骨棱棱不耐寒，掩窗似恐逢仇隙。"

秋，困追摄，又得痁疾，心情侘傺，顿感悲凉。

陶珽《说郛续》卷四十三《西玄青鸟记》："崇祯癸酉季秋，余方困追摄，又苦痁疾，兀坐苕水之世殊堂。"《石民又岘集》卷二有《困追摄自遣》《苦痁》《写怀》等题，均流露出诗人深深的困顿失落感。其中《写怀》曰："山水宾朋无复情，黯然自起拨哀筝。一秋病榻难胜甲，十载戎旃悔识丁。芸蠹置身聊避死，霜鸱吟断匪求名。迂怀岂特难谐世，梦里常同作者争。"淋漓尽致地表达其苦楚心境。

秋，看湖州城南诸山。

《石民又岘集》卷二有《晚看城南诸山》。

秋，再至苏州、石址山。

《石民又岘集》卷二有《夜泛吴门，时方有义兴之变》《秋日过石址旧隐》，卷三有《从石址旧隐步熨斗柄憩茗山，登七十二峰阁》，共三题。

初冬，回湖州归安家居。与弟茅暎扫先人墓，作诗酬唱。

《石民又岘集》卷三有《同远士扫墓》、《晚步菽园》、《每诗成即写示远士，自笑题此》、《迟晖阁望获》、《次韵远士在余舟中，逢旧将》、《恭次先君菽园杂咏韵》（十七首）诸题，粗略勾勒茅元仪归安家居的生活。

冬，游夹山漾，过泗安、石封。

《石民又岘集》卷三有《游夹山漾，时正红叶》《泗安道中》二诗。

夹山漾，湖州名胜之一。泗安，今湖州长兴县。

十月七日，得王五云信，言陶楚生是西玄洞主之仙事。

《石民又岘集》卷三有《得曹县王五云先生书，备述西玄洞主自撰本末及诗歌札牍》《癸酉十月七日得西玄洞主耗，又十日复示梦，有述》。

冬，养病夏倩竹孙斋中两旬。

《石民又岘集》卷三有《养疴夏倩竹孙斋中》，卷四有《病卧夏倩竹孙斋中两旬，濒去题壁》。

是年，刊刻四十岁前所著诗文三百卷行世。

《石民四十集》卷七十七《与潘木公书》："自度奔走余年，必不能就此，故随时缀拾，稍不负日而已顷，芟除大半。次第其稍可存者，得诗五十二卷，文一百四十八卷。他说家者流《青光》十卷，《青油史漫》二卷，《六月谭》十卷，《掌记》六卷，《督师纪略》十三卷，《暇老斋杂记》三十二卷，《福堂寺贝余》五卷，《戍楼闲话》四卷，《澄水帛》十三卷，《艺活甲编》五卷，共诗文外集三百卷。已忍汗付木矣。"此次所刊刻诗文集有《石民赏心集》八卷、《石民渝水集》六卷、《石民西崦集》三卷、《石民江村集》二十卷、《石民横塘集》十卷、《石民又岘集》五卷、《石民四十集》九十八卷。

除夕，金陵度岁。

《石民又岘集》卷五有《余自牵丝以来，未尝旧京度除也》、《癸酉除夕》（五首）二题。

崇祯七年甲戌（1634） 四十一岁

元日，作《甲戌元日》。

见《石民甲戌集》卷一。

正月,金陵送王思任出为九江佥事,备兵九江。

《石民甲戌集》卷一有《送王季重备兵九江》。去年夏,茅元仪过金陵,有《与王季重工部》一诗,时王思任官旧京工部主事。

王思任(1575—1646),字季重,号谑庵、遂东,山阴(今浙江绍兴)人,万历二十三年乙未(1595)进士。著有《王季重十种》。传见潘荣胜《明清进士录》。

正月,为茅维六十岁祝寿。

《石民甲戌集》卷一有《大茅君朝元歌十二首,为季父孝若先生举六十之觞》。

正月,获旨赦罪,得以重回戍所。茅元仪感慨有作。

《石民甲戌集》卷一《得癸酉十二月戊寅旨,感怆成此》:"一朝明主释,仍入戍伍群。扬眉拭刀锷,结束复从军。戍伍孰云贱,今日有余芬。"同卷有《得旨豁免所累,夜有所梦》。

元夕,金陵与宋献谈话。

《石民甲戌集》卷一《元夕与宋献孺淡话》,谈及流寇扰赵州又南渡河:"百楼鼓角方喧地,九曲黄河又树□(诗注:时流寇扰赵州,又南渡河)。"

正月,得信知屠瑞之除夕夜冻死于野,哭之。

《石民甲戌集》卷一《屠瑞之久客余家,癸酉除夕远士醉之,送者不戒,冻死于野,悲而为作此诗》:"壮时每共江湖胜,老去犹同书画船。温饱一生寒饿死,吟魂犹在醉魂边。"同卷有《天启丙寅余尝寄屠瑞之札曰无使天逸我,以贫以老而自交臂失之一日,腊月三十,悔之晚矣。昨年瑞之竟以腊月三十醉困死,偶简旧牍,潸然出涕》。

正月,送潘次鲁、张维默还皖。

《石民甲戌集》卷一有《送潘次鲁、张维默还皖》。

正月,同茅维、尹伸、宋献等观剧金陵第中。

《石民甲戌集》卷一有《长干少年演剧第中,和季父作歌,呈在坐尹子求方伯、范翼羽符卿、宋献孺参知诸君》。

尹伸,字子求,四川宜宾人,万历二十六年戊戌(1598)进士,官至湖广布政使。崇祯甲申,张献忠部贼陷叙州(今属四川宜宾),殉节亡。

春,集曾鲸塘上居。

《石民甲戌集》卷一有《花朝风雨,同宋献孺、洪仲韦诸子集曾波臣塘上居》。

春,与傅紫郎酬唱,兼怀傅汝舟。

《石民甲戌集》卷一《次韵酬傅紫郎读余诸集见赠之作,因忆尊甫远度》云:"留余海内存孤调,便谓余生尽独知。"茅元仪曾与傅汝舟倡"天启之诗",汝舟亡后,喟叹自己成孤调。

春,白下怀词苑旧游友有作。

《石民甲戌集》卷一有《重来白下,怀词苑旧游》(八首),分别怀念俞羡长、宋珏、傅汝舟、钟惺、范汭、何玉长、王曰常、黄伯传,八子当时均已亡故。

春,题诗恽本初雨山图。

《石民甲戌集》卷二有《题恽道生雨山图》。另《石民横塘集》卷六有《酬恽道生次韵》一题。

春,同钱予立吉祥寺看梅。

《石民甲戌集》卷二有《同钱予立武部看吉祥寺□梅,梅止一树,掩复十丈许。万历丁未,焦弱侯、曹能始始从篱落探出》。

吉祥寺,在金陵。

春,天界寺访善权实,遇博山泰。

《石民甲戌集》卷二有《天界寺访善权实,遇博山泰》。

天界寺,在明代与报恩寺、灵谷寺齐名,号称"南京三大寺"。

春,金陵同张文寺、张晴华春游。

《石民甲戌集》卷二有《同张晴华、张文寺春游》。

春,重过石子冈读书处。

见《石民甲戌集》卷二有《重过石子冈读书处》。

春,同屠泠玄芙蓉山看花。

《石民甲戌集》卷二有《同屠泠玄诸子芙蓉山看花,次泠玄韵》。

春,送周陶士昆仲往登州、莱州参军。

《石民甲戌集》卷二有《送周陶士昆仲往登莱军》。

春,送余大成戍粤。

《石民甲戌集》卷二有《送余集生中丞成粤》。

余大成,字集生,法名道裕,江宁人。崇祯四年辛未(1631)为山东巡抚,崇祯七年甲戌(1634)谪岭南,晚年与黄端伯结社于杭州。著有《五灯化》《四梦稿》等。生平见《明史》卷二百四十八《居士传》卷四十。

暮春,同友人集淮上。

《石民甲戌集》卷二有《暮春肩公招同张文寺、傅苍郎、紫郎、福公集淮上,分得云字》。傅苍郎、傅紫郎都是傅汝舟儿子。

春,与福公、肩公唱和。

《石民甲戌集》卷二有《次韵酬肩公》《次韵酬福公,公赏余"与天争日月"句,有作》。

春,送李世臣还秦。

《石民甲戌集》卷二有《送李世臣方伯还秦》。

初夏,与朱枝昌道别。

《石民甲戌集》卷二有《将还闽戍,值朱枝昌燕游,与之》。

端午节,秦淮以流寇禁竞渡,有作。

《石民甲戌集》卷三有《甲戌午日,秦淮以流寇禁竞渡,戏作》《甲戌五日歌》。

五月,作《西玄青鸟记》。

陶梃《说郛续》卷四十三《西玄青鸟记》:"至明年甲戌夏五月病,始闲,乃约略而为记。"《西玄青鸟记》是追悼亡姬陶楚生而作。

崇祯九年丙子(1636) 四十三岁

是年,清建元崇德。

是年,鹿善继殉城而死,享年六十三。

《续修四库全书》第1373册《鹿忠节公集》范景文序:"丙子之变,竟殉城以死,呜呼!"。

崇祯十年丁丑(1637) 四十四岁

是年,谭元春卒于赴京赶考途中,享年五十一。

崇祯十一年戊寅(1638) 四十五岁

是年,茅元仪以勤王罢归,北上殓葬鹿善继。

茅元仪《鹿忠节公集序》:"再别六年,余以勤王罢归。过其家,而伯顺已以殉节死,狼藉血肉,浅埋阛阓间。余哭不能起。知其家经兵飈,不能为殓,乃脱骖赠之。"

是年,清兵攻入保定,孙承宗殉国。

崇祯十三年庚辰(1640) 四十七岁

茅元仪去世。钱谦益、孙奇逢、杨宛、于鉴之等作挽诗。

钱谦益、孙奇逢、杨宛所作挽诗均收于钱谦益《牧斋初学集》卷十七《移居诗集》之《茅止生挽诗十首》。据钱谦益注,《移居诗集》写作时间"起庚辰三月,尽十月"。"庚辰"即崇祯十三年(1640),故推测茅元仪卒于此年。另,于鉴之有《辛巳仲春,京口望茅止生艫舟不至,感述》(三首),此三首诗是追悼之作。辛巳仲春,也即崇祯十四年(1641)二月,为茅元仪卒年的下限。

主要参考文献

[1] 茅元仪.石民赏心集:八卷[M]//四库禁毁书丛刊:集部:第 110 册.影印本.北京:北京出版社,2000.

[2] 茅元仪.石民渝水集:六卷[M]//四库禁毁书丛刊:集部:第 110 册.影印本.北京:北京出版社,2000.

[3] 茅元仪.石民西崦集:三卷[M]//四库禁毁书丛刊补编:第 73 册.影印本.北京:北京出版社,2005.

[4] 茅元仪.石民江村集:二十卷[M]//四库禁毁书丛刊:集部:第 70 册.影印本.北京:北京出版社,2000.

[5] 茅元仪.石民横塘集:十卷[M]//四库禁毁书丛刊:集部:第 110 册.影印本.北京:北京出版社,2000.

[6] 茅元仪.石民又岘集:五卷[M]//四库禁毁书丛刊:集部:第 110 册.影印本.北京:北京出版社,2000.

[7] 茅元仪.石民甲戌集[M].明崇祯刻本.国家图书馆藏.

[8] 茅元仪.武备志:二百四十卷[M]//四库禁毁书丛刊:子部:第 23—26 册.影印本.北京:北京出版社,2000.

[9] 茅元仪.武备志:二百四十卷[M]//续修四库全书:第 963—966 册.影印本.上海:上海古籍出版社,2003.

[10] 茅元仪.石民未出集:二十卷[M]//四库禁毁书丛刊补编:第 73 册.影印本.北京:北京出版社,2005.

［11］茅元仪.青油史漫:二卷[M]//四库全书存目丛书:史部:第288册.影印本.济南:齐鲁书社,1997.

［12］茅元仪.掌记:六卷[M]//四库禁毁书丛刊:集部:第110册.影印本.北京:北京出版社,2000.

［13］茅元仪.暇老斋杂记:三十二卷[M]//四库禁毁书丛刊:子部:第29册.影印本.北京:北京出版社,2000.

［14］茅元仪.暇老斋杂记:三十二卷[M]//续修四库全书:第1133册.影印本.上海:上海古籍出版社,2003.

［15］茅元仪.督师纪略:十三卷[M]//四库禁毁书丛刊:史部:第36册.影印本.北京:北京出版社,2000.

［16］茅元仪.戍楼闲话:四卷[M]//四库禁毁书丛刊补编:第34册.影印本.北京:北京出版社,2005.

［17］茅元仪.平巢事迹考:一卷[M]//四库全书存目丛书:史部:第55册.影印本.济南:齐鲁书社,1997.

［18］茅元仪.野航史话:四卷[M]//续修四库全书:第1133册.影印本.上海:上海古籍出版社,2003.

［19］茅元仪.野航史话:一卷[M]//续修四库全书:第1190册.影印本.上海:上海古籍出版社,2003.

［20］茅元仪.西峰淡话:一卷[M]//四库全书存目丛书:子部:第244册.影印本.济南:齐鲁书社,1997.

［21］茅元仪.西峰淡话:一卷[M]//续修四库全书:第1190册.影印本.上海:上海古籍出版社,2003.

［22］茅元仪.西玄青鸟记:一卷[M]//续修四库全书:第1192册.影印本.上海:上海古籍出版社,2003.

［23］茅元仪.石民四十集:九十八卷[M]//四库禁毁书丛刊:集部:第109—110册.影印本.北京:北京出版社,2000.

［24］茅元仪.石民四十集:九十八卷[M]//续修四库全书:第1386—1387

册.影印本.上海:上海古籍出版社,2003.

[25]茅元仪.辽事砭呓:六卷[M]//四库禁毁书丛刊补编:第22册.影印本.北京:北京出版社,2005.

[26]茅元仪.三戍丛谈:十三卷[M]//续修四库全书:第1133册.影印本.上海:上海古籍出版社,2003.

[27]董斯张.静啸斋存草:十二卷[M]//续修四库全书:第1381册.影印本.上海:上海古籍出版社,2003.

[28]董斯张.静啸斋遗文:四卷[M]//续修四库全书:第1381册.影印本.上海:上海古籍出版社,2003.

[29]曹学佺.石仓诗稿:三十三卷[M]//四库禁毁书丛刊:集部:第143册.影印本.北京:北京出版社,2000.

[30]张廷玉.明史[M].北京:中华书局,1974.

[31]夏燮.明通鉴[M].长沙:岳麓书社,1999.

[32]钱谦益.牧斋初学集:一百十卷[M]//四库禁毁书丛刊:集部:第114—115册.影印本.北京:北京出版社,2000.

[33]钱谦益.列朝诗集:八十一卷[M]//四库禁毁书丛刊:集部:第95—97册.影印本.北京:北京出版社,2000.

[34]钱谦益.列朝诗集小传[M].北京:中华书局,1959.

[35]朱彝尊.明诗综:一百卷[M]//景印文渊阁四库全书:第1459—1460册.影印本.台北:商务印书馆,1986.

[36]朱彝尊.静志居诗话:二十四卷[M]//续修四库全书:第1698册.影印本.上海:上海古籍出版社,2003.

[37]计发.鱼计轩诗话:一卷[M]//丛书集成续编:第158册.影印本.上海:上海书店,1994.

[38]姚觐元.清代禁毁书目[M].北京:商务印书馆,1957.

[39]张显清.孙奇逢集[M].郑州:中州古籍出版社,2003.

[40]谭元春.谭元春集[M].陈杏珍,标校.上海:上海古籍出版社,1998.

［41］谢正光,范金民.明遗民录汇辑［M］.南京:南京大学出版社,1995.

［42］朱保炯,谢沛霖.明清进士题名碑录索引［M］.上海:上海古籍出版社,1979.

［43］潘荣胜.明清进士录［M］.北京:中华书局,2006.

［44］李圣华.晚明诗歌研究［M］.北京:人民文学出版社,2002.

［45］谢国桢.明清之际党社运动考［M］.上海:上海书店出版社,2004.

［46］嵇文甫.晚明思想史论［M］.北京:东方出版社,1996.

［47］周明初.晚明士人心态及文学个案［M］.北京:东方出版社,1997.

［48］黄卓越.佛教与晚明文学思潮［M］.北京:东方出版社,1997.

［49］龚鹏程.晚明思潮［M］.北京:商务印书馆,2005.

［50］汪超宏.明清曲家考［M］.北京:中国社会科学出版社,2006.

［51］任道斌.方以智、茅元仪著述知见录［M］.北京:书目文献出版社,1985.

［52］陈广宏.竟陵派研究［M］.上海:复旦大学出版社,2006.

［53］赵红娟.明遗民董说研究［M］.上海:上海古籍出版社,2006.

［54］陈寅恪.柳如是别传［M］.北京:三联书店,2001.

［55］任道斌.茅元仪生平、著述初探［M］//中国社会科学院历史研究所明史研究室.明史研究论丛.南京:江苏古籍出版社 1985:239－264.

［56］张梦新.茅坤研究［M］.北京:中华书局,2001.